浙江省财政支持地方高校发展项目——农民发展研究创新团队
（农民工与农业转移人口市民化研究项目群）
浙江农林大学浙江省乡村振兴研究院
浙江农林大学中国农民发展研究中心

李文川　张啸峰　著

职业发展视角下农民工市民化研究

——基于浙江制造业的调查

中国农业出版社

北　京

前 言

　　本书试图从农民工市民化微观责任主体——企业视角，立足我国现阶段及今后较长一段时期内农民工市民化面临的新型城镇化、产业转型升级、乡村振兴战略等背景，审视农民工市民化面临的机遇与挑战，考察农民工市民化过程。本书首先简要回顾了我国农民工市民化历程，分析了我国农民工市民化现状，然后针对我国农民工市民化宏观背景给农民工市民化造成的困境与障碍，通过对浙江制造业企业的深度调查（问卷调查及企业管理者访谈、农民工个案访谈等）获得较为翔实的第一手素材，在此基础上重点分析了农民工市民化意愿与能力，然后结合2个市民化成效较为显著的试点地区案例分析，探究农民工市民化路径与保障措施。

　　本书是在课题组10多年来关注并完成农民工权益保护——对应专著《基于SA8000背景下的浙江民营企业发展战略研究》、农民工职业发展——对应专著《农民工职业发展研究——基于浙江制造业的调查》等农民工系列课题研究基础上的进一步探索，旨在以企业及所在地区为农民工创建的工作和生活场景，通过强化企业在农民工市民化问题上的社会责任担当，使其与政府等责任主体一起形成"多元主体协同"，增强农民工人力资本、强化相应制度政策保障，从而提升农民工市民化的意愿和能力，进一步加快农民工市民化进程，完成这一惠及数亿农民工的历史使命。

　　本书的第1章、第4章、第7章、第8章由浙江农林大学李文川完成；第2章、第3章、第5章、第6章由嘉兴学院张啸峰完成。课题调查期间，李文川教授指导的本科生严璐璐、焦娥肖、金婷婷冒着酷暑，随同课题组一道深入企业调查并与农民工进行深度访谈，最后完成了50份共计68万字的访谈录音整理工作；研究生张谦、陈正达、蒋亚龙则分别协助完成了第4章、第7章、第8章的文献研究与初稿写作。浙江省重点培育智库——浙江农林大学浙江省乡村振兴研究院执行副院长、浙江农林大学中国农民发展研究中心专职副主任潘伟光教授，不仅参与课题研究方案的研讨与制订，还亲自联系、协调、参加了义乌市发展和改革局、嘉兴市委政策研究室分别围绕"城镇化试点与农民工市民化""新居民事务与农民工市民化"等主题牵头组织的专题座谈会。本书得以顺利编辑出版，得益于中国农业出版社刁乾超主任近一年来不辞辛苦、耐心细致的督促、指导和支持。课题组在此对上述单位和个人深表感谢！

本书是浙江省财政支持地方高校发展项目（农民发展研究创新团队、农民工与农业转移人口市民化研究项目群）的研究成果，同时，本书的出版还得到了浙江农林大学浙江省乡村振兴研究院、浙江农林大学中国农民发展研究中心等部门的大力支持，在此一并致谢！

著　者

2020 年 7 月 31 日

目 录

第 1 章
绪　　论

1.1　研究背景

随着我国从传统农业社会向现代工业社会转型，大量农民逐步脱离农村土地走向城镇，转变为产业工人，形成了"农民工"这一独特群体。我国农民工的出现始于 1978 年改革开放，40 多年来这一队伍不断发展壮大，2019 年年末，全国农民工总量达到了29 077 万人①，比上年增长 0.8%。其中，外出农民工 17 425 万人，增长 0.9%；本地农民工 11 652 万人，增长 0.7%[1]。

由于新中国成立后我国城乡二元社会体制造成城乡的长期分割，尽管各个历史阶段我国农民工的特点不同，但其最大特点始终不变，即流动性——在城乡之间反复来回迁徙。国务院发展研究中心、国务院农民工工作联席会议办公室《我国农民工工作"十二五"发展规划纲要研究》课题组[2]将改革开放以来农民工的流动划分为 4 个阶段：第一阶段，20世纪 80 年代初期到 20 世纪 80 年代末期，以就地转移为主；第二阶段：20 世纪 90 年代初期到 21 世纪初期，为大规模跨地区流动阶段；第三阶段，21 世纪初期到 2007 年，为稳定增长阶段；第四阶段，2008 年至今，为危机冲击和深刻调整阶段。

农民工队伍的发展过程，不仅表现为我国广大农村的农民历尽艰辛辗转到城市就业谋生，获得"农民工"这种"准工人"的职业身份，同时也表现为其中部分人突破各种障碍在城市谋求生存，成为"新居民""新市民"，进而获得户籍身份，最终脱离农村成为"市民"并彻底融入城市，结束职业身份和户籍身份的分割，结束"农民工"这一过渡状态，彻底转化为工人，并成为城市市民，从而实现农民工的"终结"[3]。由此可见，农民工市民化的过程同时表现为"农民工—准工人—工人"的职业转变，以及"农民—新居民/新市民—市民"的户籍转变，是一个双轨并驱的过程。正如刘传江提出的，发达国家农民的职业与身份市民化是同步进行的，我国受户籍制度及渐进改革模式影响，则为 2 步转变，包括农村退出、城市进入与城市融合 3 环节[4]。

农民工市民化的意义在于，一方面，不仅关系到近 3 亿农民工群体的生存和发展，还关系到能否从根本上解决农业、农村、农民问题；另一方面，对于我国社会转型而言，关

① 年度农民工数量包括年内在户籍所在乡镇外从业 6 个月及以上的外出农民工和在户籍所在乡镇内从事非农产业 6 个月及以上的本地农民工。

系到工业化、城市化乃至整个现代化的进程，是我国社会主义现代化进程中的一个重大战略问题，因而成为当代中国社会学的重要研究主题[5]。

为此，党中央、国务院从国家战略层面，通过制度创新和政策引导，大力推进农民工市民化。2012年，党的十八大报告提出"加快改革户籍制度，有序推进农业转移人口市民化"；国家"十三五"规划纲要强调，"解决在城镇就业居住5年以上、举家迁徙的农业转移人口、新生代农民工的落户问题，强化地方政府推动农业转移人口市民化主体责任"；2013年11月，《中共中央关于全面深化改革若干重大问题的决定》指出，要"创新人口管理，加快户籍制度改革，全面放开建制镇和小城市落户限制，有序放开中等城市落户限制，合理确定大城市落户条件，严格控制特大城市人口规模"；2016年中央1号文件提出，"推进农村劳动力转移就业创业和农民工市民化"；中共中央、国务院印发的《乡村振兴战略规划（2018—2022年）》第三十一章"加快农业转移人口市民化"中明确提出，"促进有能力在城镇稳定就业和生活的农业转移人口有序实现市民化"。2019年12月25日，中共中央办公厅、国务院办公厅印发了《关于促进劳动力和人才社会性流动体制机制改革的意见》，提出"以户籍制度和公共服务牵引区域流动。全面取消城区常住人口300万以下的城市落户限制，全面放宽城区常住人口300万至500万的大城市落户条件。完善城区常住人口500万以上的超大特大城市积分落户政策，精简积分项目，确保社会保险缴纳年限和居住年限分数占主要比例"[6]。政策出台后，可以加快小城市的城镇化率及人口的流入，促进农村人口逐渐向城镇转移。

总体看来，改革开放以来，虽然户籍制度改革的步伐不断加快，但农民工市民化过程中户籍身份转变仍然滞后，甚至在一定程度上阻碍了职业身份转变。我国自2008年年底建立农民工统计监测调查制度以来，每年发布"农民工大数据"报告，每年新增农民工数量及增速在2010年达到高峰之后，从2011年开始，总量增速放缓，至2018年年末，增速降至0.6%。这不仅是因为2012年我国劳动年龄人口总量开始下降；同时也是因为50岁以上农民工所占比重近5年呈逐年提高趋势（至2018年，占比为22.4%），"第一代农民工都老了，如果不能在城里落户，只好告老还乡，这也是新增农民工减少的原因之一"[7]。

目前及今后一段时期，我国农民工市民化都会面临着新型城镇化、产业转型升级、乡村振兴战略等多重机遇与挑战。

新型城镇化战略的提出为农民工提供了向现代城市居民全面转移的机遇。城镇化的根本目的在于将更多的农业人口转移为现代城市居民，并融入城市生活当中。城镇化发展促进农村人口走出农村地域限制，为我国经济社会发展、产业转型升级提供重要的劳动力要素，伴随而来的是农村人口如何融入城镇生活、生产，即"市民化"问题[8]。2013年，中央城镇化工作会议指出，以人为本推进农业转移人口的市民化是推进新型城镇化的首要任务。农民工是市民化的重要群体，促进农民工市民化对加快推进新型城镇化具有重大现实意义。从某种意义上说，城镇化就是农业转移人口的市民化，主要是农民工的市民化。与我国城镇化的快速推进相比，农业转移人口的市民化进程相对滞后[9]。自改革开放以来，我国城镇化进程中户籍人口城镇化率一直低于常住人口城镇化率。2018年年末，常住人口城镇化率达到59.58%，而户籍人口城镇化率仅为43.37%。

产业转型对农民工市民化的影响主要体现在对农民工就业的影响。当前农民工还是以从事制造业为主,随着第四次工业革命带来人工智能技术的不断完善,在制造业从事简单重复性工作的农民工将面临重大挑战,特别是东部沿海地区产业转型升级之后,制造业企业通过"机器换人"替换掉了大量的农民工,他们因技能提升跟不上产业升级的步伐,只能被迫返乡——尤其是那些年纪大且缺乏技术专长的农民工,就业难度增加使他们不得不离开制造业相对发达的东部地区。然而,产业转型升级同时伴随着对高技能劳动力需求的增加,特别是"互联网+"所带动的新兴产业和激活的传统产业将带来大量的就业岗位,为新生代农民工就业带来重大机遇。

2017 年,党的十九大提出了乡村振兴战略,2018 年的中央 1 号文件即《关于实施乡村振兴战略的意见》,同年出台了《国家乡村振兴战略规划(2018—2022 年)》。乡村振兴战略的总要求体现在 20 个字:"产业兴旺、生态宜居、乡风文明、治理有效、生活富裕"。随着乡村振兴战略的实施,农业、农村、农民必将取得巨大发展。对农民工而言,一方面,国家政策扶持使农村就业机会增多;另一方面,农村基础设施越来越完善,使农村生活水平提高,随之农民工外出打工意愿降低,返乡创业积极性提高。乡村振兴战略看似对农民工市民化进程产生一定的反向作用,但是实际上与城镇化以及农民工市民化并不矛盾,《国家乡村振兴战略规划(2018—2022 年)》中强调要完善城乡融合发展体系[10],加快农业转移人口市民化,最终让那些有能力在城市居住的农民工能够实现市民化,享有跟城市人口同等的权利,享受同等的服务;同时,让有返乡意愿的农民工和留守农民在农村也能更好地实现就业创业。

1.2 文献回顾

"农民工"及随之而来的"农民工问题"产生 40 多年来,学者们不断进行着探索,可以说探索的方向都是农民工市民化,而农民工问题的最终解决是终结农民工[3],可见"农民工"只是一个过渡状态。

前述"农民工—准工人—工人"与"农民—新居民/新市民—市民"的双轨并驱过程中,农民工的最大特征始终是其流动性。因此,关于"农民工"的研究始终绕不开农民工的流动性:农民工在流动过程中不断积累自身的人力资本和社会资本,获得职业发展[11],最终,一部分农民工在城市获得稳定职业,成为真正意义上的工人,并因户籍制度改革而获得户籍身份,成为真正意义上的市民;一部分农民工通过务工积累资金、技术、经营才能等而回乡创业,也结束了流动状态。当然,也有相当部分的农民工主要从事着低端行业中技术含量要求不高的体力劳动,随着年龄的增长,体能下降,或者随着产业转型升级而被淘汰,无奈返乡,也终结了"农民工"身份。

围绕上述双轨并驱过程开展研究产生的文献可谓汗牛充栋,其中单就"农民工市民化"这一主题,近 15 年的文献中,刘鸿渊等基于文献计量和知识图谱方法就检索出 CNKI 核心期刊及 CSSCI 文献 917 篇,并通过计量分析系统梳理发现,中国农民工市民化的热点涵盖了新生代农民工、农民工市民化与新型城镇化、农民工市民化影响因素 3 个方面[12]。

当然，"农民工市民化"的研究视角很多，研究脉络的梳理显得十分复杂，围绕市民化背景及意义、市民化水平及度量、市民化意愿及能力、市民化障碍及路径、市民化成本及分担、市民化制度及政策对"农民工市民化"研究进行简单梳理如下。

1.2.1 市民化背景及意义研究

2010 年，国务院发展研究中心"农民工市民化进程的总体态势与战略取向"课题组将农民工市民化的内涵界定为：以农民工整体融入城市公共服务体系为核心，推动农民工个人融入企业，子女融入学校，家庭融入社区，也就是农民工在城市"有活干，有学上，有房住，有保障"。该课题组基于对全国 6 个城市的实地考察和 20 多个城镇 6 232 名农民工的问卷调查发现[9]，农民工市民化意愿强烈，但不愿意以"双放弃"（放弃承包地和宅基地）的方式换取城镇户籍；就农民工市民化公共成本而言，按照 2010 年不变价格计算，每个农民工市民化的政府支出公共成本约为 8 万元；稳步推进农民工市民化，必须以扩大农民工转移就业、保障农民工合法权益、完善农民工公共服务和安置农民工进城定居为重点，深化户籍制度改革，扎实提高人口城镇化水平，促进农民工共享改革发展成果。课题组进而将推进农民工市民化的意义归纳为 5 个方面：从根本上解决好"三农"问题、推进城镇化健康发展、扩大内需及促进国民经济平稳较快发展、加快产业结构优化升级、促进社会和谐发展。柳建平和张永丽认为中国正面临经济结构转型、社会结构转型和人口结构转变等结构转型的严峻挑战，农民工市民化既是结构转型的重要内容，也是影响结构转型的重大问题，因而迫切需要加快农民工市民化进程[13]。张元庆总结出农民工内生性市民化力度不足是我国城镇化建设的软肋，进而提出农民工内生性市民化才是我国城镇化未来的发展方向，内生性市民化才是农民工真正带入城市生活和城市文化的重要途径。农民工内生性市民化就是以提高农民工市民化能力为主导的市民化，其基础是物质资本、人力资本和社会资本的不断积累和提高，三者共同形成内生性农民工市民化的能力。而作为外生性市民化的政府制度保障和激励机制也是重要条件，两者缺一不可，互相促进，互相补充[14]。

1.2.2 市民化水平及度量研究

沈映春等基于居住条件、经济条件、社会融入、政治参与和心理适应 5 个维度建立了北京市农民工市民化程度评价指标系统，认为北京市农民工市民化程度总体上已经达到 48.2% 的水平，已经接近"半"市民化的水平。农民工市民化的进程是一个从低层次的市民化（居住和经济条件）向高层次的市民化（社会和心理认同）逐渐过渡的过程[15]。周密等研究发现，职业阶层的回报差异是影响新生代农民工市民化程度的重要因素，而受教育程度与职业阶层密切相关；根据 Biprobit 模型预测，得到余姚和沈阳的新生代农民工市民化程度分别为 62% 和 81%；提出要增强对新生代农民工的职业技能培训，提升人力资本水平，从而提高其职业阶层，实现市民化[16]。刘松林和黄世为从社会和农民工自身 2 个层面构建全要素、政策制度、市民化意愿、市民化能力 4 个维度的指标体系，测算得到全国的农民工市民化平均水平为 39.99%，且各地区差异明显[17]。毛丹则提出农民工市民化在目标上应该是有高限结构与低限结构的，低限结构可以围绕让第一代农民工在城里

"住下"来建构，高限结构则需要围绕让农民工及其家庭成员获得正常的向社会流动的能力、条件和机会来建构[18]。张光辉借助 Anker 生活工资法测量农民工市民化程度，通过面板数据固定效应回归模型和断点回归模型验证了可能影响农民工市民化程度的主要制度性因素——户籍政策变革对农民工市民化程度存在显著的影响，户籍制度的解冻与松绑能够显著提升农民工市民化程度[8]。

1.2.3　市民化意愿及能力研究

张翼通过对 2010 年全国性调查数据的统计分析发现，绝大多数农民工不愿意转变为非农户口；如果要求其交回承包地，则只有 10% 左右愿意转为非农户口[19]。胡军辉发现农民工市民化意愿随相对剥夺感增强而增强，市民化净收益预期是影响农民工市民化意愿的根本原因；受教育程度不同的农民工，其市民化意愿强度存在显著的差异[20]。周旭霞发现新生代农民工的市民化愿望强烈，但市民化能力薄弱，这主要是由贫困的代际传递、低端行业的低收入"粘性"以及中国式市民化的经济断层所致。新生代农民工就业稳定性差、流动性强，多数企业还没有把他们当作稳定的产业工人；他们承担着城市中最累、最苦、最脏、最险的工作，却享受不到应有的政治、经济及社会福利待遇，不能同工、同酬、同权，处于城市的社会底层。他们有强烈的市民化意愿但多数并不具备市民化能力[21]。钱文荣和李宝值基于 2012 年全国流动人口动态监测数据，利用二元 Logistic 模型分析了工作时间、业余生活对农民工市民化意愿的影响。发现在城市的精神感受是影响农民工市民化意愿的重要因素，每天加班工作时间越长，每周工作天数越多，农民工市民化意愿越低，且相比老一代农民工，新生代农民工对加班时间更加敏感；吸烟、玩麻将和电脑游戏等业余生活会降低农民工的市民化意愿，对个人发展有利、层次较高的业余生活会促使农民工融入当地社会，主动实现市民化。因此，社会各界应该为农民工参与积极的闲暇活动创造必要的条件，如建造必要的积极闲暇活动设施等；企业也应为农民工提供良好的业余生活环境，合理控制工作时间，让农民工有时间、有条件享受闲暇时光，让其接触当地文化，感受当地生活节奏，适应当地生活习惯，为农民工市民化打下良好的心理基础[22]。韦吉飞等分析了农民工对不同类型城市的偏好及一致性的影响机理，研究表明：个体特征、家庭背景等仍是影响农民工对不同城市的偏好的基本因素，公共产品及职业特征指标具有很强的解释能力；农民工对公共品供给的满意度越高，则其对大城市的偏好程度越弱，从而提高了农民工偏好务工的一致性；职业层次特征对农民工关于城市偏好的影响呈 U 形，对偏好务工一致性的影响呈倒 U 形态，中层职位农民工一致性较强。在推进市民化进程中，政府强化公共品供给的杠杆作用时，应通过产业培育发挥职业层次结构的"稳定器"作用[23]。蔡海龙分析安徽、河北、河南、黑龙江、湖北等 11 个省份的调研数据发现，六成农民工愿意长期或永久留在城市，新生代农民工意愿更强；县城是农民工市民化最青睐的区域，也是农民工市民化的首选；稳定就业和提高收入是农民工市民化的首要诉求，其次才是与户籍关系更为密切的居住状况、子女教育和社会保险[24]。

黄锟指出市民化能力是指跨越市民化门槛的经济承担能力，其反映的是农民工的收入水平[25]。沙占华和赵颖霞研究认为，农民工市民化除面临着一些制度性障碍外，更为关键的是农民工要具备自我发展能力，包括就业能力、城市生活适应能力、政治参与和利益表达能力、学习能力等，这是农民工立足于城市的根本，推进农民工市民化，除政府"赋能"外，关键在于通过自身"增能"，提高自我发展能力[26]。丁静认为农民工能否市民化，就看其能否获得在城市生活环境下足以安家和维持生计的收入，或其收入是否足以承担市民化过程发生的所有成本，即是否有跨越市民化经济门槛的能力。经济门槛就是市民化的经济成本，主要包括：就业成本、生存成本、教育成本、社会保障成本[27]。郑爱翔等研究发现，新生代农民工的市民化进程是一个长期、动态的过程，这一过程需要具有适应职业转换和职业成长常态的动态职业能力提供基础性能力支撑。新生代农民工市民化进程中的动态职业能力是由机会感知能力、吸收学习能力、探索学习能力、工作交流能力和经验积累能力构成的能力结构体系[28]。李友得和范晓莉基于职业教育"精准扶贫"的视角，在明确新生代农民工职业教育需求的基础上，构建"三位一体"学历职业教育、"二技相长"职业技能培训、"一体互融"社区融合性教育的三层次全覆盖职业教育体系。为此，应充分发挥政府"元治理"的核心主体作用，构筑多元主体协同参与的新生代农民工可行能力提升路径[29]。

1.2.4　市民化障碍及路径研究

刘传江认为，农民工市民化进程面临着"双重户籍墙""三环节梗阻"和"四资本缺失"障碍：："双重户籍"即显性户籍、隐性户籍，"三环节"即农村退出、城市进入、城市融合，"四资本"即人力资本、社会资本、权益资本、财力资本。需要从农民工的农村退出、城市进入、城市融合3个环节协同推进，并基于农民工亚群体分化状况和市民化现状，实现城市公共产品与公共服务的普惠共享，构建推进农民工市民化急需的"四大资本"的投资和积累机制，提供协调农民工市民化意愿与市民化能力的制度安排与政策措施[30]。

熊凤水研究认为，住房问题已经成为农民工融入城市的最大障碍，能否买得起房子，取决于农民工的收入，是高昂的房价而不是户籍制度阻碍了绝大多数农民工定居城市[31]。吕效华同样发现，新生代农民工市民化最主要的障碍，首先是住房问题，安家立业的思想深深影响了新生代农民工。其次是社会保障覆盖面的问题。安徽宿州市实施"产城一体化"工程就起到了很好的效果，满足了新生代农民工既就业又安家的诉求，这种"产业新区，人居新城"的模式起到保障农民工就业权和居住权的作用，增强了新生代农民工回流市民化的吸引力[32]。

朱丽颖研究认为，"农民工市民化"不是简单的身份转换，而是实现"外来农民"向"城市人"乃至"现代人"转化的城市深度融合过程。一个终身浸润式的"大教育"环境——完善的社区教育化人成为消解"新型城乡二元结构"矛盾的必然要求。社区教育因具有开放性、公平性、庶民性等浓郁的基本公共服务属性以及对社区成员广覆盖式的"大教育"特征，使其成为推动"农民市民化"的必然选择。可以根据农民工的特殊要求来进行城市适应性教育，尤其是心理健康教育，来提高其面对城市生活的问题解决能力[33]。吴祖泉选取了10多个典型的市民化过程的农民工案例，通过案例研究发现，提升农民工的人力资本是农民工市民化的最为可行路径，在大城市户籍制度难以惠及农民工的情况下，也是最为重要的路径[34]。黄江泉根据社会分层理论，依据农民工在职业投入上的差异，将农民工区分为智能型农民工、技术型农民工、体力型农民工，提出将不同职业的农民工分层分类区别对待、引导其融入各类城市是解决广大农民工市民化的有效途径[35]。清华大学社会科学学院院长李强认为，城镇化的核心是农民市民化，"就地市民化"或"就近市民化"对于农民来说是一种较为合理的市民化路径[36]。刘小年通过历时性研究，发现农民工市民化的历时性，是在经济现代化、城乡二元结构与国家政策等因素作用下，通过二步转变及国家政策设置阶段的双重机制，依次呈现为经济、社会、政治、生活4个阶段的市民化。即：经济优先，因此农民工市民化首先是经济市民化，即职业转换，由农民成长为现代产业工人；紧接着是社会市民化，即改变农民身份获得城市户籍；此后则为政治市民化，即利用城市户籍参加体制内城市社区治理；最终实现生活市民化，即习得市民生活方式，完全融入城市社会。当前正由经济市民化向社会市民化发展[37]。农民工市民化就是在城乡二元结构条件下，由经济现代化推动，受国家政策调节，通过农民工与城市等相关主体互动，使农民工变成市民，实现其经济、社会、政治、生活等方面市民化的发展过程[38]。

1.2.5 市民化成本及分担研究

国务院发展研究中心的研究表明，市民化的成本支出是一个长期的过程，短期来看，子女教育和保障性住房是主要支出（占1/3左右），长期来看，主要支出则是养老保险补贴。在对重庆、郑州、武汉、嘉兴4个城市进行测算后，课题组的判断是，按照2010年不变价格计算，每个农民工市民化的政府支出公共成本约在8万元左右。农民工的市民化成本并非不可承受，关键在于政府的行动能力[39]。中国社会科学院城市发展与环境研究所2013年7月30日发布的城市蓝皮书——《中国城市发展报告》称，中国东、中、西部地区农民工市民化的人均公共成本分别为17.6万元、10.4万元和10.6万元，全国平均约为13万元。再以城市大小来看，作为大城市的广州市，周晓津从福利经济学的角度，根据广州市政府每年在教育、医疗、社保等社会公共福利领域的支出测算，如果一个农民工25岁时市民化，预期寿命为80岁，社保等公共服务支出（即政府成本）为63.7万元[40]。而对于中等城市如宁波市，杨聪敏针对宁波市农民工落户政策所引致的政策成本进行了研究，如果以农民工平均缴费20年、平均寿命75岁计算，政府需支付养老保险金11.8万元，加上医疗保险财政补贴5万元，共计16.8万元[41]。

张国胜和陈瑛提出了农民工市民化的社会成本"演化"的概念，即随着时间的推移，我国农民工市民化的社会成本将会动态累积，从而可能演化成"无限"的规模。因此，农民工市民化需要构建一个成本分摊机制，这就需要以培育农民工具有城市经济适应能力分摊私人成本、矫正经济主体的行为以实现外部成本内部化、公共财政分摊不可内部化的外部成本为思路，循序渐进地在农民工市民化过程中创新劳动就业制度、社会保障制度、农村土地制度、公共服务制度与户籍制度等，以及"平行推进"制度创新的相互协调与政策衔接等[42]。傅帅雄等把农民工市民化总成本分摊到全生命周期中的不同阶段，由此建立多元化的成本分摊机制：中央与地方政府分担农民工市民化成本、输入地与输出地政府权责分明、企业依法承担相应成本分担责任、个人负担其生存发展成本[43]。

1.2.6　市民化制度及政策研究

农民工市民化的根本障碍在于以社会保障为主要内容的公平权利缺失，长期的社会保障缺失进一步影响了农民工的融入城市预期和行为选择。平等社会保障权利缺失及相应影响的累积构成了农民工市民化的主要障碍，化解农民工市民化困境需要社会保障体系的重构与完善[44]。社会保障是国家以立法形式对社会成员的基本生活权利给予保障的社会安全制度，包括社会保险、社会福利、社会救助和住房保障等内容[45]。

黄锟认为，加快农民工市民化制度创新的总体思路应该坚持城乡一元化方向、渐进式改革（分为准市民化、完全市民化 2 个阶段）、分类型实施（根据城市大小、地区经济发展程度、农民工群体差异等划分类型）、整体性推进（城乡二元制度自身的整体性制度创新、其他配套性制度与城乡二元制度的整体性制度创新），并从整体上将农民工市民化划分为准市民化和完全市民化 2 个阶段，明确不同阶段制度创新的目标、要求和制度特征，探讨制度创新的配套措施[46]。黄锟进一步认为，虽然影响农民工市民化进程的因素是复杂的、多方面的，但是在这些因素中，制度因素是最重要的、根本的因素，其他因素都在某种程度上受到制度因素的制约。影响农民工市民化的制度性因素主要是嵌入到户籍制度中的就业、社会保障、土地、教育等福利性的制度安排[47]。

黄忠华和杜雪君研究发现，农村土地制度安排可通过保险效应和环境舒适度效应影响农民工市民化意愿。承包地为农民工城市融入的失败提供退路和保险，希望保留承包地的农民工，其市民化意愿更高；宅基地和耕地能为农民工在农村提供较城市更好的居住、工作条件和环境，拥有宅基地和打算返乡种地的农民工不倾向于市民化。应重视农村土地制度的合理安排：改革农村土地制度，使农民携带可流转的农村土地权益进城，提高农民工进城的资本和能力，同时改善农民工在城市的居住工作环境，为其提供保障房，有效推动农民工市民化进程[48]。刘小年研究认为，在农民工市民化的政策支持上，需要从主体的视角出发，将农民工市民化的政策支持视为农民工追求市民化过程中的必要条件，视为农民工与相关利益主体建构利益共生关系的制度安排[49]。张俊运用东莞与昆山的新生代农民工调研数据，实证分析新生代农民工对市民化支持政策的认知度及其影响因素，发现新生代农民工对市民化支持政策的认知度位于中等偏下水平[50]。蒋笃君认为，为了激发新生代农民工市民化的热情，加快其市民化的进程，必须从人文关怀、安家落户、技能培训、子女教育、权益保障等方面精准解决问题，探索适合当前我国经济社会发展状况的市民化模式和制度保障[51]。

1.2.7　研究现状述评

综上所述，自从 2003 年刘传江等正式提出"农民工市民化"这一命题以来[52]，由于其对"三农"问题解决、城镇化建设，以及对于推动经济结构转型、社会结构转型，促进社会和谐发展等的重大意义，吸引了众多学者分别从社会学、经济学、人口学、政治学、管理学等多学科来开展理论研究，也取得了较为丰硕的成果。从众多研究成果，尤其是研究内容中可以大体梳理出这样的研究脉络：市民化背景及意义—市民化水平及度量—市民化意愿及能力—市民化路径及障碍—市民化成本及分担—市民化制度及政策。从另外一个角度来看，也可以认为农民工市民化受到内外部各个层面因素的影响[25][30][38]，诸如国家层面的户籍制度、农村土地制度、社会保障制度、用工制度、就业政策、职业技能培训、义务教育等制度政策因素；企业层面的薪酬水平、工作时间、业余生活[22-23]，个体层面的人力资本、个体特征、家庭背景[26-29][53]等。这些因素影响着农民工市民化的意愿与能力。农民工市民化除了要克服制度性障碍外[54]，最为关键的是要提升自我发展能力，包括就业能力、城市生活适应能力、政治参与和利益表达能力、学习能力等，这才是农民工立足于城市的根本[26]。

从实践层面来看，党中央、国务院不仅将农民工市民化上升到国家战略层面，与新型城镇化、产业转型升级、乡村振兴战略等同步整体推进，不断进行以户籍制度为核心的制度创新，而且不断强化地方政府推动农民工市民化的主体责任。特别是 2019 年年底，中共中央办公厅、国务院办公厅印发的《关于促进劳动力和人才社会性流动体制机制改革的意见》中提出以户籍制度和公共服务牵引区域流动，全面取消或放宽城市落户条件、完善积分落户政策，这些政策的出台将会大大加快农民工市民化进程。

进一步深入分析可以发现，迄今关于农民工市民化的研究尚存在一定不足：从农民工市民化的责任主体来看，无论是理论研究重心还是政府放策重点都基本集中于两头，即宏观层面责任主体"国家与政府"和个体层面责任主体"农民工个人及其家庭"。尽管近年有少数学者强调在发挥政府"元治理"核心主体作用的同时，要"多元主体协同参与"[29]，以及"农民工与城市等相关主体互动"[39]、构建"农民工与相关利益主体利益共生关系"[43]，但是基本忽视了一个非常重要的责任主体——作为微观主体的企业，研究场景应从政府聚焦到企业，因为企业是承载农民工的最为重要的载体，不仅为绝大部分农民工提供工作岗位，而且事实上也成为他们当中绝大多数人的生活场所，理应承担起农民工从"农民工（准工人）"到"工人"的职业转变、从"农民（准市民）"到"市民"的户籍转变的双重责任。也就是说，很少有学者站在"企业"这一角度——将企业微观主体作为研究农民工市民化问题的出发点和归宿点。

1.3　研究过程

1.3.1　研究思路

本项研究试图从农民工市民化微观责任主体——企业视角，立足我国现阶段及今后较长一段时期内农民工市民化面临的新型城镇化、产业转型升级、乡村振兴战略等背景，审视农民工市民化面临的机遇与挑战，考察农民工市民化过程。研究首先简要回顾了我国农民工市民化历程，分析了我国农民工市民化现状，然后针对我国农民工市民化宏观背景给农民工市民化造成的困境与障碍，通过对浙江制造业企业的深度调查（问卷调查及企业管理者访谈、农民工个案访谈等）获得较为翔实的第一手素材，在此基础上重点分析了农民工市民化意愿与能力，然后结合 2 个市民化成效较为显著的试点地区案例分析，探究农民工市民化路径与保障措施。

研究是在课题组 10 多年来关注并完成农民工权益保护、农民工职业发展等相关课题研究基础上的进一步探索，旨在考察企业及企业所在地区为农民工创建的工作和生活场景，通过强化企业在农民工市民化问题上的社会责任担当，使其与政府等责任主体一起形成"多元主体协同"，增强农民工人力资本、强化相应制度政策保障，从而提升农民工市民化的意愿和能力，进一步加快农民工市民化进程，完成这一惠及数亿农民工的历史使命。

1.3.2 组织实施

2016 年暑假，课题组共调研了浙江省 5 个比较典型的先进制造业产业集聚区的 14 家企业，涉及杭州临安、绍兴诸暨、金华义乌、台州椒江和嘉兴秀洲的电线电缆、节能灯光源、纺织袜业、弹簧机械、毛巾、吸管、缝纫机等劳动密集型制造业企业。这些企业基本上都是行业龙头企业，如节能灯光源行业的"宇中高虹"、纺织袜业的"梦娜"、毛巾行业的"洁丽雅"、吸管行业的"双童"、缝纫机行业的"杰克"等 14 家企业，课题组深度访谈了企业的人力资源总监或人力资源部经理、优秀农民工代表。对农民工开展问卷调查，根据企业规模大小，每家企业分批次选择 20~40 名不同类型的农民工代表，共发放问卷 393 份，回收有效问卷 381 份，有效回收率 96.9%；同时深度访谈了农民工代表 46 人。另外，课题组还获取了企业提供的大量素材，包括厂报、员工手册、书籍等印刷材料；现场考察照片、视频等（表 1.1）。

表 1.1　课题组调查的 14 家企业名单

序号	企业名称	序号	企业名称
1	杭州兴发传输设备有限公司	8	浙江洁丽雅纺织集团有限公司
2	杭州宇中高虹照明电器有限公司	9	浙江梦娜袜业股份有限公司
3	浙江佳绣针织有限公司	10	义乌市双童日用品有限公司
4	浙江飞怡达针纺有限公司	11	浙江画之都文化创意股份有限公司
5	浙江东方缘针织有限公司	12	浙江大德药业集团有限公司
6	浙江华海机械集团有限公司	13	杰克缝纫机股份有限公司
7	浙江伊思灵双第弹簧有限公司	14	嘉兴市亚杰喷织有限公司

1.3.3 研究内容

全书共分 8 章，每章研究内容如下：

第 1 章　绪论。概括出农民工市民化的双轨并驱过程，指出农民工市民化面临新的历史机遇与挑战，从 6 个方面梳理了现有研究文献并进行述评，从而确定本研究的主题：深入企业考察农民工工作和生活场景，强化企业在农民工市民化问题上的社会责任担当，从而提升农民工市民化的意愿和能力，形成与政府等责任主体的"多元主体协同"，加快农民工市民化进程。

第 2 章　农民工市民化历史演进。借鉴、参考专家们的现有研究成果，将农民工市民化的历史演进划分为 4 个阶段：1949—1978 年，农民工市民化萌芽阶段；1978—1992 年，农民工市民化初始阶段；1992—2004 年，农民工市民化发展阶段；2004 年至今，农民工市民化深化阶段。

第 3 章　农民工市民化发展现状。结合文献研究，从农民工总规模、职业发展、经济生活、社会融入和心理适应 5 个特征来描述当前中国农民工市民化发展现状。2016 年，全国农民工总量达到 28 171 万人，外出农民工增速继续回落，跨省流动农民工继续减少；农民工受教育水平在不断提高，但接受过技能培训的农民工比重有小幅下降；农民工月均收入 3 275 元，比上年增加 203 元，增长 6.6%；农民工融入城市生活的比例正逐步提高，但农民工的业余文化生活仍显贫乏，社会交往也有待丰富。从调查样本来看，初、高中学历占了 2/3，与全国农民工教育水平相当；收入水平略高于全国水平；生活消费支出增速加快；样本企业为了能留住农民工，通常会为外来农民工提供员工宿舍或者住房补贴；农民工的社交圈仍以老乡或工友为主，与城市本地人交往较少；对城市认同比较正向，有定居意愿但不强烈，户籍制度对农民工定居城市的决定有一定影响，但并不强烈；市民化意愿不强烈，且城市融入面临一定的现实困境；农民工希望市民化的最主要原因，是进城以后孩子有条件接受更好的教育。在新的背景下，农民工市民化面临难得的发展机遇，政策性因素导致的农民工市民化困境将逐步消失，取而代之的关键性制约因素将是农民工自身的市民化意愿以及市民化能力。

第 4 章　农民工市民化宏观背景。结合文献研究，从产业转型、城镇化进程、乡村振兴战略 3 个方面的宏观背景来分析中国农民工市民化面临的新机遇与新挑战。新一轮科技革命和产业革命正在孕育成长，推动产业转型升级，特别是"机器换人"，一方面使那些在传统行业从事简单重复性工作的农民工将面临巨大挑战，随即影响到他们在城市定居及市民化。另一方面，伴随着产业的转型升级，"互联网＋"所带动的新兴产业、激活的传统产业将带来大量的就业岗位，尤其是高技能劳动力的需求将不断增加，成为吸纳农民工的主要场所。城镇化与农民工市民化之间"存在相互依赖、相互依存的耦合关系"，甚至能够成为农民工市民化发展的根本动力，不仅为农民工提供就业，进而为其市民化提供保障，并且城镇经济实力决定了城镇对农民工的承载力；城镇化水平提高（尤其是福利水平）会大大提升农民工市民化的意愿。乡村振兴战略虽然在一定程度上降低了部分农民工外出打工的意愿，提升了部分农民工返乡创业的积极性，但是总体上来看并不会对农民工市民化进程产生不利影响，反而更能促使那些有能力在城市居住的农民工早日实现"市民化"，享有跟城市人口同等的权利，享受同等的服务政策。

第 5 章　农民工市民化现实困境。通过文献回顾，从制度困境、人力资本困境、社会资本困境等构建多维度农民工市民化困境的分析框架；通过分析浙江省 5 个典型制造业产业集聚区的 14 家劳动密集型制造业企业 381 位农民工的调查问卷和实地访谈资料，发现农民工市民化现实困境主要表现在子女教育、经济收入和户籍制度 3 个方面；进一步剖析深层次原因，发现农民工市民化不仅取决于宏观体制和具体制度层面的改革和创新，还主要取决于农民工个人意愿和能力。

第 6 章　农民工市民化意愿与能力。通过文献回顾以及对 381 位农民工的问卷调查，利用二分类 Logistic 回归模型对农民市民化意愿和能力进行实证分析。结果表明：就农民工市民化意愿的影响因素而言，农民工个体特征、人力资本、职业发展、制度性因素、社会资本和心理资本等维度变量均对农民工市民化意愿具有较为显著的影响。其中，以心理资本、制度性因素和职业发展 3 个维度对农民工市民化意愿影响更为显著。就农民工市民化能力的影响因素而言，农民工个体特征、人力资本、职业发展、制度性因素和心理资本等维度变量均对农民工市民化能力有较为显著的影响，而社会资本对农民工市民化能力没有明显影响。

第7章 农民工市民化实现路径。首先，基于文献研究，从理论上对农民工市民化路径进行探索，并在已有农民工市民化路径的研究成果基础上构建农民工市民化实现模式。其次，通过对浙江省5个先进制造业产业集聚区的14家企业人力资源总监（人力资源部经理）、46位优秀农民工代表的总共60份访谈记录的梳理，整理出8位农民工市民化的典型案例、5家企业典型案例，进而通过案例分析总结出农民工市民化路径中农民工从进入城市打工，到融入城市、最终实现市民化必经的5个关键步骤，包括进入城市的日常消费、居住状况，以及融入城市的心理适应、社会交往、子女教育。最后，分析了农民工市民化路径的条件保证，一是农民工自身的职业发展，包括能力发展、岗位晋升、薪酬发展等；另一个则是企业社会责任的履行，包括就业稳定、环境舒适、权益保障、发展机会。

第8章 农民工市民化制度保障。首先，围绕户籍制度、社会保障制度和土地制度这与农民工市民化密切相关的"三大制度"进行农民工市民化制度保障的文献回顾。其次，对我国的"三大制度"改革现状进行简单描述。第三，以嘉兴、义乌为例，重点介绍浙江省"三大制度"的改革实践及启示。其中，嘉兴市的新户籍管理制度（包括户口登记、迁移，以及居住证制度等），提高了嘉兴市的城镇化水平、加快了农民工市民化的进程。义乌市取消"农业"与"非农业"户口性质划分，实行城乡统一的户口登记措施；逐步剥离依附在"二元制"户口基础上的城乡差别公共政策，合理引导农业人口有序向城镇转移，最终实现城镇基本公共服务常住人口全覆盖，大大提升了"新居民"的幸福感和"新市民"的认同感。嘉兴市实现农业转移人口与其他常住人口的卫生计生基本服务均等化、统一的基本养老保险和基本医疗保险制度、城乡统一的失业保险制度、覆盖城乡的社会养老服务体系。义乌市把农村宅基地制度改革、农村经营性建设用地入市和土地征收制度改革3项试点工作全面深度融合推进，形成了"义乌模式"。最后，分享了浙北工业强镇店口镇"城镇化与农民工市民化"的综合案例。店口镇通过实施"新老店口人'同城同待遇'，让新店口人分享城镇化发展成果；搭建'上升阶梯'，为新店口人打开更大'成长'空间；发展城市文化，实现新老店口人之间的相互融合"三大举措，走出了一条"以人为本"的城镇化发展之路，同时也是农民工市民化之路。

参考文献

[1] 国家统计局. 中华人民共和国2019年国民经济和社会发展统计公报 [R/OL]. (2020-02-28). http://www.stats.gov.cn/tjsj/zxfb/202002/t20200228_1728913.html.

[2]《我国农民工工作"十二五"发展规划纲要研究》课题组. 中国农民工问题总体趋势：观测"十二五"[J]. 改革，2010 (8)：5-29.

[3] 韩长赋. 中国农民工的发展与终结 [M]. 北京：中国人民大学出版社，2007：177.

[4] 刘传江. 中国农民工市民化研究 [J]. 理论月刊，2006 (10)：5-12.

[5] 郑杭生. 农民市民化：当代中国社会学的重要研究主题 [J]. 甘肃社会科学，2005 (4)：4-8.

[6] 李伟铭，白兆鹏. 取消城区常住人口300万以下的城市落户限制说明啥 [EB/OL]. (2019-12-25). https://news.sina.com.cn/c/2019-12-26/doc-iihnzhfz8289903.shtml? cre=tianyi&mod=

pchp&loc=16&r=0&rfunc=72&tj=none&tr=12.

[7] 杨志.2 亿农民工 10 年迁徙图："中西飞"成大趋势，进城者减少 [EB/OL].（2019－05－09）. https：//finance.sina.com.cn/roll/2019－05－10/doc－ihvhiqax7744842.shtml.

[8] 张光辉.新型城镇化、户籍制度改革与农民工市民化研究 [J].产经评论，2019（5）：108－123.

[9] 国务院发展研究中心课题组.农民工市民化进程的总体态势与战略取向 [J].改革，2011（5）：5－29.

[10] 冯奎.如何实现城乡高质量融合发展 [EB/OL].（2018－10－09）.http：//ex.cssn.cn/zk/zk_rdgz/201810/t20181009_4666290.shtml.

[11] 李文川，鲁银梭，张啸峰.农民工职业发展研究——基于浙江制造业的调查 [M].北京：经济科学出版社，2016：1.

[12] 刘鸿渊，梁娟利，彭新艳.中国农民工市民化的知识图谱分析——基于 2004—2018 年 CNKI 核心期刊和 CSSCI 数据 [J].西南民族大学学报（人文社会科学版），2018（11）：229－236.

[13] 柳建平，张永丽.农民工市民化与中国经济社会结构转型问题研究 [J].河南师范大学学报（哲学社会科学版），2013（5）：76－80.

[14] 张元庆.城镇化、农民工内生性市民化与制度激励 [J].财经科学，2016（1）：121－132.

[15] 沈映春，王泽强，焦婕，等.北京市农民工市民化水平及影响因素分析 [J].北京社会科学，2013（5）：138－143.

[16] 周密，张广胜，黄利.新生代农民工市民化程度的测度 [J].农业技术经济，2012（1）：90－98.

[17] 刘松林，黄世为.我国农民工市民化进程指标体系的构建与测度 [J].统计与决策，2014，（13）：29－32.

[18] 毛丹."农民工市民化"的低目标与高目标 [J].浙江社会科学，2015（12）：7－9.

[19] 张翼.农民工"进城落户"意愿与中国近期城镇化道路的选择 [J].中国人口科学，2011（2）：14－26.

[20] 胡军辉.相对剥夺感对农民工市民化意愿的影响 [J].农业经济问题，2015（11）：32－41.

[21] 周旭霞.断层：新生代农民工市民化的经济架构——基于杭州新生代农民工的调研 [J].中国青年研究，2011（9）：67－71.

[22] 钱文荣，李宝值.初衷达成度、公平感知度对农民工留城意愿的影响及其代际差异——基于长江三角洲 16 城市的调研数据 [J].管理世界，2013（9）：89－100.

[23] 韦吉飞，张学敏，杜彬恒.公共品供给、职业特征与农民工市民化的城市偏好 [J].上海财经大学学报，2015（8）：54－67.

[24] 蔡海龙.农民工市民化：意愿、诉求及建议——基于 11 省 2 859 名农民工的调查分析 [J].兰州学刊，2017（2）：178－184.

[25] 黄锟.中国农民工市民化制度分析 [M].北京：中国人民大学出版社，2011：89.

[26] 沙占华，赵颖霞.自我发展能力：农民工市民化的内在驱动力 [J].农村经济，2013（8）：112－115.

[27] 丁静.提高新生代农民工市民化能力的思考 [J].郑州大学学报（哲学社会科学版），2014（3）：34－37.

[28] 郑爱翔，吴兆明，刘轩.新生代农民工市民化进程中动态职业能力结构研究 [J].教育发展研究，2018（3）：66－73.

[29] 李友得，范晓莉.新生代农民工市民化可行能力提升路径研究——基于职业教育"精准扶贫"的视角 [J].职教论坛，2019（1）：34－41.

[30] 刘传江.迁徙条件、生存状态与农民工市民化的现实进路 [J].改革，2013（4）：83－90.

[31] 熊凤水. 常住型市民化：漂隔型农民工城市发展路径 [J]. 经济体制改革，2015（2）：92-96.

[32] 吕效华. 中部地区跨省流动新生代农民工"市民化地"选择与本地区工业化、城镇化的逻辑关系 [J]. 中国青年研究，2015（5）：66-70.

[33] 朱丽颖. 新型城镇化建设中农民工市民化的教育转化路径探析 [J]. 理论月刊，2015（2）：153-157.

[34] 吴祖泉，王德，朱玮. 就业视角的农民工市民化过程考察——基于上海的个案研究 [J]. 城市发展研究，2015（6）：19-26.

[35] 黄江泉. 农民工分层：市民化实现的必然选择及其机理浅析 [J]. 农村经济问题，2011（11）：28-33.

[36] 中国网. 清华大学社会科学学院院长：城镇化核心是农民市民化 [EB/OL].（2013-04-22）. http：//news. china. com. cn/txt/2013-04/22/content_28620153. htm.

[37] 刘小年. 农民工市民化的历时性与政策创新 [J]. 经济学家，2017（2）：91-96.

[38] 刘小年. 农民工市民化的影响因素：文献述评、理论建构与政策建议 [J]. 农业经济问题，2017（1）：66-74.

[39] 国务院研究室课题组. 农民工市民化：制度创新与顶层政策设计 [M]. 北京：中国发展出版社，2011：44.

[40] 周晓津. 隐性失业、劳动力流动与整体失业率估计农民工规模与市民化成本：1978—2007基于福利经济学分析 [C] //2011年中国社会学年会——"新生代农民工融入城镇社会政策研究"分论坛论文集. 中国社会学会，2011.

[41] 杨聪敏. 农民工城市落户的政策比较与成本预估 [J]. 中共宁波市委党校学报，2012（3）：49-55.

[42] 张国胜，陈瑛. 社会成本、分摊机制与我国农民工市民化——基于政治经济学的分析框架 [J]. 经济学家，2013.（1）：77-84.

[43] 傅帅雄，吴磊，韩一朋. 新型城镇化下农民工市民化成本分担机制研究 [J]. 河北学刊，2019（3）：135-142.

[44] 国务院发展研究中心课题组. 农民工市民化——制度创新与顶层政策设计 [M]. 北京：中国发展出版社，2011.

[45] 朱广琴，余建辉. 农民工市民化需要社会保障支持 [J]. 学习论坛，2016（1）：38-41.

[46] 黄锟. 农民工市民化制度创新的总体思路和阶段性制度安排 [J]. 国家行政学院学报，2013（2）：85-90.

[47] 黄锟. 城乡二元制度对农民工市民化进程的影响与制度创新 [J]. 经济研究参考，2014（8）：30-41.

[48] 黄忠华，杜雪君. 农村土地制度安排是否阻碍农民工市民化：托达罗模型拓展和义乌市实证分析 [J]. 中国土地科学，2014（7）：31-38.

[49] 刘小年. 论农民工市民化的政策支持：主体的视角 [J]. 农村经济，2012（2）：114-118.

[50] 张俊. 新生代农民工对市民化支持政策的认知度及其影响因素 [J]. 农村经济，2015（6）：101-105.

[51] 蒋笃君. 新生代农民工市民化的现状、困境与对策 [J]. 河南社会科学，2019（12）：115-120.

[52] 刘传江，周玲. 农民工：城市经济发展的内在需求 [J]. 理论月刊，2003（4）：133-134.

[53] 王孝莹，王目文. 新生代农民工市民化的微观影响因素及其结构——基于人力资本因素的中介效应分析 [J]. 人口与经济，2020（1）：113-126.

[54] 杨莉芸. 农民工市民化问题研究综述 [J]. 经济纵横，2013（5）：120-124.

第 2 章
农民工市民化历史演进

中国农民工的形成与发展，是伴随着中国宏观经济制度的变迁和微观经济发展的需求而逐步演进的[1]；是中国城市化与工业化进程中的特殊现象，是中国走向现代化过程中的必经阶段。任何一个国家在其工业化与城镇化的发展过程中，农业剩余劳动力都必然会向城市转移，从而在职业上实现由农业向非农产业的转变，在身份上实现由农民向市民的转换，最后在思想理念和生活方式上实现与城市的一体化[2]，只不过中国农民工在市民化的社会变迁过程中，并未像西方国家那样经历从农民向市民的职业、地域和身份相同步的彻底转变，而是经历了由农民到农民工，再由农民工到市民的"中国路径"[3]，这一历程要复杂得多。可以说，农民的分化是中国改革开放以来的最大社会分化，其中最明显的就是分化出一个独特的，且人数越来越多的"农民工"群体[4]。李实戏称，"农民工现象是中国经济发展中的一道灰色的风景线。"

诺贝尔经济学奖获得者约瑟夫·斯蒂格利茨曾经指出，"21世纪对世界影响最大的有两件事：一是美国高科技产业，二是中国的城市化"。郑杭生在给《新生代农民工融入城镇问题研究》一书作的序里，开篇第一句是"21世纪是中国城市化的世纪，更为具体地说，就是农民工市民化的世纪。"城市化的核心就是减少农民，变农民为市民，而中国城市化的核心与焦点问题是农民工的城市化、市民化问题[5]。国家统计局发布的《2017年农民工监测调查报告》显示，2017年，我国农民工总量达到 28 652 万人[6]，是 1983 年的约 200 万人的 140 多倍。如此庞大而发展迅速的农民工群体的市民化研究具有重要的现实意义，不仅关系到从根本上解决农业、农村、农民问题，而且关系到工业化、城市化乃至整个现代化的进程，正如郑杭生认为的，农民工市民化是当代中国社会学的重要主题，是我国社会主义现代化进程中一个重大战略问题。

2.1 农民工市民化发展历程

劳动力流动行为随着经济发展的不同阶段而变化，中国也不例外，社会背景和经济发展水平深刻地影响着劳动力流动，我国农民工流动转移及市民化经历了曲折的发展道路[7]，农民工市民化呈现出一个不断流入和不断回流的动态的过程，在潮水般涌入和退出的过程中，其中一部分人逐渐沉淀下来[8]。农民工群体的产生、转移与市民化的发展都伴随着城镇的发展，与政治制度和相关社会制度的改变相关联，也随着一些标志性政策的实施或事件的发生而呈现出阶段性的特征[1]。充分认识并正视我国农民工市民化的形成与历史演进，是构建农民工市民化研究的基础。为此，许多研究机构和学者们根据农民工市民化不同时期的特征进行了阶段划分。

王竹林[8]按照时序变化来梳理农民工市民化的历史进程，分成了非农化、非农化与城市化、完全城市化3个历史时期。非农化阶段，20世纪80年代初至1989年，第一次"民工潮"出现，以"离土不离乡"为主题；非农化与城市化结合阶段，1989—2000年，以"离土离乡"为主题；市民化发展阶段，21世纪至今，进入年轻劳动力"无限供给不复存在"的阶段。王竹林是从1978年改革开放以后来谈农民工市民化的历程。葛信勇[9]在刘良博、韩长赋、刘传江等人研究的基础，归纳总结了农民工市民化发展历程，划分为封闭停滞时期（1949—1978年）、快速发展时期（1978—1997年）和稳定发展时期（1998年至今）三大时期，其中封闭停滞时期又分为自发转移阶段（1949—1957年）、大起大落阶段（1958—1964年）、严格控制阶段（1964—1978年）；快速发展时期分为内部纵深转移阶段（1978—1983年）、内部超常规转移阶段（1984—1988年）、整顿调整阶段（1989—1991年）、异地转移快速发展阶段（1992—1997年）；稳定发展时期分为政策松动阶段（1998—2003年）、和谐发展阶段（2004—2008年）、深度转移阶段（2009年至今）。黄丽云[10]以农民工流动政策演变为主线，将农民工市民化演变进程分为3个时期：1979—1992年，农民工市民化控制阶段；1993—2003年，农民工市民化有序引导阶段；2004年至今，农民工市民化强力推进阶段。韩玉梅[11]和白晓梅[12]皆以1978年为分割点，将农民工市民化历程划分为改革开放前和改革开放后，然后再分别划分阶段。韩玉梅将改革开放前的市民化进程分为1949—1960年的自由转移流动阶段和1961—1978年的市民化逆转阶段；将改革开放后的市民化进程分为1978—1988年"离土不离乡"阶段、1988—1999年"离土又离乡"阶段和2000年至今的"准备融入城市"阶段。白晓梅则将改革开放之前称为农村剩余劳动力转移就业，分为1949—1957年的自发性转移阶段、1958—1963年的剧烈起伏阶段、1964—1978年的停滞萎缩阶段；将改革开放之后称为农民工就业，分为1978—1983年的起步准备阶段、1984—1991年的大起大落阶段、1992—1996年的快速转移阶段、1997—2003年的平稳中有起伏阶段和2004年至今的短缺、回流与调整阶段。葛信勇、黄丽云、韩玉梅和白晓梅4人都是从新中国成立后来进行农民工市民化进程划分的，但1978年仍是重要的时间节点，依然对改革开放前后作了一定区分，农民工市民化演进历程依然侧重于改革开放后，1949—1978年可以看作是农民工市民化的形成阶段。董昕[1]在其所著《中国农民工的住房问题研究》中，以1992年邓小平南方谈话、1997年亚洲金融危机和2004年"民工荒"现象的出现这3个具有标志性的政策或事件为关键节点，将农民工的发展历程划分为4个阶段：1978—1991年，初步发展阶段；1992—1996年，快速发展阶段；1997—2003年，缓慢发展阶段；2004年至今，公平发展阶段。董昕也是从1978年改革开放以后来谈农民工市民化的历程。程姝[4]以城镇化进程为切入点，根据新中国成立后不同时期的城乡政策和城镇化发展水平，将农民工市民化分为5个阶段：1949—1957年，城市规模增大与农民市民化的起步阶段；1958—1977年，城市数量减少与农民市民化的停滞阶段；1978—1992年，小城镇发展方针与农民工市民化初始阶段；1992—2000年，小城镇的迅速增长与农民工市民化的发展阶段；2000年至今，城乡统筹与农民工市民化的深入推进阶段。值得注意的是，程姝尽管分了5个阶段，但前 2 个阶段的提法是农民市民化，而不是农民工市民化，这 2 个阶段可以看作是农民工市民化形成的阶段，实际划分农民工市民化阶段还是从 1978 年开始的，划分了初始阶段、发展阶段和推进阶段 3 个阶段。

综上所述，根据以上对农民工市民化形成与演进的阶段划分，结合农民工市民化本身的特征，笔者比较认同董昕的划分依据和程姝的划分时间节点，将 1978 年党的十一届三中全会、1992 年邓小平南方谈话和 2004 年蔓延全国的"民工荒"等标志性事件为关键节点加以借鉴参考，笼统地将农民工市民化的历史演进划分为 4 个阶段，分别是：第一阶段，1949—1977 年，农民工市民化萌芽阶段；第二阶段，1978—1992 年，农民工市民化初始阶段；第三阶段，1992—2004 年，农民工市民化的发展阶段；第四阶段，2004 年至今，农民工市民化的深化阶段。在这 4 个阶段中，尤其是 1978 年以后的 3 个阶段，与不断出台的农民工市民化相关政策，以及农民工发展的经济背景和社会因素共同影响着农民工的市民化进程。

2.2　农民工市民化演进的 4 个阶段

国务院发展研究中心课题组[13]将农民工市民化的内涵界定为以农民工整体融入城市公共服务体系为核心，推动农民工个人融入企业，子女融入学校，家庭融入社区，也就是农民工获得与城市本地居民相同的市民待遇。杨云善[14]认为，农民工市民化不仅是地域、职业的转换，更重要的是价值观念、思维方式以及生活方式向现代化的转变，只有当农民工与城市居民在职业、社会身份、自身素质和意识行为 4 个方面无差别时，才意味着农民工实现了市民化。沈映春等[15]从居住条件、经济生活、社会关系、政治参与和心理认同 5 个方面研究北京市农民工市民化水平及影响因素。王竹林[8]具体描述了农民工市民化的过程，就是要农民工逐步实现职业角色的转变（由农民转化为产业工人）、地域空间位置转变（由农村向城市转变）、身份转变（由农民工向市民转变）、资源获取方式转变（由依赖土地向依赖资本转变）、生活方式和价值观念转变（由农民、农村的传统生活方式和价值观念向市民、城市的生活方式和价值观念转变）。众多研究表明，职业发展、经济生活、社会身份、自身素质、心理认同等多方面因素对农民工市民化进程都产生着重要作用。在研究农民工市民化的历史变迁时，主要需结合个体、经济、社会、心理等维度进行阐述。

2.2.1　农民工市民化的萌芽阶段（1949—1978 年）

历来研究农民工时，涉及农民工的形成与历史变迁的问题，基本会从 1978 年党的十一届三中全会开始论起，极少涉及新中国成立后至改革开放之前的这段历史时期。一方面，这一时期多为农民进城，严格来讲只能称之为农民的市民化，而不能称之为农民工的市民化；另一方面，关于这一时期农民市民化的问题，当前的研究较少，往往都是一笔带过，专门性论述的资料有限，难以全面呈现这一时期农民工市民化的状况。但是，以历史性视野来看，正是这一阶段的政治、经济、社会等多维度因素的交织，才有了当前长期存在、关系重大、亟待解决的农民工市民化问题，桎梏农民工市民化的一个非常重要的因素——城乡二元结构，正是在这一阶段形成的。正如宋学勤[16]所说，1949—1965 年，是新中国历史发展进程中一个极为重要且具有鲜明特征的历史时期，在此期间所演绎的历史图景及其形塑出的制度结构，至今仍然以正式或非正式的方式规制着当下中国社会的运行逻辑，其中农民进城问题就是一个极具代表性的案例。因此，将 1949—1978 年这一时期称为农民工市民化萌芽阶段是合适的，恰好可为当下农民工市民化问题在历史变迁中的演绎机制寻找解释和论证答案。

(1) 1949—1952 年：从自由迁徙到政策控制

早在新中国成立前，国家领导人已经注意到了农村人口向城市流动的问题，确信国家工业化将伴随着人口城市化的进程[17]。毛泽东在《论联合政府》中便指出："将来还要有几千万农民进入城市，进入工厂。如果中国需要建设强大的民族工业，建设很多的近代的大城市，就要有一个变农村人口为城市人口的长过程。"此外，在中国共产党领导下的各地区公布的有关人权约法，如山东省临时参议会 1940 年 11 月 11 日公布实施的《山东省人权保障条例》、1942 年 2 月陕甘宁边区政府公布的《陕甘宁边区保障人权财权条例》，都对人民的居住和迁移自由给予法律上的承认[17]。更为重要的是，1949 年 9 月，中国人民政治协商会议通过了具有临时宪法性质的《中国人民政治协商会议共同纲领》，其中就明确规定"中华人民共和国人民有思想、言论、出版、集会、结社、通讯、人身、居住、迁徙、宗教信仰及示威游行的自由权"。可见，中共中央对于人口迁徙自由不仅给予法律上的承认，并且给予了实际上的具体保障[17]。

自 20 世纪 50 年代起，发展中国家出现了大规模由农村向城市的移民浪潮，成千上万的农村人口流入城市[17]，新中国成立初期也同样出现了由农村向城市的移民浪潮。这一时期，农村劳动力的转移有发展性因素，但更多的还是出于生存，以及出于建立计划管理的需要的流动[18]。一方面，新中国成立初期土地改革后，亿万农民获得了梦寐以求的土地，劳动积极性高涨，互助合作运动的推进和新型农具的大量使用，使农耕土地出现不足，劳动力出现剩余，大批农民为改善生活，在城镇没有迁徙限制的情况下自发地流向城市[19]。另一方面，农村的破产农民迫于生计，为谋生路，涌入城市，灾荒是导致农民离村的直接原因。20 世纪 20 年代，农村人口的"离村率"为 4.61%，进入 20 世纪 30 年代后，全家的"离村率"为 4.8%，青年男女的"离村率"为 8.9%[17]。新中国成立后，全国曾相继发生旱、冻、虫、风、雹、水、疫等自然灾害，其中水灾最重[16]。据北京市档案资料记载农民进京情况，1950 年 1 月，进京灾民达 23 000 多人[16]。还有一方面，城市的恢复重建和城市居民的日常生活对于农民进城存在需求。政府采取统一介绍就业与自行就业结合的方针，在东北地区最先采取有组织的统一招聘职工，到 1950 年 3 月开始大量招工，截至 1951 年 3 月，东北地区劳动部门协调招聘了 24 万工人，其中不少东北地区农村的剩余劳动力进入工业生产，才满足了工业和建设的各种要求[17]；且由于农民有能吃苦、工资福利要求低、身强力壮、辞退容易等特点，深受用人单位，尤其是需要体力劳动的单位喜爱，其中，建筑行业是农村劳动力进城就业的重要领域[17]。

农民进城的影响因素众多，究其根本，还是城乡发展不平衡，而农村人口又过于饱和，因此农民向上流动的需求强烈[17]。面对迫切需要重建的国民经济体系，新中国成立的头 3 年确立了优先发展重工业的战略，这对快速形成先进的工业体系和恢复国民经济起到了重要作用，但也出现了工业快速发展和农业相对滞后的局面[19]。与此同时，还有一项重要的策略，即首先改善工人的生活水平[16]，这就直接导致了城乡生活的明显差异。据统计，1952 年，城镇居民储蓄额比 1950 年增加 5.5 倍，平均工资的增长速度为 60%～120%，而农民收入的增长幅度约为 30%；1952 年，农业人口消费水平为 62 元，非农业人口消费水平为 148 元，后者为前者的 2.39 倍[16]。新中国成立后，尽管城镇居民和农村居民的生活水平都在逐渐提高，但工人与农民生活的差距也在拉大[16]，相对于工业与工人，农业发展、农村面貌改变较小，农民还相对贫困，这就促使农民因基本生活问题而大量流入城市[19]。正如有学者评论："1949 年以后，中国城乡差别在收入、获得消费品、文化娱乐和有保障的工作以及福利待遇等方面逐渐扩大，使得城市居民越来越意识到城市生活的优越，也使农民越来越羡慕城市生活[16]。"城市生活的优越使农民"绝大多数是不安心于农业生产，羡慕城市生活而来的"[16]。这一现象，不仅在新中国成立之初出现，而且一直延续至今，这才有了现在的农民工市民化问题。据统计，1952 年 8 月 10 日到 23 日期间，北京市南苑区有外来找工作的农民 800 多人，他们多来自邻近的通县、武清和安次等地，有的人因为不愿种地，把已分得的土地交回农民协会，一心进城工作[17]。

得益于国民经济的恢复和发展，新中国成立后城镇人口也有所上升，1949—1952 年，全国市镇人口从 5 765 万增加到了 7 163 万，市镇人口占全国总人口的比重从 10.6% 上升到 12.5%；城市新增人口除因新中国成立后调整建制产生的新城镇人口以及城市中自然增长的人口外，主要是国家支持的计划招工流入与农民自行流入 2 类[17]。在这一阶段中，政府并没有出台任何法规政策明确禁止农民流入城市，国家遵循个人自愿原则，没有限制公民的迁徙活动[17]。当时的户口工作主要服务于肃反及统计人口的需要，颁布了《关于特种人口管理的暂行办法》及《城市户口管理暂行办法》等，1950 年，第一次全国治安行政工作会议决定：户口工作的任务是保证居民的迁徙之自由，安心从事生产建设[17]。但是，新中国成立初期的工业经济发展和城市的容纳量有限[19]，大规模的农村人口向城市流动，对城市的就业、基础设施建设以及居民生活等社会管理问题产生了多方面的影响[16]。为此，1952 年，政府开始采取措施限制农民进城寻找工作[19]。1952 年 8 月，周恩来主持的全国劳动就业会议通过了《关于劳动就业问题的决定》[17]，指出"农村剩余劳动力无组织无计划地盲目地向城市流动，这增加了城市中的失业和半失业现象[19]。"决定从 1952 年 9 月开始由劳动部门同意调配劳动力[17]，国家因城市与工业发展需要吸收的劳动力工作必须有计划有步骤地进行[19]，而且在短时期内不可能大量吸收，"故必须大力说服农民，以克服农民盲目地向城市流动的情绪[17]。"且要求地方党委"应适当劝阻农民入城[19]。"1952—1954 年期间，国家有关部门先后出台 10 余个政策，试图阻止农民盲目流向城市，但成效并不显著[19]。

（2）1953—1957 年：从政策控制到制度限制

"一五"计划掀起了新中国成立后第一次大规模的工业建设，这是中国历史上前所未有的，在这以重工业为主的"一五"计划建设实施过程中，国家新建、扩建为数众多的工厂和矿山，从农村征调大量农民进入城镇、矿山当工人[16]。1953 年以后，各地开始出现农民进城热潮[16]。据北京市劳动局统计，1950 年到 1955 年年底，从外地招工 13 万人次，1956 年上半年，仅从河北农村招工就已达 2.6 万余人[16]。随着大批农民工进入城市，职工家属也从农村进入城市，致使城市人口迅速增加，以北京市为例，1956 年由农村迁入的 20 多万人口中大部分是职工家属[16]。据统计，北京市各部门职工人数迅速增长，1949 年各部门职工（包括全民、集体、街道）人数为 43.339 9 万人，1952 年增至 78.363 0 万人，1957 年为 121.173 7 万人[16]。就全国而言，这一时期城镇人口仍处于快速增长的势头，如表 2.1 所示，从 1949—1958 年中国城镇流动人口情况来看，在对劳动力实行更为严格管理政策的 1953—1958 年内，城市的流入人口反而要比 1949—1952 年更多。到了 1957 年，城镇社会劳动力总人数达到 3 205 万人，比 1949 年净增 1 672 万人，其中职工人数由 809 万人增加到了 3 101 万人，净增 2 292 万人[17]。

表 2.1　1949—1958 年中国城镇流入人口[17]

单位：万人、%

年代	流入人口	流入率
1949—1950	204.4	3.55
1951—1952	219.0	3.30
1953—1954	233.6	2.98
1955—1956	306.6	3.70
1957—1958	408.8	4.11

造成这一时期城镇流入人口大量增加的原因，除了上文提及的农民通过政府正规招工以及直系亲属间通过"三投靠"的方式在城市登记落户成为城市人口留了下来外[17]，还有诸多其他因素，如当时很多城市企事业单位并没有严格遵守由劳动部门统一调配劳动力的规定，时常自行招聘，只要雇佣双方接洽好，不需要证明书和介绍信便可入职，因此农民有可能依靠自己在城市中谋得生计[17]。尤其是建筑单位，由于用人不稳定的特殊需求，经常不向劳动部门申请调配劳动力，或通过私人关系招揽，或张贴布告公开招收，以提高工资标准、答应共计路费等条件吸引农民进城工作[17]。此外，县（区）政府随意给农民开介绍信，对农民外出谋生持鼓励态度，在并没有与城市工矿企业管理部门取得联络，了解用人需求的情况下，私自发放介绍信和户口转移证，造成大批农民得以流向城市，以至于农民进城后找不到工作，没有住所，从而增加了城市管理工作的困难[17]。

城市人口的膨胀给城市的各项建设计划和生活秩序带来了许多困难，各大城市相继出现了粮食、就业、就学和基础设施供应不足的问题[17]。1956 年，各部门各地区为了超额完成"一五"计划的任务，盲目加大建设和生产计划，招工政策被放宽，超计划大量招工，仅这一年就从社会招工 217 万人，是原计划的 1 倍多，城镇人口压力骤然加大；同时，农村劳动力的大量外流也影响到了农业生产建设的开展[17]。为此，国家连续出台了一系列限制农民自由进城的政令[16]。1953 年 4 月 17 日，政务院公布了《关于劝止农民盲目流入城市的指示》[16]；1954 年 3 月，内务部与劳动部联合发布《关于继续贯彻〈劝止农民盲目流入城市〉的指示》[19]；1956 年 12 月 30 日，国务院发布《关于防止农村人口盲目外流的指示》；1957 年 3 月 2 日，国务院发布《关于防止农村人口盲目外流的补充指示》；9 月 14 日，发布《关于防止农民盲目流入城市的通知》[16]。这些政令号召各地政府采取"管""堵""卡""截"等手段，"劝止"或"防止"农民自由进城找工作，并指示各企事业部门不应当私自招用农村剩余劳动力，使得"盲目"进城的农民得到了收容遣送，取得了一定成效[16]。

但由于这一时期《中华人民共和国宪法》刚颁布不久，我国公民享有自由迁徙的权利，相关政策的颁布也未能达到阻止农民进城的预期效果[19]。因此，政府在出台各类政令的同时，还通过一系列制度设计来限制农民进城。为了保证我国工业化的顺利进行和城镇居民基本生活物资供应，1953 年，国家对粮食生产实行统购统销政策[19]，实行定产、定购、定销的办法，1955 年，国务院正式发布了《市（镇）粮食定量供应暂行办法》与《农村粮食统购统销暂行办法》，规定城市人口吃供应粮，农村人口吃自产粮，开始实行城市户口人员的计划（票证）供应制度[19]，将居民户口与粮食供应直接联系起来，从而切断了盲目流动人口在城市的生活必需品的获得，从粮食等基本生活物资供应方面阻止农村流动人口进城[17]。同时，社会主义三大改造的开展也深深影响着农民进城的步伐[17]。在农村实行农业集体化，将分散的农户组成合作社，将农村劳动力统一组织起来，在农业合作化进入高潮后，农民自行支配劳动力的权利变得有限；在城市对手工业与资本主义工商业的社会主义改造，以及政府对自由市场的收紧，都降低了农民进城后以小商小贩或小手工业者的身份谋生的可能性[17]。

更为重要的是，加强了户口在限制农民向城市流动方面的作用[17]。1955 年 11 月，国务院颁布了《关于城乡划分标准的规定》，将"农业户口"与"非农业户口"作为人口统计指标，正式确立按"农业户口"与"非农业户口"进行划分与管理的二元户籍管理体制[19]。到 1958 年 1 月，政府通过并颁布了酝酿已久的《中华人民共和国户口登记条例》[17]，将新中国成立以来逐渐形成的限制人口流动政策和城乡分隔的户口登记制度以法律的形式固定下来[19]，第一次从法律上正式限制农民进城，除了纳入国家计划的人口迁移外，自发的流动人口事实上失去了成为新的城市居民的机会[17]。但是，仅凭《中华人民共和国户口登记条例》，国家还是难以制止农民流向城市，因此，政府同时采取了一系列与之相关的政策作为《中华人民共和国户口登记条例》的补充措施，包括凭户口发粮油票证的粮油供应制度、凭户口申请就业的就业制度、凭户口取得社会保障制度等[19]。国家从人口流动到口粮供应，从劳动力就业到社会福利保障待遇，从义务教育到职业培训，从政治参与到选举权平等，采取各种措施限制农村人口向城镇流动，户口登记制度与粮食统购统销政策、指令性计划用工政策、城市福利制度共同构建成了中国独特的二元社会体制[19]，城乡分离的局面由此形成。城乡二元社会结构的形成，对保证新中国成立初期工业化发展和顺利进行具有重要作用[19]，但其影响更加深远，不仅是农民工市民化问题的根源所在，在 50 年后的今天，仍然以正式或非正式的方式规制着中国社会的运行逻辑[16]。

(3) 1958—1978 年：从职业限制到社会管制

如果历史的车轮按照固有的轨道前行，那么 1958 年之后，在城乡二元社会体制下的中国农民进城人数将锐减。然而，事物的发展总是充满着不确定性。在 1958 年刚刚完成制度设计后，历史又出现了一个重要的拐点。由于"大跃进"运动的冲击，严格控制城市人口的政策被赶超英、美西方国家工业化的发展方针搁置一边，《中华人民共和国户口登记条例》没有得到有关部门的认真实施，而且因"大跃进"运动，城市急需大量劳动力，更使得农村人口涌入城市，城镇人口迅猛增加[19]。1958 年 6 月，中共中央决定：今后劳动力招收调剂工作，由省、市、自治区党委负责管理。招收计划经省、市、自治区党委确定后即可执行，不必经中央批准[19]。至此，各地的城市不顾实际需要，招收了大量具有农民身份的职工，全国城镇人口大幅增加[19]。1958 年 8 月至年底，全国工业生产方面大约增加了 680 万人，为全年增加人数总数的 78%[16]。1960 年的自然灾害又导致我国粮食连年大幅度减产，饥荒的威胁使农村出现生存危机，迫使大量农民向城镇寻找活路[19]。城镇人口从 1957 年年底的 9 949 万猛增到 1960 年的 1.3 亿多，城镇人口比重提高 4 个百分点，1960 年达到 19.3%，吃"商品粮"的人口比例从 15% 左右提高到近 20%[19]。

然而，城市人口的迅猛增加，使城乡发展、工农业发展出现严重不协调的现象[16]；自然灾害带来粮食减产农村危机，"大跃进"式工业发展也收效甚微，国家面临着工业和农业双重困境的压力[19]。因此，国家又先后出台了多项限制城镇人口规模的规定。1958 年 12 月，公安部提出了《当前人口流动混乱情况和配合制止混乱的意见》[16]；1959 年 1 月 5 日，中共中央下发《关于停止新职工和固定临时工的通知》[16]；1959 年 2 月 4 日，中共中央发出《关于制止农村劳动力流动的指示》[16]；3 月 11 日，中共中央、国务院下发《关于制止农村劳动力盲目外流的紧急指示》[16]；3 月 26 日，公安部发出《关于贯彻中央有关制止农村劳动力盲目外流的指示的紧急通知》[16]。这一系列政令的颁布，使户口管理进一步加强，由"劝止""防止"进入到"制止"阶段[16]。进入 20 世纪 60 年代后，政策更加严格。1962 年 12 月 8 日，公安部发出《关于加强户口管理工作的意见》[19]，1964 年 8 月 14 日，国务院批转了公安部《关于户口迁移政策规定》，对迁入城市的人口实行严格控制[16]，由此，城乡隔离的管理制度体系正式形成，户籍制度逻辑演化为横亘在城乡之间的壁垒[16]。1975 年修正后的《中华人民共和国宪法》中，历史性地取消了关于"中华人民共和国居民有居住和迁徙的自由"的条文，这标志着我国公民的自由迁徙和居住的权利失去了宪法的保障[20]。1977 年 11 月，国务院批转公安部《关于处理户口迁移的规定》，确立了从农村迁往城市、从小城市迁往大城市的控制的 10 条原则和实施细则，至此，从农村到城市、小城市到大城市的户口迁徙都被严格禁止[20]。

其间，除各项政令的相继出台外，面对日益严峻的形势，中央开始对国民经济进行大幅度调整，出台"调整、巩固、充实、提高"的方针政策，正式启动清理农村劳动力、精简职工的工作[16]。1961 年 6 月 28 日，中共中央发出《关于精减职工工作若干问题的通知》，同年 9 月 13 日，中央精减干部和安排劳动力 5 人小组发出《关于精减职工和减少城镇人口工作中几个问题的通知》，严加控制从农村、县镇迁往大、中城市的户口转移[16]。1961 年 1 月至 1963 年 7 月，全国职工精减 1 887 万人，城镇人口减少 2 600 万，城镇人口比重由 1960 年 19.7% 降低到 1963 年的 16.8%[16]。从 1962 年开始，不但农村人口不得进城就业，而且国家为解决日益紧张的城市居民的工作问题，在"接受贫下中农再教育"的旗帜下，1 600 多万知识青年"上山下乡"，从城市派发到农村[19]。据统计，1961—1965 年，全国城镇人口平均每年递减 4.41%[16]。1964 年下半年，根据刘少奇的大力提倡和全国城市劳动力安置管理工作会议精神，各地区、各部门积极进行了亦工亦农劳动制度的试点工作[16]。到 1965 年 6 月底，全国已有 2 500 多个亦工亦农劳动制度试点单位，58 万个亦工亦农劳动者，矿山、森林、建工、建材、邮电、轻工、纺织等 30 多个行业，以及农村的排灌站、拖拉机站和其他各站，都已经试行这种新劳动制度[16]。但"文化大革命"后，亦工亦农制度遭到批判，农民进城的机会基本上完全丧失[16]。

此外，1958 年开始实行人民公社制，对农村的生产生活、分配和消费活动进行了全方位的支配，进一步强化了国家对农村的社会管制，也强化了农民流向城市的社会管制[19]。在人民公社体制下，农民什么时候劳动、劳动的对象和方式是什么，都由生产队分配，农民按规定获得工分，并作为粮食等必需物资的分配依据；农民的日常生活、社会活动都由组织安排，农民要按照生产队的指派出工，即使到队办企业做工，也必须获得生产大队的批准，甚至在自留地里种什么都要得到生产队的同意[19]。大量农村人口流向城市的状况不复存在，从而实现了国家通过基层政权对农民的全方位控制[19]。直至 1978 年，全国人民公社共有 54 000 多个[19]。从此，户籍制度的特殊功能之一，即限制人口自由流动的功能进入了实质性的运用阶段，户口迁移审批制度正式启用[16]。户口登记、口粮供给与迁移控制形成了一套严密的限制城市人口增长政策[16]。在农村，拥有农业户口的农村人把户口同土地相结合；在城市，拥有非农业户口的城市人使户口逐步与劳动就业制度、社会供应制度和社会福利保障制度相结合，实行严格的管理来阻止城乡人口的社会流动[16]。

2.2.2　农民工市民化的初始阶段（1978—1991 年）

1978 年是个极为特殊的年份，中国由此开启了新的历史时期。1978 年 12 月，党的十一届三中全会召开，正式确立了党和国家的工作重心由"以阶级斗争为纲"向"以经济建设为中心"转移，拉开了中国经济体制改革的序幕。1984 年 12 月，党的十二届三中全会后，国家推广安徽凤阳县小岗村包产到户的经验，实行家庭承包经营为主要内容的农村经济体制改革[10]。一方面，改革开放后，经济发展带动城镇对劳动力的需求快速增加；另一方面，土地家庭承包经营制的实行解放了农村的富余劳动力[1]。在这拉力和推力的双重作用下，农村开始出现剩余劳动力并向城市转移，农民工作为新兴的社会群体在中国的劳动力市场上正式出现，并得到了初步发展[1]，形成了"农民工群体"与"农民工现象"[12]。

这一时期的国家传统城乡管理模式及管理制度仍然坚固，农村剩余劳动力表现为一种生存理性选择[21]。20 世纪 70 年代末到 80 年代初，政府的宏观调控给予农民取得非农就业的有限机会，农民开始由以粮食生产为主的种植业向农、林、牧、副、渔多种经营转移，即在农业内部进行职业转换；但是，农民只可以在其户籍所在地从事相应的非农产业，其特征是就地流动和转移，农民尚不能完全离开土地，不能实现市民化[21]。据估计，如以出县为流动标准，改革之初，全国流动的农村人口不超过 200 万人[22]。1984 年之前，农村人口向城市的自由流动、迁徙仍然受到严格控制，不允许人口自由流动，要求对农村剩余劳动力就地安置，不能迁入城镇[23]。1981 年，中共中央、国务院发布《关于广开门路，搞活经济，解决城镇就业问题的若干决定》，明确规定要严格控制农村劳动力流入城镇，对农村多余劳动力，要通过发展多种经营和兴办社队企业，就地适当安置，不使其涌入城镇；要严格控制使用劳动力，继续清理来自农村的计划外用工[23]。1981 年 12 月，国务院发布《关于严格控制农村劳动力进城做工和农业人口转为非农业人口的通知》，又要求"引导农村多余劳动力在乡村搞多种经营，不要往城里挤；要采取有效措施，严格控制农村劳动力进城做工和农业人口转为非农业人口[23]。"

1984 年以后，城市与农村这 2 个原本相互隔绝的版块被打通，城乡之间的社会成员初步实现了大规模的对流，国家对农民进城基本持默认和允许的态度，农民工得以迅速发展[24]。一方面，从农村来看，以家庭承包经营制度为内容的农村改革极大地调动了农民的生产积极性，促进了农业生产的恢复和农产品供给的全面增长，农民的物质生活有了基本保障，农村剩余劳动力开始寻找新的就业机会[22]；同时，国家开始改革"政社合一"的农村管理体制，1982 年，《中华人民共和国宪法》用乡镇政权取代人民公社管理体制[19]，延续 24 年之久的高度集中的人民公社体制历史宣告终结，这也为农村劳动力的流动提供了客观条件[22]。另一方面，从城市来看，以城市为重点的经济体制改革的全面启动，使城镇经济得到恢复和发展，城市经济的发展需要大量劳动力；同时，市民生活水平的提高，特别是产业结构主要由过去单一注重重工业向同时注重轻工业、服装业转化，在城市的零售业、服务业等领域为农民进城提供了就业机会[24]。1984 年 1 月 1 日，中共中央发布《关于 1984 年农村工作的通知》（1 号文件），允许务工、经商、办理服务业的农民自理口粮到集镇落户[8]。这是农村劳动力流动及就业政策变动的一个标志，表明实行了 30 年的限制城乡人口流动的就业管理制度开始松动[8]。这一时期，中央出台陆续出台了多项有关政策，开始允许甚至鼓励农村劳动力向城市流动。1984 年 2 月，国务院出台了《关于合作商业组织和个人贩运农副产品若干问题的规定》和《关于农民个人或联户购置机动车船和拖拉机经营运输业的若干规定》，1984 年 10 月，国务院出台了《关于农民进入集镇落户问题的通知》。1985 年 1 月，中共中央、国务院出台了《关于进一步活跃农村经济的十项政策》，1986 年 7 月，出台了《国营企业招用工人暂行规定》，1988 年，劳动部、国务院贫困地区经济开发领导小组出台了《关于加强贫困地区劳动力资源开发工作的通知》等[22]。这些政策文件支持和鼓励农村剩余劳动力从事交通运输服务业，允许农民进入城镇落户并在城镇就业，还特别提出了大力组织贫困地区劳动力输出，促进贫困地区劳动力资源开发[22]。据不完全统计，1982 年，全国流动人口不超过 3 000 万人，1985 年上升到 5 000 万人，1988 年达到了 7 000 万人，其中外出打工的农民及其他农村人口约占70%[8]；与此同时，全国农业劳动力由农村人口自然增长，从 1978 年的 28 373 万人，增加到 1988 年的 32 308 万人，但农业劳动力占全社会劳动力的比例，则从 1978 年代70.5% 下降到 1988 年的 59.3%，下降了 11.2 个百分点[8]。

这一时期是农民工市民化的初始阶段，农民工群体以"离土不离乡，进厂不进城"的发展模式为主，即不离开家乡，但从农业生产领域转向工业等非农领域[1]，他们亦工亦农，其市民化还处于严格控制中[10]。"离土不离乡"的农民工发展模式与乡镇企业的蓬勃发展密不可分[1]。在国家政策的扶持下，乡镇企业迅猛发展，1984—1988 年，乡镇企业年均递增 69.6%，就业人数年均递增 24.2%[25]；据统计，1978—1991 年，我国乡镇企业共吸纳劳动力 6 782 万人，年均吸纳劳动力 522 万人[1]。乡镇企业的迅速发展改变了农村就业格局，大批农民放下锄头铁锹，从田地走向车间、走向工厂，成为当时解决中国农村剩余劳动力问题的成功实践[25]。这种就地转移的制度安排，大大降低了农业劳动者转移到非农产业的机会成本和风险性，同时可以促进农村各种要素的重新配置，提高了劳动力素质，为农村剩余劳动力进一步的深层次转移提供可能[25]。在中国城乡分割的二元结构逐步松动的历史背景下，农村日益增强的推力和城市日益加大的拉力综合作用，到 1989 年，全国外出务工农民工达到 3 000 万人，形成了第一次"民工潮"[10]。

受当时国内外政治经济形势的影响，1989—1991 年，我国进入国民经济治理整顿时期，控制总量、降低速度的方针直接减缓了城市对农民工的需求[24]。此时，由于前期农民工群体的快速发展，大量农民工涌入城市，给城市基础设施和公共资源供给造成很大压力，城市交通、社会治安问题日益突出[21]。这引起了政府的高度关注，开始出台政策，加强对农村劳动力"盲目流动"的管理[21]，采取一系列措施规范、控制农民工的流动及市民化[10]，国家为控制盲目流动，甚至把农民工当成"盲流"从城市清理出去[8]。如：1989 年 3 月，国务院办公厅发布《关于严格控制民工外出的紧急通知》；1990 年 4 月，国务院发布《关于做好劳动就业工作的通知》；1991 年，国务院办公厅发布《关于劝阻民工盲目去广东的通知》《关于收容遣送工作改革问题的意见》，民政部发布《关于进一步做好劝阻劝返外流农民工的通知》；等[10]。与此同时，乡镇企业发展也开始进入停滞阶段[12]。在治理整顿中，"小、散、活、乱、差"的乡镇企业相继被关停并转，清退富余人员[24]，致使原来吸收的农村劳动力很多又回到农村从事农业[12]。据统计，1989 年乡镇企业吸纳劳动力的数量比 1988 年减少 179 万人，1990 年又比 1989 年减少 102 万人[12]。因此，随着治理整顿的实行，城市经济大面积收缩，大量在城市就业的农民工被清退，被迫回到农村，出现了农民工由城市向农村的逆向流动现象[12]，直接导致 1989—1991 年期间出现了我国第一个农民工的"回流潮"[8]。尽管这一时期农民工进城的势头得到了一定程度的遏制，但是在城市务工经商的农民工仍有 2 500 万～3 000 万[24]。

这一阶段中，我国对农村剩余劳动力转移制度的安排是在二元经济社会制度架构内作出的调整，党和政府还只是致力于农村剩余劳动力就业渠道由农村第一产业向农村第二产业转移，并没有考虑农民身份转变的问题，所以这一阶段内实行的农村剩余劳动力转移制度具有明显的过渡性特点，在当时的历史条件下，这一制度安排避开了制约农村剩余劳动力非农化的深层次制度障碍，又在一定程度上实现了农村剩余劳动力的转移[25]。

2.2.3　农民工市民化的发展阶段（1992—2003 年）

1992 年也是一个极其重要的年份。以 1992 年邓小平南方谈话和党的十四大为标志，中国进入了改革开放和社会主义现代化建设的新阶段[24]。我国经济发展进入了一个新的时期，城市就业机会增加，国家政策更加宽松，开始放宽农民进城务工的条件，对农民工的管理政策也由"控制"调整为"有序引导"[10]，再次促进了农民工的流动与转移，跨省、跨区域流动成为这一时期的特点[12]。这一时期的农民工市民化进入了快速发展阶段，农民工群体开始以"离土又离乡，进厂又进城"的发展模式为主，即离开家乡去从事工业等非农领域的工作[1]。

党的十四大明确提出要建立社会主义市场经济体制，其核心是使市场在社会主义国家的宏观调控下对资源配置起基础性作用[24]，为农民工的流动创造有利的制度环境；国家在农民工流动和转移方面也出台了一系列政策和措施，力求引导农民工有序流动[12]。1992 年 8 月，公安部发出《关于实行当地有效城镇居民户口制度的通知》，开始实行"当地有效城镇居民户口"制度(由于"当地有效城镇居民户口"的户口簿印鉴为蓝色,故也称"蓝印户口"),对在城镇有稳定住所和职业,并要求在城镇定居的农村人口,允许他们以蓝印户口的形式在城镇入户,统计为"非农业人口",享受与城镇常住户口同等的待遇[1];1992年10月开始,广东、浙江、山东、山西、河南等10多个省份先后以省政府的名义下发了实行"当地有效城镇居民户口"的通知,一些大中城市也进行了户籍改革的尝试,如1992年,浙江温州推行"绿卡制";1993年,上海颁布"蓝印户口"政策;1995年,深圳施行"蓝印户口制",以吸引更多的人才和资金[1]。1993年11月,中共中央发布《关于建立社会主义市场经济体制的若干问题的决定》[1];1993年年底,劳动部发布《关于建立社会主义市场经济体制时期劳动体制改革总体设想》[10];1994年11月,劳动部发布《农村劳动力跨省流动就业管理暂行规定》[10];1995年,中共中央、国务院办公厅发布《关于加强流动人口管理工作的意见》[10];1995年,公安部颁布《暂住证申领办法》,劳动部发布《关于抓紧落实流动就业凭证管理制度的通知》[10];1996年,劳动部办公厅发布《关于"外出人员就业登记卡"发放和管理有关问题的通知》[10]。至此,我国建立了一整套专门针对农民进城就业的证卡管理制度[10],鼓励和引导农村剩余劳动力逐步向非农产业转移和地区间有序流动[1]。这进一步为农民工市民化提供了制度保证,农民工的市民化开始进入一个良性有序的时期[4]。

政策的调整、观念的转变[8]、持续高速的经济增长极大地推动了农业剩余劳动力向非农业产业、城市转移,农村剩余劳动力开始进入一个全方位、大规模转移的高速发展的新阶段[11]。这一时期,第三产业高速发展,为农民工的就业开辟了新的渠道和途径[12];我国东部地区劳动密集型产业迅速发展,提供了大量的就业岗位,吸纳了大量的内地劳动力,使得农民工就业进入了第二个高峰期,爆发了声势浩大的"民工潮"[12]。据统计,仅1992年流入城市的农村人口就有3 500万人,而1993年的外出人口高达5 000万~6 000万人[12]。据测算,1992—1996年,我国平均每年流动的农民工超过800万人,年均增长8%,其中1993年流动农民工净增规模达1 900万人[12]。此外,在东部地区20世纪80年代乡镇企业高速发展的基础上,中、西部地区的乡镇企业也开始以较快的速度发展起来,中、西部地区乡镇企业发展的速度从1993年开始赶超东部地区,在乡镇企业就业的人数也大幅度增加[11]。据统计,1991年年底到1996年年底,我国乡镇企业的就业人数增加了3 899万人,年均增加就业人数约780万人,显著高于上一阶段(1978年年底到1991年年底)的年均增加就业人数522万人,尤其是1992年、1993年农民工数量经历了爆发性的增长,乡镇企业的就业人数就从1991年年底的9 609万人,增加到1993年年底的1.23亿人,年均增长14%,即年均增加就业人数1 368万人[1]。

"离土又离乡"的农民工发展模式离不开广东等沿海地区经济增长的需求拉动[1],特别是在1997年香港回归祖国之后,国家改革开放力度进一步加大,需求拉力与日俱增。珠江三角洲、长江三角洲等东南沿海地区依托优越的区位条件、良好的基础设施、廉价的劳动力和广阔的消费市场,利用港澳台制造业投资和转移的契机,成为招商引资最大的获利地区[21],"三资"企业开始在中国蓬勃发展,形成了对劳动力前所未有的巨大需求[11]。进入21世纪后,私营企业、民营企业及其他非公有制企业快速发展,创造了大量的就业机会;东部沿海地区外向型行业及第二、第三产业的加速发展,也吸引了大量的农民工跨区域就业；为了刺激经济、拉动内需，国家实行积极的财政政策，大力发展基础设施建设，综合治理生态环境，推动城镇化进程，这也为农民工的就业开辟了新的空间[12]。然而，1997 年，东南亚爆发金融危机，我国经济发展速度也随之放慢[1]，乡镇企业面临发展困境，很多乡镇企业相继破产[1]，以苏南为代表的乡镇企业纷纷改制，解雇了一些乡镇企业工人[10]。据统计，1997 年、1998 年我国乡镇企业就业人数减少了 971 万人，比 1996 年年底减少了 7.2%，年均减少约 486 万人[1]。这期间，城市产业结构调整和国有企业加大改革力度，大量国有企业职工下岗，城市吸纳农村劳动力能力下降，并且不少城市出台了限制农民工就业的歧视性政策，使得农民工外出打工持续增长势头受到遏制，流动规模相对稳定[10]。据统计，1997—2000 年，我国的城镇就业增长率从 4.31% 逐年下降到 3.30%[1]。而主要农产品在 1994 年、1995 年连续 2 年价格提高，土地经营对农村劳动力的吸引力增强[10]；且 20 世纪 80 年代外出的农民工已步入中老年，失去了年轻力壮的优势，在当时的环境下再找工作显然不那么容易，一部分年纪较大的农民工重新返乡务农[10]。这些力量的多重叠加，致使农民工出现明显回流[1]。在 2000 年前后，我国的经济发展逐渐企稳，农村劳动力转移的速度也随之有所提升[1]。

1997 年，党的十五大召开，中国加入 WTO（World Trade Organization，世界贸易组织）和全球化趋势的进程加快，使中国开始以更宽广的国际视角和平等意识对待农民工问题[24]。国家逐步开始以社会公正态度对待农民流动，农民工的合法权益的维护成为社会舆论的主流[24]。但这一阶段经济发展的变化也直接影响了对农民工流动管理的政策变动，在 2000 年前后，国家政策发生了较大的转变，可以先后划分为 2 个时期，先是鼓励返乡而限制进城的时期，后是鼓励返乡也鼓励进入小城镇的时期[1]。

（1）1997—2000 年，鼓励返乡而限制进城的时期[1]

1997 年 6 月，国务院发布《小城镇户籍管理制度改革试点方案》提出应当适时进行户籍制度改革，允许已经在小城镇就业、居住并符合一定条件的农村人口在小城镇办理城镇常住户口，以促进农村剩余劳动力就近、有序地向小城镇转移[10]。政策与上一阶段相一致，但随着国内外政治经济环境的变化，国家政策随之发生变动，1997 年 11 月，国务院办公厅转发劳动部等部门《关于进一步做好组织民工有序流动工作意见的通知》，要求农民工按需有序流动，鼓励和吸引外出民工返乡创业、就业[1]。1986 年 6 月，中共中央、国务院发布《关于切实做好国有企业下岗职工基本生活保障和再就业工作的通知》，鼓励和引导农村剩余劳动力就地就近转移，合理控制进城务工规模[1]。部分省市随之出台了各种限制农村劳动力进城及外来劳动力务工的规定和政策[1]。

（2）2000—2003 年，鼓励返乡也鼓励进入小城镇时期[1]

2000 年以后，我国经济发展企稳回升、速度攀升，社会局势越来越稳定，国家更加重视"三农"工作，新一轮的劳动力转移浪潮开始兴起[1]，农民工政策也出现了积极变化[1]。2000 年 6 月，中共中央、国务院下发了《关于促进小城镇健康发展的若干意见》；2001 年 3 月 19 日，国务院批转公安部《关于推进小城镇户籍管理制度改革的意见》，提出了农民工在小城镇落户的条件和待遇[10]；2000 年 7 月，劳动和社会保障部发布《关于进一步开展农村劳动力开发就业试点工作的通知》[1]，2001 年 3 月 15 日，全国人大批准的《中华人民共和国国民经济和社会发展第十个五年计划纲要》[1]，2003 年 1 月，国务院办公厅《关于做好农民进城务工就业管理和服务工作的通知》[10]等要求打破城乡分割体制，改革城镇户籍制度，取消对农民工进城就业的不合理限制，引导农村富余劳动力在城乡、地区间的有序流动，逐步建立市场经济体制下的新型城乡关系[1]。此外，国家政策开始关注更深层次的农民工市民化相关问题，着手清理对农民进城务工的不合理限制，取消对农民工的乱收费，改善了农民工进城务工的环境，着重解决拖欠工资、劳动环境差、职业病和工伤事故频发等突出问题[22]。2003 年 4 月，国务院公布《工伤保险条例》，首次将农民工纳入保险范围[10]；2003 年 10 月，国务院转发《关于进一步做好进城务工就业农民子女义务教育工作的意见》，提出农民工子女与城市居民子女在入学和收费上要一视同仁[10]；2003 年 10 月，国务院办公厅转发建设部等部门《关于进一步解决建设领域拖欠工程款问题意见的通知》，要求省级人民政府负责统筹协调解决拖欠农民工工资问题[10]。有统计资料表明，1997—2003 年，我国每年转移农民工 500 万人左右，年均增长约 4%[12]。2003 年年底，农民工总数达 1.14 亿[10]。

这一阶段中，农民工的转移行为不仅仅是出于生存理性的选择，也是以追求经济收入为主的经济理性选择和寻求各种权益保护的社会理性选择[11]。其发展模式主要表现为"离土又离乡，进厂又进城"，而且跨省转移、跨行业转移的农村劳动力逐渐增多[11]。同时，政府的政策变化对农民工流动的规模、对该群体的形成与发展有着重要的影响[22]。由于受制于户籍制度、就业制度、社会保障制度改革的滞后，在这一阶段中，农民工还没有彻底离开土地，没有实现市民化，只得在城市的岗位和农村的家庭之间候鸟式往返，形成了我国经济转型时期的特有现象——"民工潮"[11]。在经济体制转轨、经济发展战略和增长方式转变、经济结构转换的共同作用下，这也是我国改革开放进程中的一种社会常态现象[11]。

2.2.4 农民工市民化的深化阶段（2004 年至今）

农民工市民化是农民工流动的必然趋势，是工业化和城市化的结果[8]。21 世纪以来，工业化和城市化进程中的劳动力供求发生了阶段性的新变化，中国农村剩余劳动力转移进入年轻劳动力"无限供给不复存在"的阶段[8]。从 2004 年年初开始，珠三角、闽东南、浙东南等形成"民工潮"的热点地区先后出现招工难问题。由于程度严重，这一现象被一些媒体称为"民工荒"[10]。2004 年，劳动和社会保障部对一些地区的民工短缺情况进行了调查，重点地区估计缺工 10%左右[8]。进入 2004 年下半年，这种情况在全国范围内蔓延，各地出现了不同程度的"民工荒"，在一些惯常是农民工输出地的内陆省份，如江西、湖南等，也都出现了企业招工难的现象[1]。2006 年，"民工荒"仍在广东、福建、浙江等省份持续，珠江三角洲地区缺工 100 万左右[8]。2008 年爆发的国际金融危机在当年下半年引发了较大规模的农民工返乡，2009 年第二季度后，农民工就业较快恢复，但就业的地域结构、行业结构、总体供求关系都在进行深刻的调整[26]。从 2009 年下半年开始，各地再次出现"民工荒"，连安徽、四川、湖南、河南等昔日民工大省也同时出现"民工荒"，"民工荒"俨然成为全国问题[10]。2011 年，"民工荒"以更大的强度再次出现，影响了很多用工地区经济的发展[12]。据国家统计局 2018 年 4 月发布的《2017 年农民工监测调查报告》[6]显示，2017 年，全国农民工总量为 28 652 万人，比上年增加 481 万人，增长

1.7％；其中，外出农民工 17 185 万人，比上年增加 251 万人，增长 1.5％。我国农民工数量从 1983 年的约 200 万增加到 2017 年的 28 652 万人，30 余年间增长了 140 多倍，年均增长 18％左右[26]（表 2.2）。面对源源不断涌出的农民工，许多地区仍然高呼"用工难""民工荒"。学者在分析"民工荒"的原因时，普遍认为"民工荒"与"权益荒""制度荒""技工荒"等息息相关，是农民工普遍存在技能短缺，以至于难以适应技术革新需求，而导致问题产生的根本原因还是农民工市民化的不充分[8]。可见，农民工短缺的现象说明我国农民工就业进入了一个新的阶段，从单纯的"供过于求"转变为"总量过剩，结构短缺"[12]。因此，加快农民工市民化进程，成为有待解决的难题和战略历史任务[8]。

表 2.2　农民工近年来发展规模[26]

单位：万人

年份	规模
2003	11 390
2004	11 823
2005	12 578
2006	13 181
2007	15 000
2008	22 542
2009	22 978
2010	24 223
2011	25 278
2012	26 261
2013	26 894
2014	27 395
2015	27 747
2016	28 171
2017	28 652
2018	28 836
2019	29 077

数据来源：http://www.stats.gov.cn。

　　"民工荒"问题催生了制度层面上对农民工市民化的强力推进[10]。2004 年以来，从中央到地方相继出台了诸多政策措施，逐步改革和取消农民工进城务工的制度障碍[26]，加强了农民工职业转变的稳定性，加快了农民工融入城市的再社会化步伐，使农民工市民化有了明显进展[8]。2004 年，中共中央、国务院发布的《关于促进农民增加收入若干政策的意见》（当年的中央 1 号文件）明确提出"进城就业的农民工已经成为产业工人的重要组成部分，为城市创造了财富、提供了税收"，在肯定农民工的地位与作用的同时，要求各有关部门采取更得力的措施，及时兑现进城就业农民工资、改善劳动条件、解决子女入学等问题，提出要"推进大中城市户籍制度改革，放宽农民进城就业和定居的条件"[1]。

2004 年 3 月，农业部、劳动和社会保障部、教育部、科学技术部、建设部下发《关于组织实施农村劳动力转移培训阳光工程的通知》[10]；2004 年 5 月，财政部、农业部制定了《农村劳动力转移培训财政补助资金管理办法（试行）》[10]；2004 年 5—6 月，劳动和社会保障部、公安部、国家工商行政管理总局、中华全国总工会 4 部委组织开展了主题为"认真贯彻《中华人民共和国劳动法》、切实维护农民工合法权益"的专项检查活动[1]；2004 年 12 月 27 日，国务院办公厅发出《关于进一步做好改善农民进城就业环境工作的通知》[8]；2005 年，国务院下发《关于进一步加强就业再就业工作的通知》，要求进一步改善农民工进城务工就业环境[26]；2006 年 3 月，国务院颁布《关于解决农民工问题的若干意见》，对做好农民工工作的指导思想、基本原则以及涉及农民工工资、社会保障、公共服务、权益保护等方面的政策措施作出了明确规定[10]，是国务院关于农民工的第一份全面、系统的政策文件[26]；同年 3 月，国务院同意建立国务院农民工工作联席会议制度；4 月，国务院成立了"农民工问题部际协调办公室"，负责统筹有关农民工问题的政策，并在前期 1 年多的调研基础上完成了《中国农民工调研报告》[8]。2008 年 1 月，全国人大常委会通过《中华人民共和国劳动合同法》，将农民工和城镇职工放在同等的劳动力主体上看待[8]；同年，国务院办公厅发布《关于切实做好当前农民工工作的通知》，指出要切实保障返乡农民工的土地承包权益[23]。2010 年 1 月，中央 1 号文件《关于加大统筹城乡发展 进一步夯实农业农村发展基础的若干意见》提出，要采取有效措施，着力解决新生代农民工问题[8]。据了解，2004—2018 年，每年的中央 1 号文件都事关农业、农民和农村问题，都会提及有关农民工（农业转移人口）问题相应的政策措施[23]。2010 年 1 月，国务院办公厅发布《关于进一步做好农民工培训工作的指导意见》；2 月，国务院办公厅发布《关于切实解决企业拖欠农民工工资问题的紧急通知》。2012 年 11 月，党的十八大召开，胡锦涛在十八大报告中提出，加快改革户籍制度，有序推进农业转移人口市民化，努力实现城镇基本公共服务常住人口全覆盖。这是从我国经济社会发展全局战略的高度提出了我国农民工的未来出路：市民化[23]。2014 年 7 月，国务院印发《关于进一步推进户籍制度改革的意见》，明确要求统筹户籍制度改革和相关经济社会领域改革，合理引导农业人口有序向城镇转移，有序推进农业转移人口市民化，标志着进一步推进户籍制度改革开始进入全面实施阶段[26]。同年，中共中央、国务院印发的《关于全面深化农村改革加快推进农业现代化的若干意见》中提出加快推动农业转移人口市民化，积极推进户籍制度改革，建立城乡统一的户口登记制度，促进有能力在城镇合法稳定就业和生活的常住人口有序实现市民化，从农业现代化的视角指出了农业转移人口市民化的可操作性和可能性[23]。

国家的农民工政策经过不断的调整后，农民工在城市生产的整体环境有了明显的改善，他们在城市有了更多的自由和发展机会，其市民化进程呈现出快速发展特征[10]。可以预见，在当前户籍制度改革不断深化、社会政策不断改善、社会歧视不断弱化、主流舆论支持不断增强的情况下，农民工发挥主体性、能动性，在中国实现工业化、城镇化、现代化的过程中实现市民化，已成为必然趋势[10]。

参考文献

[1] 董昕. 中国农民工的住房问题研究 [M]. 北京：经济管理出版社，2013：28.

［2］李淑妍．农民工市民化视角下的农村土地流转问题研究［D］．沈阳：辽宁大学，2013.

［3］刘传江．中国农民工市化研究［J］．理论月刊，2006（10）：1-5.

［4］程姝．城镇化进程中农民工市民化问题研究［D］．哈尔滨：东北农业大学，2013.

［5］黄江泉．农民工分层：市民化实现的必然选择及其机理浅析［J］．农村经济问题（月刊），2011（11）：28-33.

［6］国家统计局．2017年农民工监测调查报告［R/OL］．（2018-04-27）．http：//www. stats. gov. cn/tjsj/zxfb/201804/t20180427_1596389. html.

［7］杨英强．现阶段农民工市民化问题研究［D］．成都：西南财经大学，2008.

［8］王竹林．城市化进程中农民工市民化研究［D］．咸阳：西北农林科技大学，2008.

［9］葛信勇．农民工市民化影响因素研究［D］．重庆：西南大学，2011.

［10］黄丽云．新生代农民工市民化中的价值观问题研究［D］．福州：福建师范大学，2012.

［11］韩玉梅．新生代农民工市民化问题研究［D］．哈尔滨：东北农业大学，2012.

［12］白晓梅．当代中国农民工就业模式的市民化转向［D］．西安：陕西师范大学，2012.

［13］国务院发展研究中心课题组．农民工市民化进程的总体态势与战略取向［J］．改革，2011（5）：5-29.

［14］杨云善．农民工市民化能力不足及其提升对策［J］．河南社会科学，2012（5）：58-60.

［15］沈映春，王泽强，焦婕，等．北京市农民工市民化水平及影响因素分析［J］．北京社会科学，2013（5）：138-143.

［16］宋学勤．1949—1965年农民进城与社会管理——兼及城乡二元管理体系的形成［J］．毛泽东邓小平理论研究，2014（8）：58-63.

［17］周肖．1949—1957年间农民进城问题的历史考察［J］．江汉论坛，2016（10）：98-105.

［18］赵入坤．二十世纪五六十年代中国农村劳动力转移论述［J］．中共党史研究，2009（1）：42-49.

［19］杨黎源．从政策限制到制度管制：农民进城就业权的历史演变及启示——基于1949—1977年期间的社会政策分析［J］．中共宁波市委党校学报，2016（1）：80-84.

［20］黄锟．中国农民工市民化制度分析［D］．武汉：武汉大学，2009.

［21］李抗．农民工市民化进程中的财政政策研究［D］．北京：财政部财政科学研究所，2015.

［22］钱正武．农民工市民化问题研究［D］．北京：中共中央党校，2006.

［23］刘荣．西北城市农民工市民化研究［D］．武汉：华中师范大学，2014.

［24］颜明权．农民工市民化过程社会公正实现研究［D］．长春：吉林大学，2007.

［25］马桂萍．农民工市民化制度演进与创新［D］．大连：辽宁师范大学，2008.

［26］李文川，鲁银梭，张啸峰．农民工职业发展研究——基于浙江制造业的调查［M］．北京：经济科学出版社，2016：41.

第 3 章
农民工市民化发展现状

当前，中国农民工市民化程度究竟如何？又该如何评价和测量农民工市民化程度？有哪些具体指标？中国社会科学院城市发展与环境研究所魏后凯等[1]与《中国经济周刊》联合发布的《中国农业转移人口市民化进程报告（2012）》以政治权利、公共服务、经济生活条件、综合文化素质4个大项17个分项构建了"农业转移人口市民化程度综合指数"，又因政治权利缺乏足够的数据支持而予以剔除。沈映春等[2]在王桂新等的研究基础上，基于综合指标法建立北京市农民工市民化评价指标系统，包含3个层次，涉及居住条件、经济条件、社会融入、政治参与和心理适应5个维度。吕佳等[3]结合影响新生代农民工市民化程度的不同因素，参照内生变量和外生变量的内涵，将农民工市民化程度测量指标划分为内生性指标和外生性指标2大类，并将内生性指标具体分解为人口素质、个体行为和个体心理，将外生性指标具体分解为城市融入及资源可及性、国家政策。基于上述观点，结合农民工市民化的不同特征以及相关调查数据，将从农民工总规模特征、职业发展特征、经济生活特征、社会融入特征和心理适应特征5个方面来描述当前中国农民工市民化的现状特征。在农民工市民化现状分析基础上，结合当前专家学者的研究探索，简要探讨和概述农民工市民化未来发展趋势。

为了更好地了解当前农民工的基本状况、农民工市民化的意愿、困境以及能力，课题组于2016年暑假对杭州临安、绍兴诸暨、金华义乌、台州椒江和嘉兴秀洲5个地区的14家企业进行了问卷调查和实地调研，深度访谈了每家企业的人力资源总监或人力资源部经理、农民工代表，共计46余人，发放问卷393份，回收有效问卷381份，有效回收率96.9%。在描述农民工市民化现状特征时，除采用此项调查研究数据外，还借鉴了国家统计局发布的农民工监测调查报告中的数据。

3.1 农民工总规模特征

3.1.1 总规模及其结构

自2016年（即本课题调查的年份）以来，农民工规模继续扩大，省内流动继续增加[4]。根据国家统计局发布的《2019年农民工监测调查报告》[4-5]显示，2019年，农民工总量达到29 077万人，比上年增加241万人，增长0.8%；相比2016年的28 171万人，增加了906万人，增长3.2%（表3.1）。其中，本地农民工11 652万人，比上年增加82

万人，增长 0.7%；相比 2016 年的 11 237 万人，增加了 415 万人，增长 3.7%。外出农民工 17 425 万人，比上年增加 159 万人，增长 0.9%；相比 2016 年的 16 934 万人，增加了 491 万人，增长 2.9%。在外出农民工中，年末在城镇居住的进城农民工为 13 500 万人，与上年基本持平，与 2016 年外出农民工中进城农民工的 13 585 万人也基本持平。

表 3.1　农民工的总数量及其结构

结构 ＼ 年份	2014	2015	2016	2017	2018	2019
农民工总量（万人）	27 395	27 747	28 171	28 652	28 836	29 077
农民工总体增速（%）	1.9	1.3	1.5	1.7	0.6	0.8
外出农民工（万人）	16 821	16 884	16 934	17 185	17 266	17 425
外出农民工增速（%）	1.3	0.4	0.3	1.5	0.5	0.9
本地农民工（万人）	10 574	10 863	11 237	11 467	11 570	11 652
本地农民工增速（%）	2.8	2.7	3.4	2.0	0.9	0.7
农民工数量占农民比例（%）	44.28	45.98	47.77	49.69	51.13	52.71
农民总量（万人）	61 866	60 346	58 973	57 661	56 401	55 162
常住人口城镇化率（%）	54.77	56.10	57.35	58.52	59.58	60.60

数据来源：国家统计局。

截至 2019 年年末[6-7]，全国内地总人口 140 005 万人，其中城镇常住人口 84 843 万人，占总人口比重（常住人口城镇化率）为 60.60%，户籍人口城镇化率为 44.38%；全国人户分离的人口为 2.80 亿人，其中流动人口 2.36 亿人。相比 2016 年，全国内地总人口增加了 1 734 万人，城镇常住人口增加了 5 545 万人，常住人口城镇化率增长 3.25%，户籍人口城镇化率增长 3.18%，全国人户分离的人口减少 0.12 亿人，流动人口也相应减少了 0.09 亿人。而在发达国家中，农村人口只占总人口的 10%～20%，对我国要在 21 世纪中叶达到中等发达国家水平的目标来讲，城镇化率仍有不小的距离，至少需要将包括 2.9 亿农民工在内的 5 亿多农业人口转变为城市人口，这个转变不仅是户籍的变化，更是实质意义上的市民化。由此可见，我国农民工市民化任务仍然十分艰巨。

3.1.2　性别、婚姻、年龄特征

从性别、婚姻、年龄等基本特征来看，2019 年[4]，女性和有配偶的农民工占比均继续提高，50 岁以上农民工占比也在继续提高，新生代农民工已逐渐成为农民工的主体，占比已超过五成[5]。

在全部农民工中，男性占 64.9%，女性占 35.1%。女性占比比 2018 年提高 0.3 个百分点，相比 2016 年提高了 0.6 个百分点。其中，外出农民工中女性占 30.7%，比 2018 年下降 0.1 个百分点，相比 2016 年下降 1 个百分点；本地农民工中女性占 39.4%，比 2018 年提高 0.8 个百分点，相比 2016 年提高了 2.2 个百分点。由此可见，农民工中女性占比继续提高，主要是由于本地农民工在农民工总量中占比继续提高，而本地女性农民工占比较高所致。

在全部农民工中，未婚的占 16.7%，有配偶的占 80.2%，丧偶或离婚的占 3.1%；有配偶的占比比 2018 年提高 0.5 个百分点，相比 2016 年有配偶的占比 77.9% 提高了 2.3 个百分点。其中，外出农民工有配偶的占 68.8%，比 2018 年提高 0.7 个百分点，相比 2016 年提高了 4 个百分点；本地农民工有配偶的占 91.3%，比 2018 年提高 0.5 个百分点，相比 2016 年提高了 1.1 个百分点。外出农民工有配偶的占比比本地农民工低 22.5 个百分点，但占比提高较快，相比 2016 年，两者的差距已经缩小了 2.9 个百分点。

农民工仍以青壮年为主，但所占比重继续下降，农民工平均年龄不断提高。从平均年龄看，2019 年，农民工平均年龄为 40.8 岁，比上年提高 0.6 岁，比 2016 年提高了 1.8 岁。从年龄结构看，40 岁及以下农民工所占比重为 50.6%，比上年下降 1.2 个百分点，比 2016 年下降 3.3 个百分点；50 岁以上农民工所占比重为 24.6%，比上年提高 2.2 个百分点，比 2016 年提高了 5.4 个百分点，近 5 年来占比逐年提高（表 3.2）。从农民工的就业地看，本地农民工平均年龄 45.5 岁，其中 40 岁及以下所占比重为 33.9%，50 岁以上所占比重为 35.9%；外出农民工平均年龄为 36 岁，其中 40 岁及以下所占比重为 67.8%，50 岁以上所占比重为 13%。1980 年及以后出生的新生代农民工已逐渐成为农民工的主体，占全国农民工总量的 50.6%，相比 2016 年的 49.7%，提高了 0.9 个百分点。

表 3.2 农民工年龄构成

单位：%

年份 年龄	2014	2015	2016	2017	2018	2019
16～20	3.5	3.7	3.3	2.6	2.4	2.0
21～30	30.2	29.2	28.6	27.3	25.2	23.1
31～40	22.8	22.3	22.0	22.5	24.5	25.5
41～50	26.4	26.9	27.0	26.3	25.5	24.8
50 以上	17.1	17.9	19.1	21.3	22.4	24.6

资料来源：国家统计局。

3.1.3 地域特征

从分布、流向来看，2019 年[4]，西部地区输出农民工人数增加最多，增量占到新增量一半以上；东部、东北地区吸纳就业的农民工减少，中西部地区吸纳就业的农民工继续增加[4]。

从输出地看，2019 年，东部地区输出农民工 10 416 万人，比上年增加 6 万人，增长 0.1%，占农民工总量的 35.8%；相比 2016 年的 10 400 万人，增加了 16 万人，增长 0.15%，占农民工总量的比例减少了 1.1 个百分点。中部地区输出农民工 9 619 万人，比上年增加 81 万人，增长 0.8%，占农民工总量的 33.1%；相比 2016 年的 9 279 万人，增加了 340 万人，增长 3.7%，占农民工总量的比例减少了 0.2 个百分点。西部地区输出农民工 8 051 万人，比上年增加 133 万人，增长 1.7%，占农民工总量的 27.7%；相比 2016 年的 7 563 万人，增加了 488 万人，增长 6.5%，占农民工总量的比例增加了 0.8 个百分点。东北地区输出农民工 991 万人，比上年增加 21 万人，增长 2.2%，占农民工总量的 3.4%；相比 2016 年的 929 万人，增加了 62 万人，增长 6.7%，占农民工总量的比例增加了 0.1 个百分点（表 3.3）。

表 3.3　2018—2019 年农民工在输出地和输入地区域分布

单位：万人、%

指标	2018 年	2019 年	增量	增速
按输出地分：				
东部地区	10 410	10 416	6	0.1
中部地区	9 538	9 619	81	0.8
西部地区	7 918	8 051	133	1.7
东北地区	970	991	21	2.2
按输入地分：				
东部地区	15 808	15 700	−108	−0.7
中部地区	6 051	6 223	172	2.8
西部地区	5 993	6 173	180	3.0
东北地区	905	895	−10	−1.1
其他地区	79	86	7	8.9

资料来源：国家统计局。

从输入地看，2019 年，东部地区输入农民工 15 700 万人，比上年减少 108 万人，下降 0.7%，占农民工总量的 54%；相比 2016 年的 15 960 万人，减少了 260 万人，下降 1.6%，占农民工总量的比例相应下降了 2.7 个百分点。其中，京津冀地区输入农民工 2 208 万人，比上年增加 20 万人，增长 0.9%；苏浙沪地区输入农民工 5 391 万人，比上年减少 61 万人，下降 1.1%；珠三角地区输入农民工 4 418 万人，比上年减少 118 万人，下降 2.7%。中部地区输入农民工 6 223 万人，比上年增加 172 万人，增长 2.8%，占农民工总量的 21.4%；相比 2016 年的 5 746 万人，增加了 477 万人，增长 8.3%，占农民工总量的比例增加了 1 个百分点。西部地区输入农民工 6 173 万人，比上年增加 180 万人，增长 3.0%，占农民工总量的 21.2%；相比 2016 年的 5 484 万人，增加了 689 万人，增长 12.6%，占农民工总量的比例增加了 1.7 个百分点。东北地区输入农民工 895 万人，比上年减少 10 万人，下降 1.1%，占农民工总量的 3.1%；相比 2016 年的 904 万人，减少了 9 万人，下降 0.99%，占农民工总量的比例相应下降了 0.1 个百分点。

2014—2019 年[4]，外出农民工增速在多年回落后，在 2017 年开始有所增幅，呈波动状态，但整体态势呈现逐渐下降趋势，增速分别为 1.3%、0.4%、0.3%、1.5%、0.5% 和 0.9%（图 3.1）。外出农民工占农民工总量的比重也由 2016 年的 60.1% 逐渐下降到 2019 年的 59.9%。

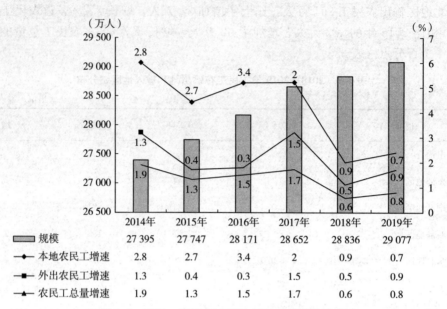

图 3.1　2014—2019 年全国农民工总量增长速度

	2014年	2015年	2016年	2017年	2018年	2019年
规模	27 395	27 747	28 171	28 652	28 836	29 077
本地农民工增速	2.8	2.7	3.4	2	0.9	0.7
外出农民工增速	1.3	0.4	0.3	1.5	0.5	0.9
农民工总量增速	1.9	1.3	1.5	1.7	0.6	0.8

在外出农民工中，在省内就业的农民工 9 917 万人，比上年增加 245 万人，增长 2.5%；跨省流动农民工 7 508 万人，比上年减少 86 万人，下降 1.1%。省内就业农民工占外出农民工的 56.9%，所占比重比上年提高 0.9 个百分点（表 3.4）。分地区看，除东北地区省内就业农民工占外出农民工的比重比上年下降 3.4 个百分点以外，东部、中部和西部地区省内就业农民工占比分别比上年提高 0.1、1.4 和 1.2 个百分点。

表 3.4　2019 年外出农民工地区分布及构成

按输出地分	外出农民工总量（万人）			构成（%）		
	外出农民工	跨省流动	省内流动	外出农民工	跨省流动	省内流动
合计	17 425	7 508	9 917	100.0	43.1	56.9
东部地区	4 792	821	3 971	100.0	17.1	82.9
中部地区	6 427	3 802	2 625	100.0	59.2	40.8
西部地区	5 555	2 691	2 864	100.0	48.4	51.6
东北地区	651	194	457	100.0	29.8	70.2

资料来源：国家统计局。

3.1.4　农民工的行业特征

从行业特征来看，到 2019 年[4]，农民工在第三产业的就业比重继续提高。从事第三产业的农民工比重为 51%，比上年提高 0.5 个百分点，相比 2016 年的 46.7%，提高了 4.3 个百分点（表 3.5）。其中，从事交通运输、仓储和邮政业和住宿餐饮业的农民工比重均为 6.9%，分别比上年提高 0.3 和 0.2 个百分点，相比 2016 年分别提高了 0.5 和 1 个百分点。从事第二产业的农民工比重为 48.6%，比上年下降 0.5 个百分点，相比 2016 年的 52.9%，下降了 4.3 个百分点。其中，从事制造业的农民工比重为 27.4%，比上年下降 0.5 个百分点，比 2016 年下降了 3.1 个百分点；从事建筑业的农民工比重为 18.7%，比上年提高 0.1 个百分点，比 2016 年下降了 1 个百分点。第三产业就业农民工比例提高、从事制造业和建筑业的农民工比重下降明显，是近几年来出现的一个普遍现象。

表 3.5　2018—2019 年农民工从业行业分布

单位:%

指标	2018 年	2019 年	增强
第一产业	0.4	0.4	0.0
第二产业	49.1	48.6	−0.5
其中：制造业	27.9	27.4	−0.5
建筑业	18.6	18.7	0.1
第三产业	50.5	51.0	0.5
其中：批发和零售业	12.1	12.0	−0.1
交通运输、仓储和邮政业	6.6	6.9	0.3
住宿餐饮业	6.7	6.9	0.2
居民服务、修理和其他服务业	12.2	12.3	0.1
其他	12.9	12.9	0.0

资料来源：国家统计局。

在"一带一路"和西部大开发战略的推动下，在中西部地区从事第三产业的农民工比重提高较快。2015 年[8]，在中、西部地区从事第三产业的农民工比重提高，分别比上年提高 1.9 和 3.1 个百分点，主要是从事批发和零售业，居民服务、修理和其他服务业的农民工比重提高（表 3.6）。其中，在中部地区从事批发和零售业的农民工占 13.9%，从事居民服务、修理和其他服务业的农民工占 11.5%，分别比上年提高 0.7 和 0.6 个百分点；在西部地区从事批发和零售业的农民工占 14.8%，从事居民服务、修理和其他服务业的农民工占 12.9%，分别比上年提高 1.7 和 1.1 个百分点。

表 3.6　分地区的农民工产业分布

单位:%

指标	在东部地区		在中部地区		在西部地区	
	2014 年	2015 年	2014 年	2015 年	2014 年	2015 年
第一产业	0.4	0.4	0.4	0.3	0.8	0.7
第二产业	61.2	60.2	52.5	50.7	47.1	44.1
第三产业	38.4	39.4	47.1	49.0	52.1	55.2

资料来源：国家统计局。

此外，绝大部分农民工的就业形式仍以受雇佣为主，而且 2015 年受雇就业的农民工所占比重还略有上升。2015 年[8]，受雇就业的农民工所占比重为 83.4%，自营就业的农民工所占比重为 16.6%，受雇就业农民工比重较上年提高 0.4 个百分点。其中，本地农民工中受雇就业的比重为 72.8%，比上年提高 1.2 个百分点；外出农民工中受雇就业的比重为 94.1%，提高 0.2 个百分点。

3.2 农民工职业发展特征

3.2.1 教育程度及培训状况

从教育水平和培训状况来看，农民工受教育水平在不断提高，但接受过技能培训的农民工比重有小幅下降。2019 年[4]，在全部农民工中，未上过学的占 1.2%，小学文化程度占 15.5%，初中文化程度占 55.8%，高中文化程度占 16.6%，大专及以上占 10.9%（表3.7）。大专及以上文化程度农民工所占比重比上年下降 0.2 个百分点，比 2016 年提高了1.5 个百分点。在外出农民工中，大专及以上文化程度的占 14.8%，比上年提高 1 个百分点，比 2016 年提高了 2.9 个百分点；在本地农民工中，大专及以上文化程度的占 7.6%，下降 0.5 个百分点，比 2016 年提高了 0.5 个百分点。

表 3.7 2015—2019 年农民工文化程度构成

单位：%

指标	2019 年	2018 年	2017 年	2016 年	2015 年
未上过学	1.2	1.0	1.0	1.0	1.1
小学	15.5	15.3	13.0	13.2	14.0
初中	55.8	56	58.6	59.4	59.7
高中	16.6	16.6	17.1	17.0	16.9
大专及以上	10.9	11.1	10.3	9.4	8.3

资料来源：国家统计局。

2017 年[9]，接受过技能培训的农民工占比与 2016 年基本持平。接受过技能培训的农民工占 32.9%，与上年基本持平（表 3.8）。其中，接受过非农职业技能培训的占30.6%，比上年下降 0.1 个百分点；接受过农业技能培训的占 9.5%，比上年提高 0.8 个百分点；农业和非农职业技能培训都参加过的占 7.1%，比上年提高 0.6 个百分点。其中，本地农民工接受过技能培训的占 30.6%，比上年提高 0.2 个百分点；外出农民工接受过技能培训的占 35.5%，比上年下降 0.1 个百分点。

表 3.8 2016—2017 年接受过技能培训的农民工比重

单位：%

指标	接受农业技能培训		接受非农职业技能培训		接受技能培训	
	2016 年	2017 年	2016 年	2017 年	2016 年	2017 年
合计	8.7	9.5	30.7	30.6	32.9	32.9
本地农民工	10.0	10.9	27.8	27.6	30.4	30.6

（续）

指标	接受农业技能培训		接受非农职业技能培训		接受技能培训	
	2016 年	2017 年	2016 年	2017 年	2016 年	2017 年
外出农民工	7.4	8.0	33.8	33.7	35.6	35.5

资料来源：国家统计局。

　　在课题组研究调查对象中，小学及以下占 6%、初中占 48.3%，高中占 18.1%，中专或技校占 9.2%，大专及以上 12.3%。初、高中学历占据了大部分，总体而言，与全国农民工调查数据显示的教育水平相当。调查对象中平均每年接受培训的次数分布状况如表 3.9 所示，几乎没有接受过培训的占 10.5%，每年接受 1～3 次培训的占 47.2%；每年接受 4～6 次培训的占 19.2%；每年接受 7～9 次培训的占 5.0%；每年接受 10 次以上教育培训的占 18.1%。接受过培训的人数占全部人数的 89.5%，其中以培训 1～3 次的为主，培训 10 次以上的占比排第 3 位，可见培训状况要远远好于全国数据，这与调查对象选取在浙江省，又多来自一定规模的制造业企业有关。

表 3.9　农民工的教育水平和培训状况比重

单位：%

项目		比例	项目		比例
教育程度	小学及以下	6	平均每年培训次数	几乎没有	10.5
	初中	48.3		1～3 次	47.2
	高中	18.1		4～6 次	19.2
	中专或技校	9.2		7～9 次	5.0
	大专及以上	12.3		10 次以上	18.1

资料来源：调查问卷整理。

3.2.2　收入水平

　　从收入水平特征来看，农民工月均收入平稳增长，外出农民工月均收入增速快于本地农民工，在西部和东北地区就业的农民工月均收入增速较快。2019 年[4]，农民工月均收入 3 962 元，比上年增加 241 元，增长 6.5%，相比 2016 年的 3 275 元，增加了 687 元，增长 20.98%，农民工集中就业的六大行业月均收入均稳定增长（表 3.10）。其中，从事制造业的农民工月均收入 3 958 元，比上年增加 226 元，增长 6.1%；从事建筑业的农民工月均收入 4 567 元，比上年增加 358 元，增长 8.5%；从事批发和零售业的农民工月均收入 3 472 元，比上年增加 209 元，增长 6.4%；从事交通运输、仓储和邮政业的农民工月均收入 4 667 元，比上年增加 322 元，增长 7.4%；从事住宿餐饮业的农民工月均收入 3 289 元，比上年增加 141 元，增长 4.5%；从事居民服务、修理和其他服务业的农民工月均收入 3 337 元，比上年增加 135 元，增长 4.2%。外出农民工月均收入 4 427 元，比上年增加 320 元，增长 7.8%；本地农民工月均收入 3 500 元，比上年增加 160 元，增长 4.8%。外出农民工月均收入比本地农民工多 927 元，增速比本地务工农民工高 3 个百分点。结合过去 8 年的数据来看（图 3.2），农民工月均收入逐年增长，但增长速度在 2013 年达到峰值后逐年放缓，2016 年之后的增速平均在 6.6% 上下，2019 年的增速为 6.5%，不到 2013 年增速的一半。

表 3.10 2019 年分行业农民工月均收入及增速

单位：%

指标	2018 年	2019 年	增长
合计	3 721	3 962	6.5
制造业	3 732	3 958	6.1
建筑业	4 209	4 567	8.5
批发和零售业	3 263	3 472	6.4
交通运输、仓储和邮政业	4 345	4 667	7.4
住宿餐饮业	3 148	3 289	4.5
居民服务、修理和其他服务业	3 202	3 337	4.2

资料来源：国家统计局。

图 3.2 农民工人均月收入及增长率

分区域看，2019 年[4]，在东部地区就业的农民工月均收入 4 222 元，比上年增加 267 元，增长 6.8%，增速比上年回落 0.8 个百分点；在中部地区就业的农民工月均收入 3 794 元，比上年增加 226 元，增长 6.3%，增速比上年回落 0.8 个百分点；在西部地区就业的农民工月均收入 3 723 元，比上年增加 201 元，增长 5.7%，增速比上年提高 0.6 个百分点；在东北地区就业的农民工月均收入 3 469 元，比上年增加 171 元，增长 5.2%，增速比上年提高 3.8 个百分点。

从被调查的农民工收入水平来看，在被调查对象中，月平均收入 1 500 元以下的有 4 人，占 1%；月平均收入 1 500～2 500 元的有 14 人，占 3.7%；月平均收入 2 500～3 500 元的有 157 人，占 14.2%；月平均收入 3 500～5 000 元的有 155 人，占 40.7%；月平均收入 5 000 元以上的有 51 人，占 13.4%（表 3.11）。被调查对象中的收入普遍处于 2 500～5 000 元的区间，与全国统计数据基本吻合，总体来看，被调查对象的收入水平略高于全国水平。

表 3.11 农民工的月平均收入状况分布

	1 500 元以下	1 500~2 500 元	2 500~3 500 元	3 500~5 000 元	5 000 元以上
人次	4	14	157	155	51
占总人数的比例（%）	1	3.7	41.2	40.7	13.4

数据来源：调查问卷整理。

3.2.3 岗位调整及职务晋升状况

根据施恩[10]提出来的"职业发展运动形式图"来分析，职业发展表现形式中的向上运动方式和横向运动方式，即直接的职务提拔和间接的岗位转换，表现在调查样本中便是调查对象务工以来职务被提拔的次数和从普通岗位换到技术要求复杂或重要岗位的次数。

从图 3.3 和图 3.4 可知，调查对象务工以来职务被提拔过的占 50.1%，其中被提拔

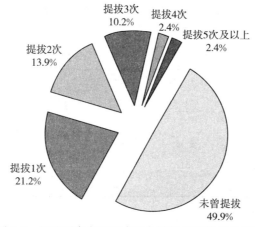

图 3.3 调查对象务工以来职务被提拔次数分布情况

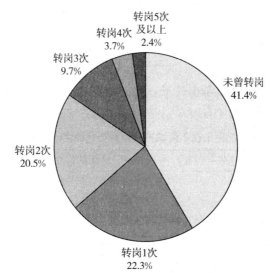

图 3.4 调查对象务工以来从普通岗位换到技术要求复杂或重要岗位次数分布情况

过 1 次的占 21.2%、被提拔过 2 次的占 13.9%、被提拔过 3 次的占 10.2%、被提拔过 4 次和被提拔过 5 次及以上的均为 2.4%，未曾被提拔过的占 49.9%。而有过从普通岗位换到技术要求复杂或重要岗位经历的占 58.5%，略高于职务被提拔过的比例。其中，换岗 1 次的占 22.3%、换岗 2 次的占 20.5%、换岗 3 次的占 9.7%、换岗 4 次和换岗 5 次及以上的分别占 3.7% 和 2.4%，未曾换过岗位的有 41.4%。

3.3 农民工经济生活特征

3.3.1 消费水平

从消费水平特征来看，当前，外出农民工的外出农民工生活消费支出增速加快，且在地级以上城市务工的外出农民工生活消费支出增长较快。2015 年[8]，外出农民工月均生活消费支出人均 1 012 元，比上年增加 68 元，增长 7.2%，比上年加快 1.4 个百分点（表 3.12）。其中，居住支出人均 475 元，比上年增加 30 元，增长 6.7%；居住支出占生活消费支出的比重为 46.9%，比上年下降 0.2 个百分点。

表 3.12 外出农民工在不同地区务工月均生活消费和居住支出

指标	生活消费支出（元/人）		其中：居住支出（元/人）		居住支出占比（%）	
	2014 年	2015 年	2014 年	2015 年	2014 年	2015 年
合计	944	1 012	445	475	47.1	46.9
东部地区	954	1 028	447	480	46.8	46.7
中部地区	861	911	414	425	48.0	46.7
西部地区	957	1 025	449	469	46.9	45.8

资料来源：国家统计局。

分区域看，2015 年[8]，在东部和西部地区务工的农民工生活消费支出增长快于中部地区，且在东部地区务工的农民工居住支出增长最快。分城市类型看，2015 年[6]，外出农民工在直辖市和省会城市务工的月均生活消费支出人均为 1 106 元，比上年增长 8.4%；在地级市务工的月均生活消费支出人均 1 043 元，增长 7.7%；在小城镇务工的月均生活消费支出人均为 892 元，增长 4.6%（表 3.13）。在地级以上城市务工的外出农民工居住支出占生活消费支出比重与上年基本持平，在小城镇务工的外出农民工居住支出占生活消费支出的比重比上年下降 0.6 个百分点。

表 3.13 外出农民工在不同城市类型务工月均生活消费和居住支出

指标	生活消费支出（元/人）		其中：居住支出（元/人）		居住支出占比（%）	
	2014 年	2015 年	2014 年	2015 年	2014 年	2015 年
合计	944	1 012	445	475	47.1	46.9
直辖市和省会城市	1 020	1 106	489	528	47.9	47.8
地级市	968	1 043	420	452	43.4	43.4
小城镇	853	892	430	444	50.4	49.8

资料来源：国家统计局。

从调查对象的大部分收入的使用状况来看，在被调查对象中，用于个人和家庭生活的基本消费的有 188 人，占 49.3%；用于存钱买房、子女教育花费和以后养老的有 150 人，占 39.4%；寄回家给父母的有 22 人，占 5.8%；其他的有 21 人，占 5.5%。在被调查对象中，有一半农民工的大部分收入还是处于支付个人和家庭生活基本消费的（表 3.14）。

表 3.14 农民工的大部分收入使用状况分布

	用于个人和家庭 生活的基本消费	用于存钱买房、子女教育 花费和以后养老	寄回家给父母	其他
人次	188	150	22	21
占总人数的比例（%）	49.3	39.4	5.8	5.5

数据来源：调查问卷整理。

3.3.2 居住状况

从居住状况来看，农民工的购房比例有所提高，居住困难的农民工占比下降，总体而言，农民工的居住条件在不断改善。2016 年[5]，在进城农民工中，租房居住的农民工占 62.4%，比上年下降 2.4 个百分点，其中租赁私房的农民工占 61%，比上年下降 1.9 个百分点。购房的农民工占 17.8%，比上年提高 0.5 个百分点，其中购买商品房的农民工占 16.5%，比上年提高 0.8 个百分点。由单位或雇主提供住房的农民工占 13.4%，比上年下降 0.7 个百分点。以其他方式解决居住问题的农民工占 6.4%，比上年提高 2.6 个百分点。购买保障性住房和租赁公租房的农民工不足 3%。

在居住空间方面，2019 年[4]，人均居住面积继续提高。进城农民工人均居住面积 20.4 平方米，比上年提高 0.2 平方米，相比 2016 年的 19.4 平方米，提高了 1 平方米。其中，500 万人以上城市的人均居住面积增加较多，由上年的 15.9 平方米提高到 16.5 平方米；300 万~500 万人口城市的人均居住面积为 19.7 平方米，比上年提高 0.3 平方米。在 2016 年[5]，进城农民工人中人均住房面积在 5 平方米及以下的居住困难的农民工户占 6%，在 6~15 平方米的农民工户占 37.4%，在 16~25 平方米的农民工户占 25.5%，在 26~35 平方米的农民工户占 12.6%，在 36 平方米以上的农民工户占 18.5%。

在居住条件方面，2019 年[4]，居住设施不断改善。进城农民工户中，住房中有取暖设施的占 52.2%（其中集中供暖占 11.6%，自行取暖占 40.6%），比上年提高 1.5 个百分点；有洗澡设施的占 83.7%，比上年提高 1.6 个百分点；能上网的占 94.8%，比上年提高 2.7 个百分点；拥有电冰箱、洗衣机、汽车（包括经营用车）的比重分别为 65.7%、66.1% 和 28.2%，分别提高 2.0、3.1 和 3.4 个百分点。而 2016 年[5]，农民工户住房配备电冰箱和洗衣机的比重分别为 57.2% 和 55.4%，86.5% 的农民工户住房有自来水，77.9% 的农民工户住房有洗澡设施，69.6% 的农民工户住房有独用厕所，85.5% 的农民工户能上网（计算机或手机），18.6% 的农民工户拥有汽车（生活和经营用车）。

从调查对象的居住状况来看，在被调查对象中，居住在单位宿舍的有 168 人，占 44.1%；居住在出租房的有 178 人，占 46.7%；自己买房的有 35 人，占 9.2%；没有人居住政府廉租房（表 3.15）。居住在单位宿舍和出租房的人数占比高达 90.8%，在调查中了解到，浙江省很多企业为了能留住农民工，通常会为外来员工提供员工宿舍或者住房补贴。

表 3.15　农民工的大部分收入使用状况分布

	单位宿舍	出租房	政府廉租房	自己买房子
人次	168	178	0	35
占总人数的比例（%）	44.1	46.7	0.0	9.2

数据来源：调查问卷整理。

3.4　农民工社会融入特征

3.4.1　社会交往

从社会交往特征来看，农民工融入城市生活的比例正逐步提高，但农民工的业余文化生活仍显贫乏，社会交往也有待丰富。2016 年[5]，在城市生活中，除家人外，进城农民工在业余时间进行人际交往时，老乡占 35.2%，比上年提高 1.6 个百分点；当地朋友占 24.3%，比上年提高 0.8 个百分点；同事占 22.2%，比上年提高 0.7 个百分点；其他外来务工人员占 3.1%，比上年下降 1.1 个百分点；基本不和他人来往占 12.7%，比上年下降 1.6 个百分点（图 3.5）。

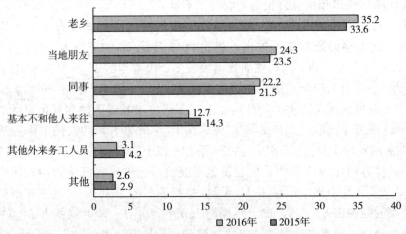

图 3.5　农民工业余时间交友选择的情况

从调查对象的社会交往情况来看，在被调查的 381 人中，工作之余联络和交往的朋友最多的是一起出来打工的老乡的有 168 人，占 44.1%；工作之余联络和交往的朋友最多的是在城市结识的打工朋友的有 176 人，占 46.2%；工作之余联络和交往的朋友最多的是城市本地人的有 37 人，占 9.7%。从农民工与本地居民交流沟通的情况看，8.4% 的调查对象表示没有交往；3.9% 的调查对象表示相处不好，感觉被歧视；54.6% 的调查对象表示还行，只是一般交往；33.1% 的调查对象表示很好，大家相处愉快。从调查情况来看，农民工的社交圈仍以老乡或工友为主，与城市本地人交往较少；但与本地居民交往过程中的感受普遍还行甚至很好，只有极少部分人感觉相处得不好，受到歧视，这相较于以往的调查情况来说，有明显的改善。

从业余文化生活来看，2016 年[5]，进城农民工的业余时间主要用于看电视、上网和休息，分别占 45.8％、33.7％和 29.1％。其中，选择上网和休息的比重分别比上年提高了 2.7 和 0.9 个百分点。选择参加文娱体育活动、读书看报的比重分别为 6.3％和 3.7％，分别比上年下降 0.8 和 0.9 个百分点；选择参加学习培训的比重仅为 1.3％，与上年持平。

从调查对象工作之余打发时间的方式的情况来看，在被调查的 381 人中，选择看电影、电视的有 197 人次，占计算样本的 51.7％，占应答的 20.3％；选择睡觉和休息的有 200 人次，占计算样本的 52.5％，占应答的 20.6％；选择与朋友、老乡见面、吃饭、聊天的有 137 人次，占计算样本的 36.0％，占应答的 14.1％；选择学习或参加技能培训的有 87 人次，占计算样本的 22.8％，占应答的 9.0％；选择陪家人的有 148 人次，占计算样本的 38.8％，占应答的 15.2％；选择上网的有 84 人次，占计算样本的 22.0％，占应答的 8.6％；选择打牌、下棋、打麻将的有 22 人次，占计算样本的 5.8％，占应答的 2.3％；选择逛街的有 84 人次，占计算样本的 22.0％，占应答的 8.6％；选择其他的有 13 人次，占计算样本的 3.4％，占应答的 1.3％（表 3.16）。被调查对象的业余文化娱乐以看电影、电视和睡觉、休息为主，其次是选择陪家里人和与朋友、老乡见面、吃饭、聊天，选择学习或参加技能培训以提升职业发展水平的较少。

表 3.16 农民工打发业余时间的方式分布状况

指标	频数	应答个案数百分比（％）	应答次数百分比（％）
看电影、电视	197	51.7	20.3
睡觉和休息	200	52.5	20.6
与朋友、老乡见面、吃饭、聊天	137	36.0	14.1
学习或参加技能培训	87	22.8	9.0
陪家里人	148	38.8	15.2
上网	84	22.0	8.6
打牌、下棋、打麻将	22	5.8	2.3
逛街	84	22.0	8.6
其他	13	3.4	1.3
合计	972	255	100.0

资料来源：调查问卷整理。

3.4.2 子女教育

从子女教育特征来看，2019 年[4]，3～5 岁随迁儿童入园率继续提高，义务教育阶段儿童在校率进一步提高，但是，随迁儿童上学升学难、费用高的问题在东部地区和大城市也显得更加突出。2019年[4]，3～5岁随迁儿童入园率（含学前班）为85.8%，比上年提高2.3个百分点。入园儿童中，25.2%在公办幼儿园，比上年下降0.8个百分点；35.7%在普惠性民办幼儿园，比上年提高0.5个百分点。2019年[4]，义务教育年龄段随迁儿童的在校率为99.5%，比上年提高0.6个百分点。从就读的学校类型看，小学年龄段随迁儿童中，83.4%在公办学校就读，比上年提高1.2个百分点；11.9%在受政府资助的民办学校就读，提高0.3个百分点。初中年龄段随迁儿童中，85.2%在公办学校就读，比上年提高1.1个百分点；8.8%在受政府资助的民办学校就读，比上年下降1.2个百分点。2019年[4]，50.9%的农民工反映随迁子女在城市上学会面临一些问题。随迁子女处在义务教育阶段的农民工，回答本地升学难、费用高的所占比重较高，分别为34.2%和28.9%，分别比上年提高7.5和1.7个百分点；回答随迁子女无法在本地参加高考的农民工所占比重增加明显，为14.3%，比上年提高4.3个百分点。东部地区农民工反映随迁子女存在升学难、费用高、无法在本地参加高考问题的所占比重分别为44.9%、30.1%和21.3%，分别比上年提高14.1、3.6和7.8个百分点，显著高于其他地区。城市规模越大，升学、费用和高考问题越突出，在500万以上人口的大城市，这些问题更加显著。

3.4.3 权益保障

从权益保障特征来看，一方面，权益受损后选择以法律途径解决问题的农民工占比显著提高，已就业农民工加入工会组织的占比也在提高；另一方面，被拖欠工资的农民工比重明显下降，超时劳动情况也有所改善，但签订劳动合同的农民工比重也略有下降。

2016年[5]，在工作和生活中遇到困难时，62.4%的进城农民工想到的是找家人、亲戚帮忙，找老乡的占28.9%，找本地朋友的占24.7%，找单位领导或同事的占11.7%，找工会、妇联和政府部门的占6.8%，找社区的占2.3%。找家人、亲戚帮忙，找老乡和找本地朋友帮忙的农民工比重分别比上年提高0.7、1.1和1.4个百分点。当权益受损时，36.8%的进城农民工选择与对方协商解决，比上年提高0.9个百分点；30.1%选择向政府相关部门反映，比上年下降4.5个百分点；27.2%选择通过法律途径解决，比上年提高5.1个百分点（图3.6）。

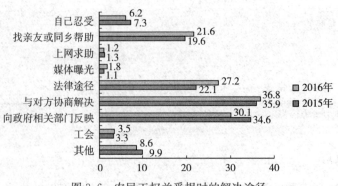

图 3.6　农民工权益受损时的解决途径

从对工会组织的知晓情况看，2016年[5]，已就业的进城农民工中，20.8%知道所在企业或单位有工会组织，比上年提高1.3个百分点；59.6%知道所在单位和企业没有工会组织，19.6%不知道自己所在企业或单位是否有工会组织。在知道自己所在企业或单位有工会组织的农民工中，53.8%的农民工加入了工会，比上年提高2.9个百分点；加入工会的进城农民工占已就业的进城农民工的比重为11.2%，比上年提高1.3个百分点。在加入工会的农民工中，经常参加工会活动的占21.3%，比上年下降1个百分点；偶尔参加工会活动的占62.1%，比上年提高0.4个百分点；没参加过工会活动的占16.6%，比上年提高0.6个百分点。

2016年[5]，被拖欠工资的农民工人数为236.9万人，比上年减少38.9万人，下降14.1%。被拖欠工资的农民工比重为0.84%，比上年下降0.15个百分点。2013年以来，被拖欠工资的农民工比重均在1%以下，但是年度之间有波动。2013—2015年被拖欠工资的农民工比重分别为1%、0.76%和0.99%。其中，2015年，农民工工资拖欠的情况反弹，被拖欠工资的农民工比重比2014年提高0.23个百分点。2016年，被拖欠工资的农民工人均被拖欠11 433元，比上年增加1 645元，增长16.8%。其中，被拖欠工资的外出农民工人均被拖欠11 941元，比上年增加1 249元，增长11.7%；被拖欠工资的本地农民工人均被拖欠10 518元，比上年增加1 851元，增长21.4%。2016年，被拖欠的工资总额为270.9亿元，比上年增加0.9亿元，增长0.3%；与2015年的增幅相比，被拖欠的工资总额增长幅度由35.8%直线下降到0.3%，拖欠情况出现明显好转。从农民工比较集中的几个行业看（表3.17），2016年，制造业、建筑业、批发和零售业、交通运输、仓储和邮政业被拖欠工资的农民工比重分别为0.6%、1.8%、0.2%和0.4%，分别比上年下降0.2、0.2、0.1和0.3个百分点。居民服务、修理和其他服务业被拖欠工资的农民工比重有所上升，2016年为0.6%，较上年上升0.3个百分点。

表3.17　2016年分行业农民工被拖欠工资的比重

单位：%、百分点

指标	2015年	2016年	增强
合计	0.99	0.84	−0.15
制造业	0.8	0.6	−0.2
建筑业	2.0	1.8	−0.2
批发和零售业	0.3	0.2	−0.1
交通运输、仓储和邮政业	0.7	0.4	−0.3
住宿和餐饮业	0.3	0.3	0.0
居民服务、修理和其他服务业	0.3	0.6	0.3

资料来源：国家统计局。

2016年[5]，农民工年从业时间平均为10个月，月从业时间平均为24.9天，日从业时间平均为8.5个小时，均与上年持平。日从业时间超过8小时的农民工占64.4%，周从业时间超过44小时的农民工占78.4%，分别比上年下降0.4和1个百分点。其中，外出农民工日从业时间超过8小时和周从业时间超过44小时的比重分别比上年下降1.8和

0.6个百分点，超时劳动情况的改善比较明显。但是，2016年[4]与雇主或单位签订了劳动合同的农民工比重为35.1%，比上年下降1.1个百分点。其中，外出农民工与雇主或单位签订劳动合同的比重为38.2%，比上年下降1.5个百分点；本地农民工与雇主或单位签订劳动合同的比重为31.4%，比上年下降0.3个百分点。

从调查对象的社会保险缴纳情况来看，在被调查的381人中，单位缴纳社会保险的有291人，占76.4%；单位没有缴纳社会保险的有90人，占23.6%。在被调查的企业中，绝大多数会选择为农民工缴纳社会保险，之所以有23.6%的农民工单位没有缴纳社会保险，原因多半是部分农民工自愿选择不缴纳社会保险。从调查对象的住房公积金缴纳情况来看，在被调查的381人中，单位缴纳住房公积金的有150人，占39.4%；单位没有为其缴纳住房公积金的有231人，占60.6%。住房公积金的缴纳比例远低于社会保险的缴纳比例。据了解，大部分企业只给农民工缴纳社会保险，一般只有等农民工晋升为管理人员或者是工作超过一定年限的老员工，企业才有可能为其缴纳公积金。调查结果中显示的公积金缴纳比例较普遍情况而言偏高，这是由于课题组调查的个别企业实现了全部员工缴纳"五险一金"，是相对比较特别的情况。

3.5 农民工心理适应特征

3.5.1 情感身份认同

从身份认同角度来看，2019年[4]，进城农民工对所在城市的归属感在提高。在进城农民工中，40%认为自己是所居住城市的"本地人"，比上年提高2个百分点。从进城农民工对本地生活的适应情况看，80.6%表示对本地生活非常适应和比较适应，其中，20.8%表示非常适应，比上年提高1.2个百分点；仅有1.1%表示不太适应和非常不适应。进城农民工在不同规模城市生活的归属感和认同感较上年均有提高。但城市规模越大，农民工对所在城市的归属感越弱，适应城市生活的难度越大。从调查对象来看，被调查的农民工对自己的农村人身份的认同感比较强烈，但大多数农民工觉得自己的生活消费方式与当地人的差别不大。从调查对象的身份认同情况来看，在被调查的381人中，认为自己现在的身份仍是农村人的有240人，占63.0%；认为自己现在的身份是半个城里人半个农村人的有119人，占31.2%；认为自己现在的身份已经是城里人的有22人，占5.8%（图3.7）。有34.1%的人觉得自己的生活和消费方式与当地居民有差别，而且差别很大；有32.0%的人觉得自己的生活和消费方式与当地居民有差别，但差别比较小；33.9%的人则觉得没有差别。

从情感认同角度来看，被调查的农民工对城市的认同比较正向，有定居意愿但不强烈，户籍制度对农民工定居城市与否的决定有一定影响，但也并不强烈。从调查对象对城市的总体印象来看，在被调查的381人中，对城市印象非常好的有21人，占5.5%；对城市印象比较好的有146人，占38.3%；对城市印象一般的有206人，占54.1%；对城市印象比较差的有7人，占1.8%；对城市印象非常差的有1人，占0.3%。总体而言，农民工对城市的印象普遍为中性偏正向，对城市印象差的比例极少。在这被调查的381人，有77人今后打算定居城市，占20.2%；有218人对是否定居城市表示"说不定"，

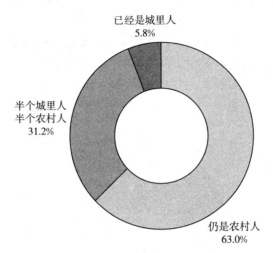

图 3.7　农民工身份认同状况分布

占 57.2%；有 86 人今后仍打算定居农村，占 22.6%（图 3.8）。在是否迁移、定居城市的选择中，户籍制度对调查对象的影响不大，有 105 人认为户籍制度没有影响，占 27.6%；有 209 人认为有一定影响，但并不起决定作用，占 54.8%；只有 67 人认为户籍制度有影响，并且起决定作用，占 17.6%。

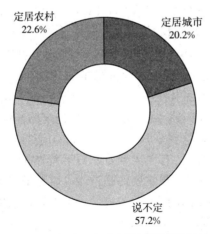

图 3.8　农民工今后定居打算情况分布

3.5.2　主观意愿

从主观意愿特征来看，在被调查的农民工中，有市民化意愿的人数略多，但对比并不明显，几乎呈对半开，市民化意愿并不强烈，且城市融入面临一定的现实困境，出于安全考虑和理性选择，大多数农民工不愿放弃老家的宅基地和承包地，"家中有地，可进可退"。

在被调查的 381 人中，有 201 人在条件或者政策许可的情况下，希望能够离开农村，变成真正的城市人，占52.8%；而另外的180人则不希望离开农村，不愿变成真正的城市人，占47.2%（图3.9）。农民工对在老家农村的财产（房屋、承包地、宅基地等）的处置意愿很鲜明，绝大多数农民工表示，即使今后打算迁移到城市生活定居，也不愿意放弃老家农村的宅基地和承包地。其中，74.8%的人希望能够保留，19.7%的人希望有偿流转或出租，3.9%的人希望卖掉农村的房屋土地，到城市买房，0.3%的可以接受无偿放弃。

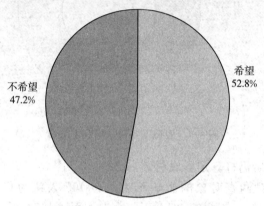

图3.9　农民工市民化意愿状况分布

从调查对象希望市民化的主要原因分布状况来看（表3.18），在有市民化意愿的201人中，选择进城以后孩子有条件接受更好的教育的有123人次，占计算样本的61.2%，占应答的30.3%；选择城里人的精神文化生活丰富多彩的有69人次，占计算样本的34.3%，占应答的17.0%；选择城里人收入高，生活水平更好的有64人次，占计算样本的31.8%，占应答的15.8%；选择农民收入低的有56人次，占计算样本的27.9%，占应答的13.8%；选择城里人有退休工资和社会保险等社会保障的有50人次，占计算样本的24.9%，占应答的12.3%；选择城里人有体面和稳定的工资的有25人次，占计算样本的12.4%，占应答的6.1%；选择农民社会地位低的有11人次，占计算样本的5.5%，占应答的2.7%；选择其他原因的有8人次，占计算样本的4.0%，占应答的2.0%。数据显示，农民工希望市民化的原因最主要的是进城以后孩子有条件接受更好的教育，在实地调查访谈过程中，课题组也了解到农民工进城务工也好，选择城市买房定居也好，子女教育都是促成行动的非常重要的一个原因。

表3.18　农民工希望市民化的主要原因分布状况

指标	频数	应答个案数百分比（%）	应答次数百分比（%）
农民收入低	56	27.9	13.8
农民社会地位低	11	5.5	2.7
城里人收入高，生活水平更好	64	31.8	15.8
城里人有退休工资和社会保险等社会保障	50	24.9	12.3
进城以后孩子有条件接受更好的教育	123	61.2	30.3

（续）

指标	频数	应答个案数百分比（%）	应答次数百分比（%）
城里人有体面和稳定的工资	25	12.4	6.1
城里人的精神文化生活丰富多彩	69	34.3	17.0
其他原因	8	4.0	2.0
合计	406	202.0	100.0

资料来源：调查问卷整理。

而从调查对象不希望市民化的主要原因分布状况来看（表3.19），在没有市民化意愿的180人中，选择城市压力大，生活太累，不如农村生活舒适的有140人次，占计算样本的77.8%，占应答的41.1%；选择城市房价太高，买不起房的有91人次，占计算样本的50.6%，占应答的26.7%；选择没有城市户口，享受不了市民待遇的有39人次，占计算样本的21.7%，占应答的11.4%；选择城市就业风险太大，害怕失业后生活没有保障的有34人次，占计算样本的18.9%，占应答的10.0%；选择孩子在城市上学费用太高的有27人次，占计算样本的15.0%，占应答的7.9%；选择在城市受到歧视，难以融入城市，社会地位低的有10人次，占计算样本的5.6%，占应答的2.9%。数据显示，农民工不希望市民化的原因最主要的是城市压力大，生活太累，不如农村生活舒适；其次是城市房价太高，买不起房；选择这2个原因的农民工加起来超过60%，户籍问题、歧视问题、城市融入难的问题反而没有那么突出。

表 3.19　农民工不希望市民化的主要原因分布状况

指标	频数	应答个案数百分比（%）	应答次数百分比（%）
城市压力大，生活太累，不如农村生活舒适	140	77.8	41.1
没有城市户口，享受不了市民待遇	39	21.7	11.4
在城市受到歧视，难以融入城市，社会地位低	10	5.6	2.9
城市房价太高，买不起房	91	50.6	26.7
孩子在城市上学费用太高	27	15.0	7.9
城市就业风险太大，害怕失业后生活没有保障	34	18.9	10.0
合计	341	189.6	100.0

资料来源：调查问卷整理。

3.6　农民工市民化发展变化趋势分析

当前，我国正快步迈向"工业4.0"和加速推进城镇化阶段，2019年[6]，我国常住人口城镇化率为60.60%，户籍人口城镇化率为44.38%，我国城镇化率约每年提高1个百分点（表3.1）。按此速度，我国达到城市化成熟阶段还需要近30年的时间。2019年[6]，全年国内生产总值 990 865 亿元，比上年增长 6.1%，近 5 年国内经济增长速度保持在 6%～7%。可以预见，今后一段时期内，我国经济仍将保持不低于 5%～7% 的增长速度。在这样的经济增速和城镇化率增长情况下，农民工市民化面临着难得的发展机遇。工业化创造供给，城镇化创造需求，城镇化是扩大内需的最大潜力所在[11]。要加快转变经济发展方式，加速推进工业化、城镇化进程，走新型城镇化与工业化、农业现代化永续发展之路，正确引导农民工市民化的发展，必须准确把握农民工市民化的发展变化趋势。

第一，农民工市民化的总规模会继续扩大，但农民工供求的结构化矛盾将更加突出，这就决定了农民工市民化的过程将是曲折的，必将是一个艰巨的挑战。

在当前和今后一个时期内，我国劳动力总体上仍然供大于求，农民工的增加速度会出现下降趋势，但农民工的规模依然在不断扩大。[4]2019 年，农民工总量比上年增加 241 万人，增长 0.8%（图 3.1 和表 3.1），近 5 年来农民工的增速一直在下降，但增长率仍然是正向增长，农民工的总量在今后一段时期内还会进一步增加。国务院发展研究中心[12]通过全国可计算一般均衡模型（Dynamic Recursive Chinese Computable General Equilibrium，简称 DRCCGE）推算，采用情景分析法对 2010—2030 年间中国经济发展及农民工市民化的前景进行模拟比较分析，将促使 2006—2030 年全要素生产率（Total Factor Productivity，简称 TFP）年均增长率保持在 1.4% 以上的水平，城镇化水平将每年提高 0.55～0.85 个百分点，到 2030 年，非农就业率达到 73% 左右，城镇化率达到 61% 左右，2020—2030 年间，每年新增农村劳动力转移人数为 400 万～550 万人，在保持每年 430 万～800 万转移数量的情况下（占各年农业劳动力总数的 2% 左右），到 2030 年，我国仍将有 2 亿左右的农业劳动力，劳动力转移仍然没有完成。另一方面，工业化、城镇化加速发展，对劳动力将持续产生较大需求，将对农民外出务工产生巨大拉力；中国耕地资源少，承载农业劳动力有限，随着农业技术进步和劳动生产率提高，将对农民向非农产业转移形成巨大推力；城乡居民收入的差距、城市现代文明的呼唤，也对农民进城就业具有巨大引力[13]。这表明，无论是劳动力供给状况，还是工农业生产的发展和城市化的进程，都预示着农民工的规模将会继续扩大。

当前，我国经济结构和产业结构转型加速，农民工供给的结构性矛盾必将更加突出，甚至于我国正在加速进入"刘易斯转折点"阶段，人口红利即将消失，"十三五"期间农村剩余劳动力将由结构性短缺发展到全面短缺[14]。国家将加快改造提升传统产业，发展战略性新兴产业和服务业，促进经济增长由主要依靠增加物质资源消耗向主要依靠科技进步、劳动者素质提高和管理创新转变。制造业吸纳新增就业的能力将越来越有限，即使在人数上可能有增长，对就业的贡献比也将会减小；出口导向型产业对农民工的吸纳能力会有较大幅度下降；环境资源成本约束将日益强化，要素价格和人力成本将上升，劳动密集型行业增长将会放缓，或向人力成本低廉的国家、地区转移。随着经济发展方式的转变，产业结构的调整优化，未来中国就业增长的最大潜力在于服务业，这对农民工的职业教育和技能培训提出了更高的要求。

第二，随着户籍制度改革、公共服务均等化改革的不断推进，政策性因素导致的农民工市民化困境将逐步消失，取而代之的关键性制约因素将是农民工自身的市民化意愿以及市民化能力，这也说明了农民工市民化的前途是光明的，将面临一次难得的机遇。

农民工市民化的过程，实质是公共服务均等化的过程[14]。改革开放以来，我国农民工市民化政策价值取向经历了以城市为中心—城乡统筹发展—人的城镇化的变迁过程[15]，针对农民工的以户籍制度为基础的、不合理的歧视性制度逐步被取消。2006 年颁布的《关于解决农民工问题的若干意见》提出，要从统筹城乡发展的战略高度解决农民工问题。2010 年，中央 1 号文件把解决新生代农民工市民化问题纳入国家重要议事日程。2014 年 7 月，国务院印发的《关于进一步推进户籍制度改革的意见》具有里程碑意义，打破了城乡二元户籍制度给农民工带来的消极影响，提出将进一步调整户口迁移政策，统一城乡户口登记制度，全面实施居住证制度，稳步推进义务教育、就业服务、基本养老、基本医疗卫生、住房保障等城镇基本公共服务覆盖全部常住人口。2016 年 9 月，国务院办公厅印发《推动 1 亿非户籍人口在城市落户方案》，各地区普遍放宽农业转移人口落户城镇的条件，25 个省（自治区、直辖市）出台或修订了居住证暂行条例实施办法，全国农民工随迁子女义务教育纳入政府财政保障的接近 90%，基本公共卫生计划生育服务已基本覆盖农民工及其随迁家属，全国有 1 800 多个市县已将农民工纳入公租房保障范围，农村土地承包经营权确权登记颁证整省试点扩大到 22 个省份。2017 年 3 月[16]，全国农民工工作暨家庭服务业工作电视电话会议明确提出，中央用于农业转移人口市民化的奖励资金达到 100 亿元，2017 年农民工工作将以有序推进农民工市民化为目标，以新生代农民工为重点对象，积极促进农民工就业创业，切实维护农民工劳动保障权益，推动农民工逐步实现平等享受城镇基本公共服务和在城镇落户，努力促进农民工社会融合。由此可见，政策性因素已经不再是阻碍农民工市民化的关键性因素，随着户籍制度改革、公共服务均等化改革等制度政策的不断深化，农民工市民化必将获得长足的发展机遇。

另一方面，随着外部影响的减弱，农民工自身的市民化意愿及能力等内部因素逐步上升为关键性影响因素，开始对农民工市民化发挥主导作用。随着农民工群体就业变迁上的差异、收入上的差异和年龄上的差异等因素的不断增加，农民工内部差异也不断扩大。就业变迁上的差异增大使农民工这一群体融入城市，实现居住、家庭、社会关系的心理认同等方面发生转变，出现差异较大的关键因素。部分农民工从非正规就业中的被雇佣到自我雇佣，部分农民工在正规就业中从低层次就业到高层次就业，这两部分群体都能较好地实现市民化；而剩余的农民工在正规就业中没有发生变迁，则市民化水平就比较差，难以实现最终的市民化[17]。收入上的差异增大使农民工这一群体内部原有的同质性——低收入被打破，从而逐渐演变为不同的社会群体，主要分为雇佣他人的老板、自我雇佣的个体户和被雇佣的打工者。其中，老板因收入一般较高，有的已经实现市民化且成为城镇户籍人口中的中高收入阶层；而打工者的收入普遍较低，相当一部分人难以承受城市过高的生活成本，难以实现市民化。年龄上的差异增大使农民工这一群体内部产生明显的代际差异，新、老两代农民工在成长背景、价值取向、市民化意愿等方面都存在着较大的差异，且随着时间推移，新生代农民工所占比重将进一步增加。农民工内部差异的增大也使得农民工与城镇人口之间的差异相对减小，随着农民工与城镇人口的差异不断缩小，界限模糊，农民工群体将分化为不同的社会群体，将不再作为特殊的社会群体存在[18]。

农民工的内部差异增大并将逐步分化为不同的社会群体，一方面决定了在制定农民工市民化政策时，必须考虑到农民工内部差异的存在；另一方面也决定了看待农民工市民化的视角必须是全局的、发展的、具有整体性的。

🔍 参考文献

[1] 中国经济周刊，中国社会科学院城市发展与环境研究所 . 中国农业转移人口市民化进程报告 (2012) [R/OL] . (2014 - 03 - 10) . http：//www. ceweekly. cn/2014/0310/76878. shtml.

[2] 沈映春，王泽强，焦婕，等 . 北京市农民工市民化水平及影响因素分析 [J] . 北京社会科学，2013 (5)：138 - 143.

[3] 吕佳，陈万明 . 新生代农民工市民化程度测量指标体系构建 [J] . 江苏农业科学，2014 (12)：478 - 480.

[4] 国家统计局 . 2019 年农民工监测调查报告 [R/OL] . (2020 - 04 - 30) . http：//www. stats. gov. cn/tjsj/zxfb/202004/t20200430 _ 1742724. html.

[5] 国家统计局 . 2016 年农民工监测调查报告 [R/OL] . (2017 - 04 - 28) . http：//www. stats. gov. cn/tjsj/zxfb/201704/t20170428 _ 1489334. html.

[6] 国家统计局 . 中华人民共和国 2019 年国民经济和社会发展统计公报 [R/OL] . (2020 - 02 - 28) . http：//www. stats. gov. cn/tjsj/zxfb/202002/t20200228 _ 1728913. html.

[7] 国家统计局 . 中华人民共和国 2016 年国民经济和社会发展统计公报 [R/OL] . (2017 - 04 - 28) . http：//www. stats. gov. cn/tjsj/zxfb/201702/t20170228 _ 1467424. html.

[8] 国家统计局 . 2015 年农民工监测调查报告 [R/OL] . (2016 - 04 - 28) . http：//www. stats. gov. cn/tjsj/zxfb/201604/t20160428 _ 1349713. html.

[9] 国家统计局 . 2017 年农民工监测调查报告 [R/OL] . (2018 - 04 - 27) . http：//www. stats. gov. cn/tjsj/zxfb/201804/t20180427 _ 1596389. html.

[10] 施恩 . "个人、组织和职业：一种概念图" [J] . 应用行为科学，1971 (7)：401 - 426.

[11] 欧阳力胜 . 新型城镇化进程中农民工市民化研究 [D] . 北京：财政部财政科学研究所，2013.

[12] 《中国农民工战略问题研究》课题组 . 中国农民工现状及其发展趋势总报告 [J] . 改革，2009 (2)：5 - 27.

[13] 杨英强 . 现阶段农民工市民化问题研究 [D] . 成都：西南财经大学，2008.

[14] 国务院发展研究中心课题组 . 农民工市民化进程的总体态势与战略取向 [J] . 改革，2011 (5)：5 - 29.

[15] 姚德超，刘筱红 . 农民市民化政策范式变迁与发展趋势——基于政策文本的分析 [J] . 中国农业大学学报（社会科学版），2016 (6)：32 - 36.

[16] 人民网 . 人社部：农民工已超 2.8 亿 将推进农民工市民化 [EB/OL] . (2017 - 03 - 14) . http：//politics. people. com. cn/n1/2017/0314/c1001 - 29145332. html.

[17] 吴祖泉，王德，朱玮 . 就业视角的农民工市民化过程考察——基于上海的个案研究 [J] . 城市发展研究，2015 (6)：19 - 26.

[18] 董昕 . 中国农民工的住房问题研究 [M] . 北京：经济管理出版社，2013：28.

第 4 章
农民工市民化宏观背景

我国农民工市民化的任务艰巨而漫长。农民工市民化不仅受自身因素的影响，如个人意愿、能力等；还受到宏观因素的影响，如国家政策法律、经济发展水平等。在社会经济转型发展的宏观背景下，农民工市民化正面临着新的机遇与挑战。宏观背景不仅可以对农民工的市民化起直接作用，同时也可以通过影响其自身因素起间接作用。宏观背景因素包括了政治、经济、技术、文化等方面，但就当下而言，科技革命引发的产业转型、城镇化进程以及乡村振兴战略的提出，对我国今后一段时期内农民工市民化的进程将产生比较深远的影响。

4.1 产业转型

农民工进入城市生活，首先得拥有可靠的经济来源，而拥有经济来源的前提是必须有一份工作。当前，随着现代信息技术的发展，新一轮科技革命和产业革命迅速袭来，推动了产业结构转型升级，改变了各行各业的用工需求，从而改变了农民工的就业环境，对农民工市民化也产生了一定影响。

4.1.1 新科技革命引起产业转型

（1）从科技革命到产业革命

科学技术是第一生产力，生产力的提高离不开科学技术的发展。当今社会正处于第六次科技革命和第四次产业革命进程，通过对科技革命和产业革命这一领域的文献梳理，根据相关专家的观点整理出表 4.1，从中可以看出科技革命和产业革命的进程及阶段划分，以及两者之间的对应关系。通过两者的对应关系，可以发现，每一次产业革命都是由科技革命引发和推动的。人们现在把科技革命看作是科学革命和技术革命的总称，是引发科学范式、人类的思想观念、生产方式、生活方式的革命性转变的科技变迁[1]。赵若玺认为科学革命、技术革命和产业革命之间存在一定的线性关系，科学革命是技术革命的基础和理论前提，技术革命直接对生产力和生产方式产生影响，是推动产业革命爆发的直接驱动力[2]。同样，方竹兰等认为，科学革命是技术革命的准备和先导，技术革命是产业革命的必要前提和诱因[3]。从科技革命到产业革命的过程先是以理论创新为主要内容的科学革命，通过与实践相结合形成技术革命，随着技术不断成熟，最终大范围运用到各个产业，形成产业革命。

表 4.1 科技革命和产业革命阶段划分

科技革命	大致时间	主要内容	带动的产业	产业革命
第一次	16—17 世纪	天文物理学	/	/
第二次	18 世纪中后期	机械技术，纺织机、蒸汽机	冶金、煤炭、轮船、铁路、火车、纺织业	第一次产业革命
第三次	19 世纪中后期	电力技术，发电机、内燃机、电讯技术	化工、石油、钢铁、电器、运输等	第二次产业革命
第四次	20 世纪上半叶	物理学，相对论、量子论、射线和电子论	/	/
第五次	20 世纪下半叶	电子技术和信息技术，自动化、计算机、互联网	航天、材料、生物、核能、制造、娱乐	第三次产业革命
第六次	21 世纪上半叶	新生物学，信息转换、人格复制、人体再生	生物、信息、材料、智能制造、机器人	第四次产业革命

资料来源：综合何传启的《第六次科技革命的预测及中国的应对之策》和方竹兰等的《创新与产业发展：迎接新科技革命的挑战》等相关资料。

在科技革命和产业革命的大背景下，科技进步给产业转型升级带来了良好的发展契机。科技创新是推动产业结构调整的基础性力量，科技产业化、智能化的进展在产业转型发展过程中起到主导作用，并构成了产业升级和结构调整的基础[4]。中国科学院院长、党组书记白春礼指出，科技革命和产业革命的发展以科学领域的新发现、技术的新突破为先导，科技革命和产业革命推动传统产业不断升级，新兴产业快速发展，使生产力实现新的飞跃[5]（图 4.1）。企业抓住科技革命和产业革命的机遇，用新动能代替旧动能，用新要素代替旧要素，用新的生产方式代替旧的生产方式，不仅能推动传统产业内部转型升级，同时还能使传统产业与新兴产业深度融合，迸发出新活力。

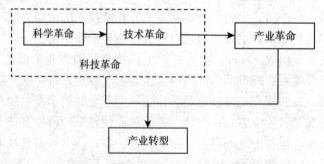

图 4.1 科技革命带来产业转型流程

(2) 我国面临的产业转型

进入 21 世纪，科技发展步入新的阶段，新科技革命成了各国关注的热点。国家主席习近平同志也多次强调要抓住新一轮科技革命的机遇，坚持创新驱动。2013 年 11 月，习近平主席在湖南考察时的讲话中指出"新一轮科技革命和产业革命正在孕育兴起，企业要抓住机遇，不断推进科技创新、管理创新、产品创新、市场创新、品牌创新"[6]。2014 年 11 月 19 日，习近平向首届世界互联网大会致贺词时强调，"当今时代，以信息技术为核心的新一轮科技革命正在孕育兴起"[7]。2016 年 5 月 30 日，习近平参加全国科技创新大会时强调，"当今世界科技革命和产业变革方兴未艾，我们要增强使命感，把创新作为最大政策，奋起直追、迎头赶上"[8]。2017 年 1 月 18 日，习近平在联合国日内瓦总部的演讲中又在 2 处提到"新一轮科技革命和产业革命正在孕育成长""要抓住新一轮科技革命和产业变革的历史性机遇，转变经济发展方式，坚持创新驱动，进一步发展社会生产力、释放社会创造力"[9]。通过习近平对新一轮科技革命的高度重视和持续关注，可以看出新科技革命对中国来说是一次非常重要的发展契机，中国务必牢牢抓住这次机遇，大力发展科技创新，顺着新科技革命和产业变革的热潮，迈上新台阶。

新一轮科技革命与以往的科技革命有什么不同？习近平认为，当代新科技革命所引发的产业变革最突出的表现是物质生产和服务向信息生产和服务转变，世界经济正在步入以信息产业为主导的新时代。同时移动互联网、智能终端、大数据、云计算、高端芯片等新一代信息技术发展将带动众多产业变革和创新，此外，新科技的发展还能促进新兴产业日益涌现并不断发展[10]。在学术界，新科技革命最显著的特征就是信息技术、互联网技术的深度发展及其与生物、能源、材料等多学科、多技术领域相互渗透、相互交融及群体突破，并促使产业领域内的颠覆性技术不断涌现，新的产业组织形态和商业模式层出不穷。从产业的发展趋势来看，在新一代信息技术、材料技术、生物技术、智能制造技术的推动下，产业也朝着智能化、网络化、绿色化、服务化和知识化方向发展[11]。可以看出，新一轮科技革命不仅对产业内部的转型升级有着至关重要的影响，而且能促进新兴产业发展，推动产业结构转型。同时对于中国自身而言，在经过长期的的创新积累和技术追赶后，中国与世界技术前沿的距离已大大缩减，面对第六次科技革命，中国已经具备相应的科技基础和产业基础，具有把握机遇的潜在能力[3]。

综合上述观点可以看到，随着人工智能、网络信息、云计算等技术的发展，我国产业必然会朝着智能化、网络化、绿色化方向发展。农民工就业重点领域——制造业、服务业和建筑业等必将随着"机器换人"和"互联网＋"等的应用与发展而迎来产业转型升级。

当前，"机器换人"被广泛应用于工业。"机器换人"运用到制造业，改善了传统制造业面临的工人工作重复性高、效率低、质量不稳定等问题；"机器换人"运用到建筑业，不仅提高了效率，节约了成本，且使农民工的安全得到了保障；"机器换人"运用到能源化工业，代替了那些在极端的环境中工作的工人。智能机器人在人们的生活中也随处可见，越来越多的企业以智能机器人代替人工客服；手机、平板等电子产品上安装的智能语音助手成了用户的"私人管家"；店铺将机器人作为亮点以吸引客人，成了客人们争相"打卡"的"网红店"。在产业转型的背景下，人们生活的方方面面都有机器人的功劳：吃着机器人种植的蔬菜，用着机器人制作的产品，享受着机器人提供的服务……机器人不仅为人类节省了大量的人力、物力、财力，而且变得越来越智能，越来越具有服务性。智能机器人在人们的生产生活中发挥着日益巨大的作用，"机器换人"也就成了产业转型中不可逆转的一大趋势。

"互联网＋"催生新产业的产生，带动传统产业的发展。互联网和移动互联网的应用催生了门户网站、搜索引擎、网络游戏、动漫视频、电子商务等新兴互联网产业，也诞生了百度、新浪、腾讯、阿里巴巴等实力雄厚的互联网公司，以及淘宝、京东、拼多多、聚美优品等电子商务平台，还有数量众多的微商城[12]。截至 2018 年 6 月，我国网络购物用户达到 8.02 亿人，网上零售额突破 9 万亿元，占社会消费品零售总额的 18.4％。随着科学技术的发展，还衍生出智能机器人、智能安防、移动定位、移动营销、移动支付、数字创意等高端智慧型产业群，这些新业态的碰撞与组合，还会产生更多的"数据套餐"。新兴互联网产业催生了网络主播、网络模特、网店职业经理人、游戏开发师、产品设计师、网络媒体高级编辑、项目数据分析师、电子商务工程师等多种新型职业，导致互联网行业的岗位需求量猛增[12]。而"互联网＋"则是互联网与传统产业的结合，其最大的特征是依托互联网，通过大数据完成行业间的信息交换，使原本孤立的各传统产业相连，根本目的是与产业结合，完成产业转型[13]。如"互联网＋教育"产生了线上教育平台；"互联网＋餐饮"产生了美团外卖、饿了么等外卖平台；"互联网＋司机"产生了滴滴、e 代驾等交通兼职平台；"互联网＋金融"产生了同花顺等金融理财平台；"互联网＋零售"产生了淘宝、京东等线上交易平台……"互联网＋传统行业"也衍生出了新的就业岗位，如教学助手、外卖配送员、"卖家秀"平面模特以及兼职司机等。可以看出，"互联网＋"不仅促进新兴产业的兴起，也给传统产业注入了活力。

在十二届全国人大三次会议上，李克强总理在政府工作报告中提出要制定"互联网＋"行动计划，推动移动互联网、云计算、大数据、物联网等与现代制造业相结合，促进电子商务、工业互联网金融健康发展[13]。"互联网＋"通过产业融合、产业价值链重构和网络交易平台来促进产业转型升级，可以带动就业结构的进一步完善。互联网以全新的形式创造了就业机会，推动就业结构的变化，带来了多元化的就业方式[14]，互联网的发展派生了很多就业岗位[15]。

4.1.2 产业转型对农民工市民化的影响

产业转型对农民工市民化的影响主要体现在对农民工就业的影响上。根据前 1～3 章的研究，我国农民工总量每年都在增长，2019 年年末达到 2.9 亿人。就农民工的就业分布而言，从表 4.2 可以看出，农民工从事的职业以第二产业为主，第三产业紧随其后。从农民工就业结构变动趋势来看，农民工从事第二产业的比重逐渐下降，从 2013 年的56.8％下降到 2017 年的 51.5％，4 年中平均每年下降 1.3 个百分点；而从事第三产业的比重逐渐上升，从 2013 年的 42.6％上升到 2017 年的 48％，平均每年上升 1.3 个百分点。2017 年，我国 2.87 亿农民工分布最多的 3 个行业分别是制造业、建筑业、批发和零售业，制造业占 29.9％，建筑业占 18.9％，批发和零售业占 12.3％。这些传统行业正面临转型升级，目前在这些传统行业中从事简单重复性工作的农民工们将面临巨大挑战，并影响到他们在城市定居及市民化。

表 4.2　我国 2013—2017 年农民工从事行业分布趋势（%）

行业 ＼ 年份	2013	2014	2015	2016	2017
第一产业	0.6	0.5	0.4	0.4	0.5
第二产业	56.8	56.6	55.1	52.9	51.5
其中：					
制造业	31.4	31.3	31.1	30.5	29.9
建筑业	22.2	22.3	21.1	19.7	18.9
第三产业	42.6	42.9	44.5	46.7	48.0
其中：批发和零售业	11.3	11.4	11.9	12.3	12.3
交通运输、仓储和邮政业	6.3	6.5	6.4	6.4	6.6
住宿和餐饮业	5.9	6.0	5.8	5.9	6.2
居民服务、修理和其他服务业	10.6	10.2	10.6	11.1	11.3
其他	8.5	8.8	9.8	11.0	11.6

资料来源：国家统计局。

　　产业转型对农民工市民化的挑战主要体现在，不同产业经过智能化改造之后，替换掉了大量的农民工，这些农民工失去了工作就意味着失去了经济来源，如果短时间内不能找到新工作就只能被迫返乡，因此"机器换人"可能会对在工厂里从事简单重复劳动的农民工产生不利影响。根据德国媒体报道，在德国现有的 3 000 万个岗位中，至少有 1 800 万个可以被智能机器以及软件取代，其中基层操作工种有 86% 的岗位可以被机器取代[16]。Fery 和 Osborne 预测，未来 20 年里，美国约有 47% 的岗位将面临被计算机取代的失业风险[17]。这种产业转型不仅会对工厂里和建筑工地上的农民工产生不利影响，对从事服务业的农民工也会产生不利影响，家居智能机器人的普及会取代一部分从事家政服务的农民工，其中以女性农民工为主；餐厅智能机器人的引进也会取代一部分服务员以及厨师等；超市里机器人收银台的设立获得了顾客的一致好评。产业的智能化转型使得企业在效率和质量上都有了很大的提升，从农民工自身条件来看，随着我国人口红利逐步消失，人工成本也在大大增加，再加上生产过程中受身体、情绪等的影响，操作稳定性、劳动强度等不能和机器人相比，在一定程度上，可以说企业也是迫不得已采取"机器换人"。

　　当然，产业转型对农民工就业的影响存在正反两面。回望过去，20 世纪 90 年代的一轮新技术变革使约 4 000 万个传统岗位消失，但同时创造了大约 5 000 万个岗位，在就业转换的短期"阵痛"中实现了就业扩大[18]。我国目前推动的供给侧改革正是顺应新技术革命，加速结构转变的战略举措，一方面积极化解产能过剩，短期内可能损失数百万传统岗位，但同时加快实施"互联网＋双创＋中国制造"战略，预期能带动数千万的新岗位[19]。伴随着产业的转型升级，高技能劳动力的需求将不断增加，低技能劳动力的需求将不断减少。此外，产业转型下"互联网＋"所带动的新兴产业、激活的传统产业将带来大量的就业岗位，成为吸纳农民工的主要场所之一。陈明珠认为，"互联网＋"将会从拓宽就业领域、提升劳动力职业技能、改变人口空间流向等方面给我国产业和人口就业结构带来双重变化，而这样的变化也会助推当前农业转移人口的市民化进程[20]。此外，互联网对新生代农民工的继续教育也提供了很大帮助。农民工可以通过互联网的线上教育平台提高自己的教育水平和职业技能，提高自身素质，更好地融入城市。最后，随着互联网的不断普及，互联网带动的服务业会不断向中小城镇扩散，带动中小城镇的发展。受"互联网＋"带动的服务性行业会逐渐向中小城市或者小城镇转移，这将会成为促进地方产业升级、推动地方经济发展转型的动力，也是下一步地方政府城镇化战略最重要的落脚点[20]。

产业转型对农民工的综合素质提出了新的要求，农民工只有提高了自身素质，才能跟得上科技发展的步伐。但是农民工往往文化素质比较低，尤其是老一代的农民工，由于年纪比较大，对新事物、新知识的接收能力偏弱，短时间内不能吸收足够的技能和知识来应对不断发展的社会，职业发展受阻。农民工无法适应城市的生活，从而被迫返乡，影响农民工市民化进程。但是从长期看来，随着新生代农民工群体的不断壮大，文化技能素质和受教育水平的不断提高，新生代农民工正在慢慢适应时代的变化，能逐渐胜任这些新衍生的岗位。我国的产业形势和就业结构的改变，对我国农民工市民化起到了积极的推动作用，这也对新生代农民工提出了新的要求，面对日新月异的技术发展，农民工要树立终身学习的观念，提升自己的软硬技能，提高自己的就业竞争力。

4.2　新型城镇化

城镇化是世界各国和地区经济社会发展的必然趋势和必由之路，是一个国家或地区现代化程度的重要标志[21]，也是加快农业转移人口市民化的重要推动力。近些年来我国一直加大城镇化建设力度。2010 年，中共经济工作会议明确强调"城镇化是我国现代化建设的历史任务，也是扩大内需的最大潜力所在"，并且还强调未来大中小城市和小城镇、城市群要科学布局，与产业布局、环境资源相协调，要把有序推进农业转移人口市民化作为重要任务抓实抓好。2013 年，中央 1 号文件明确提出农业转移人口市民化，把推进人口城镇化特别是农民工在城镇落户作为城镇化的重要任务。2014 年，国务院在《国家新型城镇化规划（2014—2020 年）》中指出，要努力实现城镇化的水平和质量稳步提升、城镇化体制机制不断完善以及城市发展模式科学合理、城市生活和谐宜人的发展目标，并且提出要推进符合条件农业转移人口落户城镇、推进农业转移人口享有城镇基本公共服务、建立健全农业转移人口市民化推进机制来有序推进农业转移人口市民化。2018 年，国家发展和改革委员会在《关于实施 2018 年新型城镇化建设重点任务的通知》中再次强调加快农业转移人口市民化。国家在推进新型城镇化建设的过程中，始终把加快农业转移人口市民化作为重要的工作任务。由此可以看出，城镇化是大势所趋，国家在推进城镇化建设过程中，也在推进农业转移人口市民化。

4.2.1　城镇化的发展历程

（1）城镇化的内涵

20世纪80年代，我国首次引进"城市区域化（Urbanization）"的概念，"Urbanization"一词一般译为"城市化"，指国外乡村向城市转变的过程。由于"Urban"包含"city"和"town"，世界上很多国家的镇的规模比较小，甚至没有镇的建制，故称"城市化"，而中国的镇的规模比较大，且有镇的建制，因此，中国的"Urbanization"不仅指向"city"转移，也向"town"转移，为了显示与国外的区别，有些学者就把中国这种特色的"Urbanization"称为"城镇化"[22]。1999年，中共十五届四中全会正式使用了"城镇化"一词。

城镇化是指二、三产业向城镇集聚，农村人口不断向非农产业和城镇转移，使城镇数量增加、规模扩大，城市生产方式和生活方式向农村扩散，城市物质文明和精神文明向农村普及的经济社会发展的过程[23]。城镇化的重要性在于它是衡量一个国家或地区经济发达程度和文明程度的重要标准，是一个国家或地区生产力发展、产业结构调整及科技进步，由以农业为主的社会类型向以工业和服务业等非农产业为主的社会类型转变的历史过程[24]。世界各国的发展经验表明，城镇化与工业化、现代化相互促进。城镇化是与一个国家或地区的经济、文明发展程度密切相关、内涵极为丰富的概念，涵盖社会、经济和空间的变化过程[24]。

2012年，党的十八大提出了"新型城镇化"概念。新型城镇化建设以城乡统筹、城乡一体、产业互动、节约集约、生态宜居、和谐发展为基本特征，是大中小城市、小城镇、新型农村社区协调发展、互促共进的城镇化。新型城镇化虽然仍沿袭城镇化的提法，但它是对城镇化的一种扬弃，是城镇化的升华版[25]。新型城镇化主要有4个方面的内涵：一是工业化、信息化、城镇化、农业现代化"四化"协调互动，并通过"产城融合"和科技进步，实现统筹城乡发展和农村文明延续的城镇化；二是人口、经济、资源和环境相协调，建设生态文明的美丽中国，实现中华民族永续发展的城镇化；三是以城市群为主体形态，大、中、小城市与小城镇协调发展，展现中国文化自信的城镇化；四是实现人的全面发展，体现人口和产业积聚、"市民化"和公共服务协调发展，建设和谐社会和幸福中国的城镇化[22]。

（2）城镇化的发展阶段划分

新中国成立以来，我国的城镇化水平经历了从低水平到高水平的快速飞跃，从1949年的10.64%上升到2018年的59.58%。结合时代背景以及不同时期的发展速度，将这一过程划分为以下几个阶段。

①第一，缓慢起步阶段（1949—1978年）。新中国成立初期，城镇化水平仅有10.64%，随着国民经济恢复时期和"一五"时期经济的平稳发展，城镇化水平缓慢提高。但是1958年户籍制度禁止农村人向城市转移以及"大跃进"和人民公社化运动的进行，使社会生产力遭到了极大的破坏。紧接着"文化大革命""知青上山下乡"使大量城市人口涌向农村，城镇化水平呈现负增长的趋势。30年间，中国的城镇化水平提高缓慢，甚

至出现停滞，这是因为在当时的计划经济背景下，中国提倡借鉴苏联的重工业化道路，急于赶超英美，结果对中国的经济和城镇化造成了严重影响[26]。到1978年，我国的城镇化水平仅提高到17.92％，年均增加0.25个百分点。

②第二，加速发展阶段（1978—2000年）。1978年，党的十一届三中全会召开，提出全面实行改革开放，把党的工作重心转移到经济建设上来。这一时期内，家庭联产承包责任制的实施使农村出现了大量剩余劳动力，促进了农民由农业向非农转移。同时，国家大力实施城市中心带动区域发展战略以及向沿海倾斜的发展战略，沿海大城市成为建设的重点，沿海地区出现众多中小城市[27]。由此，我国的城镇化水平得到大幅提高，由1978年的17.92％提高到2000年的36.22％，年均增加0.83个百分点。

③第三，快速发展阶段（2001年至今）。进入21世纪，在城市进行的住房制度改革对城镇化的推动作用逐步显现，同时城市交通基础设施的发展使城市圈的区域规模大幅增加，城市规模迅速扩大和重组[28]，城市的承载力大幅提高。2003年，中国制定了城镇化整体发展战略，党的十六大提出坚持"坚持大、中、小城市和小城镇协调发展"，因此，大、中城市和小城市之间慢慢形成城市群和经济区[27]。随着城市规模的不断扩大，城市经济实力不断增强，我国的城镇化水平也在快速提高，从2001年的37.66％上升到2018年的59.58％，平均每年增长1.29个百分点。

(3) 城镇化的发展现状

① 城镇化水平发展迅猛，创造世界奇迹。由于城镇化水平发展迅猛，城镇人口迅速扩大。改革开放40年来，我国经历了大规模快速发展阶段，城镇化率由1978年的17.92％上升到2018年的59.58％，增长了41.66个百分点，平均每年提高1个百分点。城市常住人口由1978年的17 249.61万人增长到2017年的83 137万人，增长了6.5亿多人。

② 注重"以人为本"，保障农民权益。由于受城镇化分割的户籍制度影响，大量农业转移人口难以融入城市，市民化进程远远滞后于城镇化进程[29]。党的十八大以来，要求加快农村转移人口市民化，调整户籍政策，全面开放农民进入中小城市的户籍限制。农民工在城市就业的政策和工资保障制度不断完善，享受的公共服务也不断完善。2001—2011年，户籍人口城镇化率提高了8.02个百分点，平均每年提高0.8个百分点；2012—2017年，户籍人口城镇化率提高了7.1个百分点，平均每年提高1.42个百分点。由此可以看出，我国户籍人口城镇化开始加快，农村转移人口市民化进程加快。同时，城乡征用土地制度改革稳步推进，土地补偿和土地利用率不断提高，加大了对农民的权益保护[30]。但是，由于我国农民工人口基数大，当前有2亿多农民工处于城市的边缘状态，而城镇化又必须注重"以人为本"，所以任重道远。

③城市基础设施逐渐完善，带动农村发展。改革开放后，我国对城镇基础设施加大技术和资金支持，人们的生活环境得到了明显改善，城镇的水、路、电、网等基础设施的建造以及教育、医疗、养老等公共服务质量的提高，使城镇的现代化水平得到了显著提高，城镇功能显著增加，对农村的带动作用随之增强。随着以工促农、以城带乡、工农互惠、城乡一体的新兴工农城乡关系的构建与实施，城市的基础设施和服务向农村延伸，广大农民平等参加现代化进程，共同分享现代化成果。

（4）城镇化的发展趋势

针对城镇化的发展趋势，专家学者们有不同的观点。崔应留和刘爱梅认为，接下来我国将走中型城市化道路，城镇化的发展速度由高速向中高速转变，农民工市民化进程加快，且城乡资源配置水平差异长期存在[31]。蔡秀玲则认为我国将进入城镇化与城市发展双重转型的阶段，城镇将日益向生态化、信息化、节约化以及和谐化方向发展[32]。马庆斌和王萌萌认为城镇化将呈现中西部化、中小城市和小城镇化、城市群化以及就地就近城镇化等新特点[33]。易信认为，"十三五时期"，我国的城镇化重心由劳动力城镇化向消费者城镇化转变，城镇化动力从以产业驱动为主向产业与消费双轮驱动转变，城镇化模式从粗放型向集约型转变，城镇人口向大城市加快集中，城市形态由大城市主导向城市群主导转变[34]。通过总结前人的研究成果，可得出接下来城镇化的发展趋势，主要集中在3个方面。

①由提量向提质转变，居民生活水平提高。前面提到，改革开放以来，我国的城镇化水平发展迅速，但是相应的社会、环境等问题以及相关制度的不健全，导致我国的城镇化水平处于"不健康"的状态，由此，《国家新型城镇化规划（2014—2020年）》强调城镇化必须进入以提升质量为主的转型发展新阶段（表4.3）。未来中国的城镇化建设在强调提高城镇化发展速度的基础上，将更加强调提高城镇化的质量，城市建设的目标从重点服务于经济建设转向提高城市生活水平，城市市政设施和公共设施将更加强调服务于城市居民[32]。

表4.3　新型城镇化主要指标

指标	2012年	2020年
城镇化水平		
常住人口城镇化率（%）	52.6	60左右
户籍人口城镇化率（%）	35.3	45左右
基本公共服务		
农民工随迁子女接受义务教育比例		≥90
城镇失业人员、农民工、新成长劳动力免费接受职业技能培训覆盖率（%）		≥95
城镇常住人口基本养老保险覆盖率（%）	66.9	≥90
城镇常住人口基本医疗保险覆盖率（%）	95	98
城镇常住人口保障性住房覆盖率（%）	12.5	≥23
基础设施		
百万以上人口城市公共交通占机动化出行比例（%）	45	60
城镇公共供水普及率（%）	81.7	90
城市污水处理率（%）	87.3	95

（续）

指标	2012 年	2020 年
城市生活垃圾无害化处理率（%）	84.8	95
城市家庭宽带接入能力（Mbps）	4	≥50
城市社区综合服务设施覆盖率（%）	72.5	100
资源环境		
人均城市建设用地（平方米）		≤100
城镇可再生能源消费比重（%）	8.7	13
城镇绿色建筑占新建筑比重（%）	2	50
城市建成区绿地率（%）	35.7	38.9
地级以上城市空气质量达到国家标准的比例（%）	40.9	60

资料来源：《国家新型城镇化规划（2014—2020 年）》。

②相关制度建立健全，农民工市民化进程加快。2013 年，《国家新型城镇化规划（2014—2020 年）》以农业转移人口为重点，兼顾高校和职业技术院校毕业生、城镇间异地就业人员和城区城郊农业人口，统筹推进户籍制度改革和基本公共服务均等化。2014 年 7 月，国务院印发了《关于进一步推进户籍制度改革的意见》，在全国全面放开建制镇和小城市落户限制，有序放开中等城市落户限制。2016 年 1 月实施《居住证暂行条例》，逐步给予流动人口各项市民待遇，如子女入学、缴纳住房公积金、医疗、社保等[31]。户籍制度改革与城乡统一的户口管理制度的实行为农民工市民化扫除了障碍。同时，新生代农民工的土地情节不断弱化，生活理念和思维习惯不断向市民转变，他们渴望城市能够提供公平的发展机遇，让他们实现从农民工到市民的彻底转变[35]。户籍制度与人口管理制度恰好为他们提供了到城市安家落户的机会，农民工市民化的进程将不断提升。

③中小城市和小城镇将成为城镇化水平的重要推动力。党的十九大提出，以城市群为主体构建大中小城市和小城镇协调发展的城镇格局，加快农业转移人口市民化。张樺成认为，十九大之后，中国的城镇化将呈现大中小城市协调发展、在城镇化中更加保护人民利益、引导社会资本参与社会化建设、绿色美丽城镇化等新特征[36]。中小城市和小城镇将成为"折返式"城镇化的主要载体[33]。伴随着城市之间产业转移、基础设施、技术创新、资源共享以及生态环境等方面合作的进行，大城市资本、技术以及基础设施服务向中小城镇、小城市转移，中小城市和小城镇迎来了更多的发展机遇，与大城市相比，竞争压力更小、消费水平更低的中小城市、小城镇成了吸纳"折返式"农民工的重要场所。在实地调查中可以发现，大多数农民工倾向于以后到老家附近的小城市继续发展。国家全面开放小城镇和小城市落户限制，也使得更多的农民工到小城市和小城镇落户，对推进城镇化有重要影响。

4.2.2　城镇化对农民工市民化的影响

在城镇化水平不断提高的背景下，农民工市民化进程将会怎样发展？城镇化的本质，在一定意义上就是农民市民化，是不断减少农民、增加市民的过程，是农民不断改善自身命运、提高生活质量和改造自我的过程[37]。张秀娥认为，城镇化建设与新生代农民工返乡创业和市民化之间存在相互依赖、相互依存的耦合关系[38]。徐大丰认为城镇化是农民工市民化发展的根本动力[39]。

(1) 城镇化为农民工提供就业，为其市民化提供保障

农村劳动力进入城市之后，将主要从事以工业、制造业和服务业为主的工作，农村劳动力将会从第一产业转移到二、三产业，而二、三产业中，第三产业吸纳农村劳动力的能力最强[40]。城镇化水平的提高可以带动二、三产业的发展，这些产业创造了大量的就业岗位，从而吸引了大量的劳动力就业，由此带动了农民工市民化。

城镇化的发展也是乡镇企业发展的过程，乡镇企业的发展解决了农民工市民化的就业问题，推动了农民工市民化的进程[41]。农民工在老家附近的小城镇的乡镇企业工作，相比在大城市工作会稳定很多，农民工流动性降低，对推进市民化将有直接影响。

城镇化的快速发展是带动潜在内需的引擎，是我国经济协调发展的持久动力，城镇化率每提高 1 个百分点，将带动 GDP 提高 1.5 个百分点；每增加 1 个城市人口，可带动 10 万元建设投资；中国未来的城市化将拉动 20 万亿的投资需求[42]。因此，城镇化水平的提高可以吸引投资，带动产业的发展，为农民工提供就业，推进市民化。

(2) 城镇经济实力决定对农民工的承载力（容量增大）

城镇发展水平的高低直接影响到城市对农民工的承载力。城镇的福利政策、基础设施建设水平都远远高于农村，这说明对于城镇来讲，对市民投资的成本要远远大于对农民投资的成本。农民工成为市民后会享受到与城市居民相同的优惠政策和福利待遇等，这对于城镇来说，意味着要加大对财政、住房、教育、交通以及基础设施服务等的投资，如农民工市民化后，政府要为其支付医疗保险、养老保险的费用，同时农民工要享受城市社会保障体系、住房保障体系以及农民工子女教育等，需要城镇加大人力、物力、财力的投资。只有城镇经济实力雄厚了，才能够承担得起农民工市民化的成本，对农民工市民化进程产生积极影响。

(3) 城镇化带动农业发展，提高农业生产率，农村剩余劳动力增多

党的十七届三中全会指出，我国已经进入"以工促农，以城带乡"的阶段。城镇化的稳定和发展加大了对"三农"发展的支持，有利于支持和促进现代农业发展和农村基础设施改善，提高农村生产率，促进农业剩余劳动力转移[37]。因此，城镇发展水平提高，可以为农村带来农业生产技术和农村基础设施建设，并以此推动农业剩余人口向城市转移。

(4) 城镇化水平提高，其福利吸引农民工市民化

城市经济繁荣，市场成熟，机制完善，有更多的发展空间和机会；此外，城市有健全的公共服务体系和优厚的福利政策，教育资源丰富，社会保障体系健全，人们的生活更为富足和安定，这些优厚的福利都是由经济发展带来的，农民为优越的福利所驱动，市民化愿望十分强烈[37]。当前城市的医疗、教育、生活水平等都高于农村，农民工们，尤其是新生代农民工更希望在城市生活。因此城镇的基础设施建设及福利政策对农民工市民化有一定促进作用。

4.3 乡村振兴战略

4.3.1 乡村振兴战略的提出

2017年10月18日，习近平同志在党的十九大报告中首次提出乡村振兴战略，指出农业农村农民问题是关系国计民生的根本性问题，必须始终把解决好"三农"问题作为全党工作的重中之重，实施乡村振兴战略[43]；2018年2月4日，国务院公布了《中共中央 国务院关于实施乡村振兴战略的意见》（2018年中央1号文件)[44]；同年5月31日，中共中央政治局召开会议，审议《乡村振兴战略规划（2018—2022年)》[45]；9月26日，中共中央、国务院正式印发了《乡村振兴战略规划（2018—2022)》，对乡村振兴战略的第一个5年作出了具体部署和全面指导[46]。

乡村振兴战略的总要求"产业兴旺、生态宜居、乡风文明、治理有效、生活富裕"对统筹推进农村经济建设、政治建设、文化建设、社会建设、生态建设和党的建设作出了全面部署[47]。中央1号文件对乡村振兴战略的实施作出具体的目标规划和任务分解，将乡村振兴战略划分为3步来完成：到2020年，乡村振兴取得重要进展，制度框架和政策体系基本形成；到2035年，乡村振兴取得决定性进展，农业农村现代化基本实现；到2050年，乡村全面振兴，农业强、农村美、农民富全面实现[48]。总体要求与发展目标相结合，实现了对"三农"发展问题从横向到纵向的全面指导。

4.3.2 乡村振兴战略对农民工市民化的影响

（1）农村的吸引力大幅提高

① 农民工外出打工降意愿低。在农村地区，由于农村剩余劳动力不断增加，许多年轻人选择到就业机会更多、收入更高的城市打工，村里只留下老人、妇女和儿童在老家种田以补贴家用。而仅通过这些老人和妇女的劳动很难实现农村发展，由此带来农村经济水平落后，农村落后又引起青壮年进城打工赚钱，从而进入"死循环"。但是伴随着乡村振兴战略的实施，农村就业机会增多，基础设施更加完善，农民的收入也逐渐提高，越来越多的农民外出打工的意愿降低，选择留在农村。

a. 国家政策扶持，农村就业机会增多：乡村振兴战略提出要发展壮大农村产业，培育农业农村新产业、新业态，让农村一、二、三产业在融合发展中同步升级、同步增加、同步收益。发掘农业农村生态涵养、休闲观光、文化体验、健康养老等价值。依托现代农业产业园、农业科技园、农产品加工园、农村产业融合发展示范园等，促进农业内部融合、延伸农业产业链、拓展农业多种功能、发展农业新型业态等多模式融合发展。通过延伸农业产业链，村民们有了更多的就业岗位，凭借乡村人文、丰富的生态资源以及良好的空气质量，乡村兴办文化旅游或者打造健康疗养胜地，从而带动农村产业发展，村民们通过开办农家乐或者售卖旅游纪念品以及特产来实现就业创业。这样，村民在农村就能实现高收入，就不会"被迫"进城。

　　b. 农村基础设施越来越完善，农村生活水平提高：伴随着乡村振兴战略的实施，农村的基础设施越来越完善。平坦的水泥路代替了泥泞的土路，时尚的小别墅替代了破旧的砖瓦房，水网、电网、互联网进入家家户户，健身器材和文化广场丰富了老人们的生活，垃圾统一回收处理净化了空气，家家都有私家车，进城也很方便。因此，农村的生活水平大大提高，跟城市没有太大区别，而且年轻人也没有房贷的压力，农民对成为"市民"没有太大的积极性。

　　c. 农业收入提高，农民积极性提高：当前农作物的种植技术不断提高，农民可以从互联网上获取更多的农业经营管理知识和农作物栽培种植技术，农作物的产量大大提高。通过互联网，农民可以获取更多的市场行情信息，合理确定农作物的种植规模，同时可以进行网上售卖，不怕农产品打不开销路。通过科学管理，农民获得了更高的收入，农民的积极性也提高了，对进城打工自然没有太大的兴趣。

　　② 农民工返乡创业积极性。农民工返乡创业是指农民从农村出县境到城市务工或经商半年以上，由于在外务工、经商过程中开阔了眼界，增长了胆识和才干，积累了较多的资金，或由于在外务工或经商失败，返回原籍农村或回到家乡所在的县城及乡镇创办工商企业，或从事农业规模经营和开发性生产[49]。2015 年以来，农民工返乡创业成为趋势，国务院也将其作为"新动能"纳入"双创"战略进行统筹考虑，由此，"归雁经济"在全国蓬勃升起[50]。2016 年，开始在 341 个县（市、区）开展支持农民工等人员返乡创业的试点工作；到 2018 年，341 个试点返乡创业的人数达到 161.8 万人，带动就业人数达到 580 万人；截至 2017 年，我国返乡创业的人数据初步统计，大体达到了 740 万人[51]。当前，农民工正兴起一波返乡创业潮，且乡村振兴战略的实施使农村的发展前景越来越好，因而越来越多的农民工选择回到家乡，而不是继续在城市发展。

　　2018 年，中央 1 号文件中提出的实施乡村振兴战略的总体要求包括"农村基础设施建设深入推进，农村人居环境明显改善""城乡基本公共服务均等化水平进一步提高""农村对人才吸引力逐步增强"。中共中央、国务院《乡村振兴战略规划（2018—2022 年）》提出要激发农村创新创业活力，"坚持市场化方向，优化农村创新创业环境，放开搞活农村经济，合理引导工商资本下乡，推动乡村大众创业万众创新，培育新动能"。针对返乡创业人员，《乡村振兴战略规划（2018—2022 年）》提到，要加快将现有支持"双创"相关财政政策措施向返乡下乡人员创新创业拓展，把返乡下乡人员开展农业适度规模经营所需贷款按规定纳入全国农业信贷担保体系支持范围。适当放宽返乡创业园用电用水用地标准，吸引更多返乡人员入园创业。2018 年 9 月 14 日，浙江省委、省政府印发《全面实施乡村振兴战略高水平推进农业农村现代化行动计划（2018—2022 年）》，提出要加强完善农村人才培育体系，激发农业农村创新创业活力。

　　a. 在土地制度方面：巩固和完善农村基本经营制度，"落实农村土地承包关系稳定并长久不变政策，衔接落实好第二轮土地承包到期后再延长 30 年的政策"，这不仅给农民吃了"定心丸"，也给返乡创业人员吃了"定心丸"，打消了计划建造厂房的农民工对土地承包的顾虑。探索宅基地所有权、资格权、使用权"三权分置"，将所有权、资格权和使用权放活，"三权分置"的落实能使农村闲置土地流动起来，吸引更多的资本进入农村，为农民工返乡创业提供更优质的生产资料[52]。土地制度的改革，为返乡创业的农民工提供了场地支持。

b. 在人才队伍方面：大力培育新型职业农民、加强农村专业人才队伍建设、发挥科技人才支撑作用、鼓励社会各界投身乡村建设、创新乡村人才培育引进使用机制。汇聚全社会力量，强化乡村振兴人才支撑，为返乡创业的农民工提供了人才技术保障，同时通过引用优质的人才，也大大提高了农民工创业的成功率。农民工在城市工作一段时间后往往积累了丰富的经验，本身有一定企业运营管理基础，拥有较高的工作技能，可以提高创业成功的概率。

c. 在融资渠道方面：创业需要大量的资金支持，而进城务工的农民工往往从事的是简单密集型劳动，工资水平不高，为创业筹备的资金自然也不充分。乡村振兴战略要求健全金融支农组织体系、创新金融支农产品和服务、完善金融支农激励等政策，引导更多的资金投向农村，为返乡创业的农民工提供更多的金融服务，为农民工返乡创业提供资金保障。

d. 在发展机遇方面：农业产业结构转型是促进乡村全面振兴的关键工作模式，乡村振兴战略就是要在推动农村产业升级、促进产业融合的过程中同时注重对生态环境的保护和治理，进而实现生态宜居、乡风文明、治理有效、生活富裕的目标[52]。鼓励发展乡村旅游、特色产业、农商互联，为返乡创业的农民工提供创业项目，开拓创业新领域；开展技能培训，建立服务就业体系，建立农村科技园、农村版"众创空间"，以及配备创业导师等，为创业者搭建了服务平台，提高了创业的成功率，并且能带动当地就业。

城市房价较高，农民工们没有稳定的住所，社会地位低下，且出于恋乡情节，农民工们往往有"落叶归根"的思想。在国家政策大力支持振兴乡村的背景下，乡村有了更多的发展机会，进城务工的农民工在城里打拼几年后，往往积累了丰富的实践经验，具备了较高的工作能力，对企业的运营也有了或多或少的了解，这就加强了他们返乡创业的信心。除去一心想在城市发展的农民工，那些下定决心未来会回老家发展或者在老家和城市之间态度摇摆不定的农民工对成为"城市居民"的积极性会下降，农民工市民化进程的速度也会放缓。

（2）推动有能力的农业转移人口市民化

从以上的内容可以看到，乡村振兴战略对农村提供的一系列支持政策，为农村打造了良好的环境，提高了农村的吸引力，增加了进城务工的农民工返乡的意愿和信心，表面上看会对市民化的进程有一定反向作用。但是，实际上乡村振兴战略与城镇化以及市民化并不矛盾。《乡村振兴战略规划（2018—2022 年）》中强调要完善城乡融合发展体系，加快农业转移人口市民化。实施乡村振兴战略并不等于放弃新型城镇化战略。中共中央、国务院《关于实施乡村振兴战略的意见》将"坚持城乡融合发展"作为基本原则之一。坚决破除体制机制弊端，使市场在资源配置中起决定性作用，更好地发挥政府作用，推动城乡要素自由流动、平等交换，推动新型工业化、信息化、城镇化、农业现代化同步发展，加快形成工农互促、城乡互补、全面融合、共同繁荣的新型工农城乡关系。中国社会科学院社会保障研究室主任陈秋霖表示，乡村振兴在一定城镇化的基础上才能更好地发展。城镇化与乡村振兴都极大地改变了进城农民、返乡农民、留守农民的生产生活条件[53]。

《乡村振兴战略规划（2018—2022 年）》一方面大力支持乡村发展，以工补农、以城带乡，引导城市的资金、技术、信息、人才、管理等资源要素向农业农村流动，推动道路、供水、供电、供气、互联网、污水垃圾处理等城乡基础设施共建共享、互联互通，提升农村发展质量和公共服务水平。另一方面，加快促进农业转移人口市民化，形成以人为核心的新型城镇化，深化户籍制度改革，强化对农民工随迁子女义务教育的保障，完善统一的城乡居民基本医疗保险制度和养老大病保险制度，进城落户农民被完全纳入城镇住房保障体系，实现公共服务常住人口全覆盖，工农互促、城乡互补，形成融合发展的新型工农城乡关系[54]。

由上可以得出结论，乡村振兴战略虽然在一定程度上降低了部分农民工外出打工的意愿，提升了部分农民工返乡创业的积极性，但是总体上来看，并不会对农民工市民化进程产生不利影响，反而更能促使那些有能力在城市居住的农民工早日实现"市民化"，享有跟城市人口同等的权利，享受同等的服务政策。同时，加强农村基础设施建设，带动农村发展，让有返乡意愿的农民工和留守农民在农村也能更好地实现就业创业。

🔍 参考文献

[1] 何传启. 第六次科技革命的预测及中国的应对之策 [J]. 科学与现代化，2017：8.

[2] 赵若玺，徐治立. 新科技革命会引发什么样的产业变革 [J]. 人民论坛，2017（23）：79-81.

[3] 方竹兰，于畅，陈伟. 创新与产业发展：迎接新科技革命的挑战 [J]. 区域经济评论，2018（2）：55-67.

[4] 隋映辉. 创新驱动科技产业转型：问题与教训 [J]. 科技中国，2019（1）：38-40.

[5] 白春礼. 把握新科技革命与产业革命机遇　以创新驱动塑造引领型发展 [J]. 时事报告（党委中心组学习），2017（5）：35-49.

[6] 中国共产党新闻网. 习近平在湖南考察时强调：深化改革开放　推进创新驱动实现全年经济社会发展目标 [EB/OL].（2013-11-06）. http：//cpc. people. com. cn/n/2013/1106/c64094-23444549. html.

[7] 新华网. 习近平向首届世界互联网大会致贺词 [EB/OL].（2014-11-19）. http：//www. xin-huanet. com//newmedia/2014-11/19/c_1113319278. htm.

[8] 人民网-中国共产党新闻网. 回顾十八大以来习近平关于科技创新的精彩话语 [EB/OL].（2016-06-01）. http：//www. ce. cn/xwzx/gnsz/szyw/201606/01/t20160601_12417604. shtml.

[9] 新华社. 习近平主席在联合国日内瓦总部的演讲 [EB/OL].（2017-01-19）. http：//www. xin-huanet. com/2017-01/19/c_1120340081. htm.

[10] 李磊. 习近平新科技革命观论析 [J]. 社会主义研究，2017（2）：15-23.

[11] 路红艳. 科技革命推动现代产业体系建设 [J]. 中国国情国力，2018（1）：29-32.

[12] 黄敬宝. "互联网＋"时代的青年就业与新思维 [J]. 中国青年社会科学，2015，34（5）：43-49.

[13] 车雨霏. "＋互联网"与传统制造业产业升级的深入思考 [J]. 商场现代化，2016（8）：247-248.

[14] 程桔华. 互联网时代催生三大就业趋势 [J]. 中关村，2015（9）：72-73.

[15] 汪海飞. 互联网对中国就业的影响 [J]. 现代商贸工业，2018，39（18）：77-79.

[16] 王梅. 德国工业4.0：机器与人抢饭碗 [N]. 中国航天报，2015-06-03（A4）.

[17] 吕春雨，聂晨. 浅析人工智能对就业的挑战和社会政策应对的国际经验 [J]. 今日科苑，2018（12）：29-38.

[18] 肖文海. 新技术革命对就业的影响与我国就业政策的选择 [J]. 经济社会体制比较，2006（4）：71 - 76.

[19] 张车伟，王博雅，高文书. 创新经济对就业的冲击与应对研究 [J]. 中国人口科学，2017（5）：2 - 11＋126.

[20] 陈明珠. 以"互联网＋"助推农业转移人口市民化 [J]. 求知，2015，（10）：19 - 21.

[21] 程姝. 城镇化进程中农民工市民化问题研究 [D]. 哈尔滨：东北农业大学，2013.

[22] 张占斌. 我国新发展阶段的城镇化建设 [J]. 经济研究参考，2013（1）：3 - 13.

[23] 梁蕴兮. 中国城镇化发展历程、问题及趋势分析 [J]. 经济视角（上），2013（10）：76 - 79.

[24] 张元庆. 城镇化、农民工内生性市民化与制度激励 [J]. 财经科学，2016（1）：121 - 132.

[25] 丁守海. 概念辨析：城市化、城镇化与新型城镇化 [EB/OL]. （2016 - 08 - 24）. http：//ghs. ndrc. gov. cn/zttp/xxczhjs/ghzc/201608/t20160824＿815572. html.

[26] 杜成. 我国城镇化发展历程、存在的问题与改革趋势 [J]. 经济视角（上旬刊），2015（6）：4 - 5.

[27] 刘勇. 中国城镇化发展的历程、问题和趋势 [J]. 经济与管理研究，2011（3）：20 - 26.

[28] 苏小，金彦平. 中国城镇化发展历程及变革研究 [J]. 农村经济，2013（10）：99 - 102.

[29] 马庆斌，丁运来，王蒙蒙. 中国新型城镇化的现状与未来政策取向 [J]. 中国市场，2014（42）：10 - 12＋14.

[30] 周伟峰，曹均学. 我国新型城镇化发展现状及政策分析 [J]. 渭南师范学院学报，2015，30（1）：48 - 51.

[31] 崔应留，刘爱梅. 我国城镇化发展的现状特征、问题及发展趋势 [J]. 传承，2016（11）：113 - 115.

[32] 蔡秀玲. 中国城镇化历程、成就与发展趋势 [J]. 经济研究参考，2011（63）：28 - 37.

[33] 马庆斌，王萌萌. 推进新型城镇化的路径与政策建议 [J]. 全球化，2015（2）：55 - 65＋132.

[34] 易信. "十三五"时期我国城镇化发展趋势、难点及建议 [J]. 全球化，2017（11）：73 - 85＋135.

[35] 张卫，糜志雄. 我国新型城镇化的发展趋势、挑战及对策 [J]. 宏观经济管理，2018（8）：47 - 53.

[36] 张桦成. 十九大后中国城镇化发展新动向 [EB/OL]. （2017 - 12 - 09）. http：//www. financial-news. com. cn/pl/cj/201712/t20171209＿129314. html.

[37] 王超. 农民工市民化影响因素研究 [D]. 合肥：安徽大学，2015.

[38] 张秀娥. 城镇化建设与农民工市民化的关系 [J]. 社会科学家，2013（12）：78 - 82.

[39] 徐大丰. 农民工市民化与城镇化发展的关系及对策研究 [J]. 安徽农业科学，2012，40（28）：14054 - 14056.

[40] 殷建. 实施新型城镇化对农村劳动力转移就业影响分析 [J]. 市场研究，2016（3）：26 - 29.

[41] 葛信勇. 农民工市民化影响因素研究 [D]. 重庆：西南大学，2011.

[42] 朱德义. 关于鞍山城市化进程的思考 [J]. 辽宁经济统计，2013（1）：88 - 10.

[43] 新华网. 习近平强调，贯彻新发展理念，建设现代化经济体系 [EB/OL]. （2017 - 10 - 18）. http：//www. xinhuanet. com//politics/2017 - 10/18/c＿1121820551. htm.

[44] 中华人民共和国中央人民政府. 中共中央 国务院关于实施乡村振兴战略的意见 [EB/OL]. （2018 - 02 - 04）. http：//www. gov. cn/zhengce/2018 - 02/04/content＿5263807. htm.

[45] 中华人民共和国中央人民政府. 中共中央 国务院印发《乡村振兴战略规划（2018—2022 年）》[EB/OL]. （2018 - 05 - 31）. http：//www. gov. cn/gongbao/content/2018/content＿5331958. htm.

[46] 张瑞娟，惠超. 全面解读《乡村振兴战略规划（2018—2022 年）》[J]. 农村金融研究，2018

(10)：9-11.

[47] 施维，刘振远．实施乡村振兴战略的顶层设计——中央农办主任、中央财办副主任韩俊解读 2018 年中央一号文件 [J]．中国农业文摘—农业工程，2018，30 (5)：3-5.

[48] 陈锡文．从农村改革四十年看乡村振兴战略的提出 [J]．行政管理改革，2018 (4)：4-10.

[49] 石智雷，谭宇，吴海涛．返乡农民工创业行为与创业意愿分析 [J]．中国农村观察，2010 (5)：25-37+47.

[50] 牛永辉．乡村振兴视阈下农民工返乡创业的动因、困境及对策探究 [J]．内蒙古农业大学学报 (社会科学版)，2018，20 (1)：28-32.

[51] 人民网．我国返乡创业人数初步统计达到 740 万人 [EB/OL]．(2018-07-25)．http://www.xinhuanet.com/fortune/2018-07-25/c_1123176883.htm.

[52] 赵梓一，许传新．乡村振兴背景下农民工返乡创业的机遇与实现路径 [J]．湖北职业技术学院学报，2018，21 (3)：90-93+97.

[53] 冯奎．如何提高城乡高质量融合发展 [EB/OL]．(2018-10-09)．http://ex.cssn.cn/zk/zk_rdgz/201810/t20181009_4666290.shtml.

[54] 胡和平．实施乡村振兴战略　加快追赶超越步伐 [EB/OL]．(2018-03-23)．http://ex.cssn.cn/dzyx/dzyx_llsj/201803/t20180323_3885843.shtml.

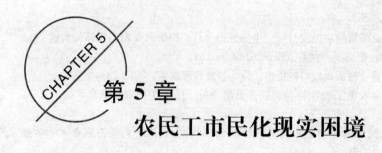

第 5 章
农民工市民化现实困境

农民工作为中国经济社会转型时期出现并形成的一个规模庞大的社会特殊群体，为我国改革开放作出了巨大贡献。截至 2016 年，从改革开放算起，农民工群体也已存在近 40 年。从学者的研究角度看，国内对农民工的研究始于 20 世纪 80 年代[1]，也已持续 30 余年。尽管当前农民工市民化已经成为共识，但现有的各种研究依然表明农民工市民化并不乐观[2]。通过前面对农民工市民化现状、特征的全面分析，可以看出，尽管近年来农民工在各方面的条件和情况都有所改善，且农民工群体具备一定的市民化意愿、需求和能力，但是在现实中，农民工市民化的进程依然艰难而缓慢，只有极少数条件较好、能力较强的农民工能够转化为城市市民；大部分农民工仍徘徊在城市与农村的边缘，处于"半市民化"的尴尬状态[3]，不仅缺乏制度接纳，而且缺少城市社会认同，他们在城市的"边缘性领域及空间里面沉淀为外来边缘人口"，这种边缘性甚至出现了代际传递[2]，以至于他们在短时期内还无法实现市民化，市民化对他们来说，意味着还有一段很长的路要走。农民工在市民化过程中步履维艰，是其面临的一系列的困境共同导致的结果。

5.1 关于农民工市民化困境的文献研究

农民工市民化的困境是农民工市民化问题研究的关键[1]。钱正武[4]从制度因素、社会资本和自身素质 3 个维度分析了农民工市民化进程中面临的主要障碍，并从社会排斥角度，包括制度、经济、政治、文化和社会关系 5 个层面来探究农民工市民化进程缓慢的根本原因。王竹林[5]在分析农民工市民化的现实困境时，除了制度因素和资本因素（人力资本和社会资本）外，还增加了城市化发展这一维度，指出由于城市化发展水平较低，使农民工市民化陷入城市化拉力不足的困境；稳定预期的制度化条件供给不足，使农民工市民化陷入退出难、进入缓慢、融合难的困境；人力资本短缺所导致的能力不足，使农民工市民化陷入"综合能力贫乏"的困境。杨英强[6]从市场性因素、个体性因素和制度性因素 3 个维度着手，在对农民工市民化困境成因分析的基础上，构建了包含经济障碍、认识障碍、组织障碍、素质障碍、文化心理障碍和制度障碍 6 个方面的农民工市民化的社会障碍体系，归纳整理后分为制度困境、人力资本困境和社会资本困境 3 个模块。林娣[7]也是从制度、人力资本和社会资本 3 个角度分析新生代农民工市民化的困境。而丁凯[2]在研究农民工市民化障碍与困难的综述中总结了制度壁垒论、城市代价论、素质欠缺论、生活方式论、土地限制论、成本高企论和洼地效应论 7 种主要观点，划分更为仔细和丰富。杨莉芸[1]则根据文献研究，认为农民工市民化的主要障碍是现存的一些制度、农民工与城市居民之间的互动、农民工市民化的成本（社会资本和个人资本）、政府的作为和农民工自身的思想文化素质等。张玉鹏[8]认为，由于制度缺陷和新生代农民工自身资金困难、素质障碍、资本存量缺失，使新生代农民工市民化陷入权利、物质、人力和社会资本等多重资本贫乏的困境。张洁[9]则从文化歧视、经济困境及政府政策错位等方面揭示城镇化视角下农民工身份市民化进程所遭遇的现实困境。李强[10]通过对城市农民工在迈向非农职业过程中普遍停留在非正规就业状态这一现象的分析，指出了劳动保护和社会保障不完善、人力资本积累受阻、社会资本建构空间不足等阻碍市民化有序推进的现实问题。黄静等[11]基于成渝地区的现实分析认为，目前成渝地区新生代农民工市民化面临着三大体制困境：牢固的户籍制度、难以均衡的基本公共服务制度以及具有排斥性的社区管理制度。杜宝旭[3]认为，农民工在市民化过程中遇到的困难是其面临的一系列非制度和制度化障碍共同导致的结果。所谓的非制度化障碍即农民工自身的人力资本和社会资本。

由此可见，农民工市民化是一个受综合因素影响的过程，要从多个角度全面考虑其面临的困境。综合以上分析可知，当前对农民工市民化困境的研究主要围绕制度困境、人力资本困境和社会资本困境 3 个维度展开，此外还有研究从城市化发展水平、经济成本角度、文化歧视、政府行为、农民工与城市居民的行为互动等方面展开，然而目前对农民工市民化困境研究的剖析仍有待进一步深入，也有待证实。基于此，本章拟以农民工为研究对象，根据问卷调查所得数据和实地访谈资料，将制度困境、人力资本困境、社会资本困境纳入统一分析框架进行实证研究，探讨各维度对农民工市民化困境的影响。

5.2　关于农民工市民化困境的调查发现

5.2.1　研究对象

2016 年暑假，课题组共调研了浙江省 5 个比较典型的制造业产业集聚区的 14 家企业，涉及杭州临安、绍兴诸暨、金华义乌、台州椒江和嘉兴秀洲的电线电缆、节能灯光源、纺织袜业、弹簧机械、毛巾、吸管、缝纫机等劳动密集型制造业企业。课题组深度访谈了这 14 家企业的人力资源总监或人力资源部经理、优秀农民工代表，在访谈的基础上设计问卷并进行预调研，然后于暑期对 14 家企业进行农民工问卷调查，根据企业规模，每家企业分批次选择 20～40 名不同类型的农民工代表，共发放问卷 393 份，回收有效问卷 381 份，有效回收率 96.9%；深度访谈农民工代表 46 人。

5.2.2　样本情况

样本基本情况如表 5.1 所示。被调研的农民工中，男性和已婚人士居多，分别占54.9% 和 71.7%；年龄在 16～25 岁和 26～30 岁的居多，分别占 23.6% 和 27.6%；受教育程度大多数是初中，占 48.3%；浙江地区农民工收入相较全国平均水平略高，月收入在 2 500～3 500 元较多，占 41.2%，其次是 3 500～5 000 元，占 40.7%；工作年限普遍较长，其中以 7～10 年的最多，占 32.3%，11 年以上的也占到了 31%。样本中农民工的工作涉及操作工、技术员、仓库管理员、质检员、机修工、叉车工、巡检员、统计员、班组长、办公室文员、车间主任等。

表 5.1 样本情况

项目		比例（%）	项目		比例（%）
性别	男	54.9	婚姻状况	已婚	71.7
	女	45.1		未婚	27.5
				离异	0.8
年龄	16～25 岁	23.6	月收入	1 500 元以下	1.0
	26～30 岁	27.6		1500～2 500 元	3.7
	31～36 岁	21.8		2 500～3 500 元	41.2
	37～45 岁	19.4		3 500～5 000 元	40.7
	46 岁以上	7.6		5 000 元以上	13.4
教育程度	小学及以下	3.0	工龄	1 年及以下	6.6
	初中	48.3		1～3 年	11.5
	高中	18.1		4～6 年	18.6
	中专或技校	9.2		7～10 年	32.3
	大专	12.4		11～19 年	23.4
	本科及以上	6.0		20 年以上	7.6

资料来源：调查问卷整理。

5.2.3 农民工市民化的困境状况分析

从农民工进城后遇到的困难分布状况来看（表 5.2），选择没有住房的有 153 人次，占计算样本的 41.6%，占应答的 20.8%；选择子女上学及升学困难的有 123 人次，占计算样本的 33.4%，占应答的 16.7%；选择工作比较危险的有 18 人次，占计算样本的 4.9%，占应答的 2.4%；选择经常性找不到工作或工作不稳定的有 63 人次，占计算样本的 17.1%，占应答的 8.6%；选择劳动权益得不到保障的有 56 人次，占计算样本的 15.2%，占应答的 7.6%；选择拖欠工资的有 18 人次，占计算样本的 4.9%，占应答的 2.5%；选择受到城里人歧视的有 18 人次，占计算样本的 4.9%，占应答的 2.5%；选择收费太多的有 56 人次，占计算样本的 15.2%，占应答的 7.6%；选择远离亲人，思念家乡的有 230 人次，占计算样本的 62.5%，占应答的 31.3%。数据显示，"远离亲人，思念家乡"是选择比例最高的，其次是没有住房和子女上学及升学困难。在实地调查访谈过程中，可以了解到在外务工人员普遍存在思念亲人和家乡的情绪，涉及的市民化困境在住房和子女教育上表现得尤为明显，这与农民工市民化诉求相当吻合。

表 5.2　农民工进城后遇到的主要困难分布状况

指标	频数	应答个案数百分比（%）	应答次数百分比（%）
没有住房	153	41.6	20.8
子女上学及升学困难	123	33.4	16.7
工作比较危险	18	4.9	2.4
经常性找不到工作或工作不稳定	63	17.1	8.6
劳动权益得不到保障	56	15.2	7.6
拖欠工资	18	4.9	2.5
受到城里人歧视	18	4.9	2.5
收费太多	56	15.2	7.6
远离亲人，思念家乡	230	62.5	31.3
合计	735	199.7	100.0

资料来源：调查问卷整理。

对于"在现在打工的城市安家的主要困难"这一回答的样本分布如表 5.3 所示，选择户口没法解决的有 134 人次，占计算样本的 37.2%，占应答的 22.6%；选择小孩上学问题没法解决的有 165 人次，占计算样本的 45.8%，占应答的 27.8%；选择没办法融入当地生活的有 59 人次，占计算样本的 16.4%，占应答的 9.9%；选择经济收入太低，根本不能保证全家人的生活开支的有 208 人次，占计算样本的 57.8%，占应答的 35.1%；选择对在本地生活没有信心的有 27 人次，占计算样本的 7.5%，占应答的 4.6%。

表 5.3　农民工在现在打工的城市安家的主要困难分布状况

指标	频数	应答个案数百分比（%）	应答次数百分比（%）
户口没法解决	134	37.2	22.6
小孩上学问题没法解决	165	45.8	27.8
没办法融入当地的生活	59	16.4	9.9
经济收入太低，根本不能保证全家人的生活开支	208	57.8	35.1
对在本地生活没有信心	27	7.5	4.6
合计	593	164.7	100.0

资料来源：调查问卷整理。

数据显示，农民工市民化面临的最主要困境是经济收入问题，其次是子女教育问题和户籍制度问题，这基本验证了文献分析中显示的阻碍农民工市民化的人力资本困境、社会资本困境和制度困境 3 个主要维度。在实地调查访谈过程中，农民工谈及市民化困境的话题时，也多是围绕子女教育、经济收入和户籍制度。

（1）个体因素与市民化困境的关联

①性别因素。从表 5.4 可以看出，此次调查的被访农民工中，在不同性别群体的市民化困境分析方面，男性和女性对困境的排序都是经济收入、子女教育、户籍问题、社会融

入和信心问题，以经济收入和子女教育为主，占比超过60%。总体而言，在市民化困境上，农民工的男性和女性群体的选择差异不大。

表5.4 性别不同的农民工市民化困境构成

性别	户籍困境 (%)	子女教育困境 (%)	社会融入困境 (%)	经济收入困境 (%)	信心困境 (%)	合计	
						比例（%）	频数
男性	21.3	27.8	10.9	35.5	4.5	100.0	338
女性	24.3	27.8	8.6	34.5	4.8	100.0	255
合计	22.6	27.8	9.9	35.1	4.6	100.0	593

资料来源：调查问卷整理。

②婚姻因素。从表5.5可以看出，此次调查的被访农民工中，已婚的农民工比例最高，离异的较少。整体来看，婚姻状况不同的农民工都认为经济收入是农民工市民化的最大障碍，但已婚群体排在第二的多是子女教育，而未婚群体则相对更多地选择了户籍问题，然后才是子女教育困境。可见，从婚姻状况的分类视角看，依然是以经济收入和子女教育为主，合计占比超过60%，户籍困境也不低，超过了22%。

表5.5 婚姻状况不同的农民工市民化困境构成

婚姻状况	户籍困境 (%)	子女教育困境 (%)	社会融入困境 (%)	经济收入困境 (%)	信心困境 (%)	合计	
						比例（%）	频数
未婚	22.7	21.6	13.6	37.5	4.6	100.0	176
已婚	22.8	30.5	8.2	33.9	4.6	100.0	413
离异	/	25.0	25.0	50.0	/	100.0	4
合计	22.6	27.8	9.9	35.1	4.6	100.0	593

资料来源：调查问卷整理。

③年龄因素。从表5.6可以看出，此次调查的被访农民工中，年龄分布相对比较均衡，以26～30岁的比例最多，其次是16～25岁和31～36岁的。不同年龄段的农民工面临的市民化困境大体相同，普遍是经济收入、子女教育和户籍问题3大方面。

表5.6 不同年龄段的农民工市民化困境构成

年龄段	户籍困境 (%)	子女教育困境 (%)	社会融入困境 (%)	经济收入困境 (%)	信心困境 (%)	合计	
						比例（%）	频数
16～25岁	23.5	22.8	14.1	34.9	4.7	100.0	149
26～30岁	27.0	28.2	8.0	33.9	2.9	100.0	174
31～36岁	16.8	35.2	8.0	32.8	7.2	100.0	125
37～45岁	22.1	26.0	9.6	40.4	1.9	100.0	104
46岁以上	19.5	26.8	9.8	34.1	9.8	100.0	41
合计	22.6	27.8	9.9	35.1	4.6	100.0	593

资料来源：调查问卷整理。

但具体来看还是存在一定差异，16～25岁年龄段的农民工社会融入困境占比为14.1％，明显高于其他年龄段；31～36岁年龄段的农民工子女教育困境占比为35.2％，超过了经济收入，在这个年龄段中占比最高；46岁以上年龄段的农民工信心困境占比为9.8％，高于其他年龄段。这在一定程度上反映了不同年龄段农民工在市民化意愿上的不同诉求。

④籍贯因素。此次调查的被访农民工涉及19个省份，由于是随机抽样调查，并且调查中也没有特意考虑籍贯的因素，因此，被调查的农民工中不同籍贯的人数并不均衡。从表5.7可以看出，此次调查的被访农民工中以来自河南、安徽、湖北和浙江的为主。籍贯不同的农民工面临的市民化障碍普遍以经济收入、子女教育和户籍困境为主，人数最多的河南、安徽、湖北和浙江也是如此排序，且都将经济收入排在首位；江西和甘肃的农民工则将子女教育排在首位，其次才是经济收入和户籍困境。

表5.7　不同籍贯的农民工市民化困境构成

籍贯	户籍困境（％）	子女教育困境（％）	社会融入困境（％）	经济收入困境（％）	信心困境（％）	合计	
						比例（％）	频数
安徽	25.4	31.0	8.0	35.6	/	100.0	87
重庆	14.8	29.6	18.5	29.6	7.5	100.0	27
福建	/	/	/	100.0	/	100.0	1
甘肃	12.5	37.5	25.0	25.0	/	100.0	8
广西	14.3	28.6	0.0	50.0	7.1	100.0	14
贵州	21.6	24.3	16.2	29.7	8.2	100.0	37
河北	33.3	/	/	66.7	/	100.0	3
黑龙江	/	50.0	/	50.0	/	100.0	2
河南	30.4	28.6	5.4	32.1	3.5	100.0	112
湖北	19.8	29.6	7.4	35.8	7.4	100.0	81
湖南	18.2	18.2	13.6	36.4	13.6	100.0	22
江苏	33.3	33.3	0.0	22.2	11.2	100.0	9
江西	25.0	31.8	11.4	29.5	2.3	100.0	44
吉林	/	/	/	100.0	/	100.0	2
山东	33.3	33.3	/	33.4	/	100.0	3
山西	25.9	18.5	11.2	44.4	/	100.0	27
四川	25.9	25.9	14.9	33.3	/	100.0	27
云南	15.3	23.1	23.1	38.5	/	100.0	13
浙江	14.9	27.0	12.2	37.8	8.1	100.0	74
合计	22.6	27.8	9.9	35.1	4.6	100.0	593

资料来源：调查问卷整理。

（2）人力资本因素与市民化困境的关联

①教育因素。从表5.8可以看出，此次调查的被访农民工中，受教育程度为初中的农民工比例最大，其次是高中和大专，小学及以下的比例最小，比本科及以上的比例还略低些。整体上来看，受教育程度不同的农民工面临的市民化障碍仍然以经济收入、子女教育和户籍问题为主。但具体来看，经济收入困境的比重随受教育程度的增加而降低，户籍问题也存在类似的趋势；而子女教育困境则相反，几乎与受教育程度呈正相关，"本科及以上"群体的子女教育困境比重下降，可能跟该部分调查群体普遍年龄较小，尚未有子女或子女未到就学年龄，子女教育问题不迫切有关。

表5.8　受教育程度不同的农民工市民化困境构成

受教育程度	户籍困境（%）	子女教育困境（%）	社会融入困境（%）	经济收入困境（%）	信心困境（%）	合计	
						比例（%）	频数
小学及以下	23.5	20.6	11.8	38.2	5.9	100.0	34
初中	23.0	24.5	11.3	38.0	3.2	100.0	274
高中	24.8	30.8	6.0	34.2	4.2	100.0	117
中专或技校	17.9	32.1	8.9	32.2	8.9	100.0	56
大专	18.3	39.4	8.5	29.6	4.2	100.0	71
本科及以上	26.8	22.0	14.6	29.3	7.3	100.0	41
合计	22.6	27.8	9.9	35.1	4.6	100.0	593

资料来源：调查问卷整理。

②培训因素。从表5.9可以看出，此次调查的被访农民工中，大部分都接受过培训，其中以受培训1～3次的农民工比重最大。接受培训次数不同的农民工面临的市民化困境也以经济收入、子女教育和户籍困境为主，其中对接受培训7～9次和10次以上的群体而言，子女教育困境最大，分别占到了40%和32.7%；其他群体更受困于经济收入。

表5.9　年均受培训次数不同的农民工市民化困境构成

年均受培训次数	户籍困境（%）	子女教育困境（%）	社会融入困境（%）	经济收入困境（%）	信心困境（%）	合计	
						比例（%）	频数
几乎没有	26.6	21.9	12.5	35.9	3.1	100.0	64
1～3次	22.3	24.9	9.2	38.5	5.1	100.0	273
4～6次	19.5	30.1	14.2	32.7	3.5	100.0	113
7～9次	20.0	40.0	3.3	33.4	3.3	100.0	30
10次以上	24.8	32.7	8.0	29.2	5.3	100.0	113
合计	22.6	27.8	9.9	35.1	4.6	100.0	593

资料来源：调查问卷整理。

③务工年限因素。从表5.10可以看出，此次调查的被访农民工中，务工年限在7～10年的农民工比例最大，其次是11～19年和4～6年的，20年以上的农民工比例最小。

务工年限不同的农民工群体面临的市民化困境都主要在于经济收入。务工年限在 20 年以上的农民工，除了经济收入困境这个主要障碍外，对信心困境的反映也比其他群体强烈，占 8.1%，几乎是其他群体的 2 倍，这与老一代农民工的自身特性息息相关；务工年限在 1 年及以下的农民工经济收入困境占比最高，社会融入困境也强烈，子女教育困境较弱，务工年限在 1~3 年的农民工则经济收入困境和子女教育困境并重，且社会融入困境是所有群体中反映最强烈的，这可能与新一代农民工的特性不无关系。

表 5.10　务工年限不同的农民工市民化困境构成

务工年龄	户籍困境（%）	子女教育困境（%）	社会融入困境（%）	经济收入困境（%）	信心困境（%）	合计	
						比例（%）	频数
1 年及以下	27.3	15.9	11.4	40.9	4.5	100.0	44
1~3 年	23.5	29.4	13.2	29.5	4.4	100.0	68
4~6 年	26.6	27.3	9.4	32.0	4.7	100.0	128
7~10 年	20.8	27.7	8.5	39.0	4.0	100.0	177
11~19 年	19.4	31.7	10.8	33.8	4.3	100.0	139
20 年以上	21.6	27.0	8.1	35.2	8.1	100.0	37
合计	22.6	27.8	9.9	35.1	4.6	100.0	593

资料来源：调查问卷整理。

（3）职业发展因素与市民化困境的关联

①薪酬因素。从表 5.11 可以看出，此次调查的被访农民工中，月平均工资收入在 2 500~3 500 元的农民工比例最大，其次是 3 500~5 000 元，极个别农民工处于 1 500 元以下。工资水平不同的农民工面临的市民化困境的构成也不太一致，抛开 1 500 元以下的个别样本，可以看到，农民工群体中经济收入困境和子女教育困境都与农民工工资水平呈正相关，且在子女教育方面表现得尤为明显。在子女教育困境上，1 500~2 500 元到 2 500~3 500 元的增幅和 2 500~3 500 元到 3 500~5 000 元的增幅趋近，而 3 500~5 000 元到 5 000 元以上的增幅则非常明显，由 28.7% 增加至 40.0%，是之前增幅的 2 倍还多。

表 5.11　工资水平不同的农民工市民化困境构成

工资水平	户籍困境（%）	子女教育困境（%）	社会融入困境（%）	经济收入困境（%）	信心困境（%）	合计	
						比例（%）	频数
1 500 元以下	28.6	28.6	14.2	28.6	/	100.0	7
1 500~2 500 元	28.6	17.9	17.9	32.1	3.5	100.0	28
2 500~3 500 元	21.5	24.4	10.6	37.4	6.1	100.0	246
3 500~5 000 元	24.9	28.7	9.3	33.3	3.8	100.0	237
5 000 元以上	16.0	40.0	6.7	34.7	2.6	100.0	75
合计	22.6	27.8	9.9	35.1	4.6	100.0	593

资料来源：调查问卷整理。

②岗位调整因素。从表5.12可以看出，此次调查的被访农民工中，没有被调整过岗位的农民工比例最大，其次是被调整过2次和1次的，被调整过5次及以上的比例最小。岗位被调整4次的农民工，市民化困境构成中的子女教育困境表现得最强烈，达到了45%；岗位被调整过1次的农民工，市民化困境构成中的社会融入困境表现得最强烈，达到了16.8%。但整体来看，岗位调整次数不同的农民工，市民化困境的构成仍以经济收入、子女教育和户籍困境为主。

表 5.12　岗位调整次数不同的农民工市民化困境构成

岗位调整次数	户籍困境 (%)	子女教育困境 (%)	社会融入困境 (%)	经济收入困境 (%)	信心困境 (%)	合计	
						比例（%）	频数
从无	23.6	25.2	11.6	35.6	4.0	100.0	250
1次	18.5	21.0	16.8	36.1	7.6	100.0	119
2次	26.4	32.5	3.9	34.9	2.3	100.0	129
3次	22.2	33.3	4.8	33.3	6.4	100.0	63
4次	20.0	45.0	10.0	25.0	0.0	100.0	20
5次及以上	8.3	41.7	0.0	41.7	8.3	100.0	12
合计	22.6	27.8	9.9	35.1	4.6	100.0	593

资料来源：调查问卷整理。

③职务及其晋升因素。从表5.13可以看出，此次调查的被访农民工中，以担任普工的农民工比例最大，任车间主任或部门经理的比例最小，没有调查到担任企业高管的农民工。职务不同的农民工的市民化困境构成仍以经济收入、子女教育和户籍困境为主，但具体来看有一定差异。占调查大多数的普工群体的市民化困境构成以经济收入困境为主，而除普工外的班组长、技术员或管理人员和车间主任或部门经理这3类农民工的市民化困境构成皆以子女困境为最，甚至几乎均高出经济收入困境4%以上。

表 5.13　职务不同的农民工市民化困境构成

职务	户籍困境 (%)	子女教育困境 (%)	社会融入困境 (%)	经济收入困境 (%)	信心困境 (%)	合计	
						比例（%）	频数
普工	22.6	23.6	11.4	38.0	4.4	100.0	368
班组长	27.6	32.9	6.7	28.9	3.9	100.0	76
技术员或管理人员	22.1	34.7	8.4	29.5	5.3	100.0	95
车间主任或部门经理	16.7	37.0	7.4	33.3	5.6	100.0	54
合计	22.6	27.8	9.9	35.1	4.6	100.0	593

资料来源：调查问卷整理。

从表5.14可以看出，此次调查的被访农民工中，没有被提拔过职务的农民工占比最大，其次是被提拔过 1 次的，被提拔过 5 次及以上的最少。职务被提拔次数不同的农民工的市民化困境的构成仍以经济收入和子女教育为主，但被提拔过职务的农民工相比没有被提拔过的而言，在市民化困境构成上会更侧重于子女教育。

表 5.14　职务被提拔次数不同的农民工市民化困境构成

职务提拔次数	户籍困境 (%)	子女教育困境 (%)	社会融入困境 (%)	经济收入困境 (%)	信心困境 (%)	合计	
						比例（%）	频数
从无	22.0	21.4	13.5	37.5	5.6	100.0	304
1 次	19.5	31.9	10.6	31.9	6.1	100.0	113
2 次	30.7	35.2	2.3	30.7	1.1	100.0	88
3 次	23.0	32.8	4.9	37.7	1.6	100.0	61
4 次	14.3	42.9	7.1	28.6	7.1	100.0	14
5 次及以上	15.4	53.8	0.0	30.8	0.0	100.0	13
合计	22.6	27.8	9.9	35.1	4.6	100.0	593

资料来源：调查问卷整理。

（4）制度因素与市民化困境的关联

①户籍因素。从表 5.15 可以看出，此次调查的被访农民工中，认为户籍制度对市民化有一定影响，但并不起决定作用的比例最大。整体而言，无论是认为户籍制度没有影响，还是认为户籍制度有影响的，农民工市民化的困境构成还是经济收入、子女教育和户籍制度，其中以经济收入和子女教育为最。

表 5.15　户籍制度认识不同的农民工市民化困境构成

户籍制度认识	户籍困境 (%)	子女教育困境 (%)	社会融入困境 (%)	经济收入困境 (%)	信心困境 (%)	合计	
						比例（%）	频数
没有影响	18.8	26.6	8.6	39.8	6.2	100.0	128
有一定影响，但并不起决定作用	22.8	26.9	11.0	35.0	4.3	100.0	346
有影响，并且起决定作用	26.1	31.9	8.4	30.3	3.3	100.0	119
合计	22.6	27.8	9.9	35.1	4.6	100.0	593

资料来源：调查问卷整理。

②社保因素。从表 5.16 可以看出，此次调查的被访农民工中，有社保的农民工所占比例更大。有社保的农民工的市民化困境构成中，经济收入占 35.1%，子女教育占 28.4%，户籍困境占 21.7%，三者之和超过了 85%；没有社保的农民工的市民化困境构成中经济收入占 34.8%，子女教育占 25.8%，户籍困境占 25.8%，三者之和也超过了 85%。相比较而言，有社保的农民工对子女教育和社会融入的需求更强烈。

表 5.16　有无社保的农民工市民化困境构成

社保	户籍困境 (%)	子女教育困境 (%)	社会融入困境 (%)	经济收入困境 (%)	信心困境 (%)	合计	
						比例（%）	频数
有	21.7	28.4	10.2	35.1	4.6	100.0	461
无	25.8	25.8	9.1	34.8	4.5	100.0	132
合计	22.6	27.8	9.9	35.1	4.6	100.0	593

资料来源：调查问卷整理。

从表 5.17 可以看出，此次调查的被访农民工中，没有公积金的农民工所占比例更大。没有公积金的农民工的市民化困境构成中，经济收入占 35.2%，子女教育占 27.5%，户籍困境占 23.4%，三者之和超过了 85%；有公积金的农民工的市民化困境构成中经济收入占 34.9%，子女教育占 28.2%，户籍困境占 21.6%，三者之和也超过了 85%；相比较而言，有公积金的农民工对子女教育和社会融入的需求更强烈。

表 5.17　有无住房公积金的农民工市民化困境构成

住房公积金	户籍困境 (%)	子女教育困境 (%)	社会融入困境 (%)	经济收入困境 (%)	信心困境 (%)	合计	
						比例（%）	频数
有	21.6	28.2	10.2	34.9	5.1	100.0	255
无	23.4	27.5	9.8	35.2	4.1	100.0	338
合计	22.6	27.8	9.9	35.1	4.6	100.0	593

资料来源：调查问卷整理。

表 5.16 和表 5.17 相比较来看，有无社保和有无公积金的农民工的市民化困境构成比例十分相近。从调查中了解到，有住房公积金的农民工肯定有社保，但有社保的农民工不一定有住房公积金，所以两者人员较为重叠，数值较为一致。

③住房因素。从表 5.18 可以看出，此次调查的被访农民工中，自己租房的农民工所占比例最大，其次是住单位宿舍的，在调查中了解到，很多制造业企业为了留住员工，一般都会提供免费的单位宿舍。住房不同的农民工的市民化困境构成依然以经济收入和子女教育为主。其中，自己买房子的农民工尽管经济收入困境最大，但其对于社会融入的情感更加强烈，占 18.2%，超过了户籍困境，这个占比是数据分析中最高的。

表 5.18　不同住房的农民工市民化困境构成

住房	户籍困境 (%)	子女教育困境 (%)	社会融入困境 (%)	经济收入困境 (%)	信心困境 (%)	合计	
						比例（%）	频数
单位宿舍	24.2	30.2	9.1	31.6	4.9	100.0	265
出租房	22.9	26.1	9.5	37.6	3.9	100.0	284
政府廉租房	/	/	/	/	/	/	/
自己买房子	11.4	25.0	18.2	38.6	6.8	100.0	44
合计	22.6	27.8	9.9	35.1	4.6	100.0	593

资料来源：调查问卷整理。

④子女教育因素。从表 5.19 可以看出，此次调查的被访农民工中，在子女教育情况中选择"其他"的比例最大。据了解，选择"其他"的农民工群体多为子女已经毕业、刚开始工作或者尚未有子女及子女未到入学年龄的。子女教育情况不同的农民工的市民化困境还是以经济收入、子女教育和户籍困境为主。其中，极个别的子女失学或子女在本地私立学校就读的农民工对于子女教育困境反映较强烈，而子女在本地公办学校就读和选择"其他"的农民工对于社会融入困境的反映相对较强烈。

表 5.19　子女教育情况不同的农民工市民化困境构成

子女教育	户籍困境 (%)	子女教育困境 (%)	社会融入困境 (%)	经济收入困境 (%)	信心困境 (%)	合计	
						比例（%）	频数
失学	33.3	66.7	/	/	/	100.0	3
家乡学校	21.5	32.3	4.3	38.7	3.2	100.0	186
本地私立学校	23.5	38.2	5.9	29.5	2.9	100.0	34
本地公办学校	20.6	28.0	12.1	33.7	5.6	100.0	107
其他	24.0	22.8	13.7	34.2	5.3	100.0	263
合计	22.6	27.8	9.9	35.1	4.6	100.0	593

资料来源：调查问卷整理。

(5) 社会资本因素与市民化困境的关联

①社会交往因素。从表 5.20 可以看出，此次调查的被访农民工的社会交往对象中，以在城市结识的打工朋友的占比最大，其次是一起出来打工的老乡，与城市本地人交往的占比最小。社会交往不同的农民工的市民化困境构成依然以经济收入、子女教育和户籍困境为主。其中，多与城市本地人交往的农民工在经济收入困境上反映最强烈，占比达43.2%，该群体在信心困境上反映也相对强烈；而多与一起出来打工的老乡交往的农民工则在社会融入困境上反映相对强烈。

表 5.20　社会交往不同的农民工市民化困境构成

社会交往	户籍困境 (%)	子女教育困境 (%)	社会融入困境 (%)	经济收入困境 (%)	信心困境 (%)	合计	
						比例（%）	频数
一起出来打工的老乡	24.1	26.1	11.5	34.1	4.2	100.0	261
在城市结识的打工朋友	22.2	30.2	8.3	34.7	4.6	100.0	288
城市本地人	15.9	22.7	11.4	43.2	6.8	100.0	44
合计	22.6	27.8	9.9	35.1	4.6	100.0	593

资料来源：调查问卷整理。

②社会融入因素。从表 5.21 可以看出，此次调查的被访农民工中，社会融入中认为当地居民"还行，只是一般交往"的比例最大，"相处不好，总感觉有歧视"的比例最小。

感受到歧视的农民工群体对社会融入和信心困境反映强烈，均远超其他农民工群体，但总体而言，社会融入不同的农民工市民化困境构成仍以经济收入和子女教育为主，两者之和均超 50%。

表 5.21　社会融入不同的农民工市民化困境构成

社会融入	户籍困境（%）	子女教育困境（%）	社会融入困境（%）	经济收入困境（%）	信心困境（%）	合计	
						比例（%）	频数
没交往	27.1	18.8	12.5	35.4	6.2	100.0	48
相处不好，总感觉有歧视	9.1	31.8	18.2	31.8	9.1	100.0	22
还行，只是一般交往	21.6	28.4	10.0	35.9	4.1	100.0	320
很好，大家相处愉快	24.6	28.6	8.4	34.0	4.4	100.0	203
合计	22.6	27.8	9.9	35.1	4.6	100.0	593

资料来源：调查问卷整理。

③消费观念因素。从表 5.22 可以看出，此次调查的被访农民工中，消费观念上认为与城市居民"有差别，而且差别很大"的农民工比例最大，其次是"有差别，但差别比较小"和"没有什么差别"，三者比较平均，比例差距不大。消费观念不同的农民工市民化困境构成的排序依次是经济收入、子女教育、户籍、社会融入和信心困境。其中，认为"有差别，而且差别很大"的农民工群体在市民化困境上对于社会融入困境的反映相比其他群体更为强烈。

表 5.22　消费观念不同的农民工市民化困境构成

消费观念	户籍困境（%）	子女教育困境（%）	社会融入困境（%）	经济收入困境（%）	信心困境（%）	合计	
						比例（%）	频数
有差别，而且差别很大	21.0	24.8	12.1	37.4	4.7	100.0	214
有差别，但差别比较小	21.4	30.1	9.2	35.2	4.1	100.0	196
没有什么差别	25.7	29.0	8.2	32.2	4.9	100.0	183
合计	22.6	27.8	9.9	35.1	4.6	100.0	593

资料来源：调查问卷整理。

④身份认同因素。表 5.23 可以看出，此次调查的被访农民工中，在身份认同中觉得自己"仍是农村人"的占比最大，认为自己已经是城里人的比例最小。不同身份认同的农

民工市民化困境构成的排序依次也是经济收入、子女教育、户籍困境、社会融入和信心困境。其中，认为自己仍是农村人的农民工群体在市民化困境上对于社会融入困境的反映相比其他群体更为强烈，认为自己是"半个城里人，半个农村人"的农民工群体在市民化困境上则对子女教育和户籍困境的反映表现得更为强烈。

表 5.23　身份认同不同的农民工市民化困境构成

身份认同	户籍困境 (%)	子女教育困境 (%)	社会融入困境 (%)	经济收入困境 (%)	信心困境 (%)	合计	
						比例（%）	频数
仍是农村人	22.6	25.8	11.0	35.3	5.3	100.0	399
半个城里人 半个农村人	23.4	32.2	7.6	34.5	2.3	100.0	171
已经是城里人	17.4	30.4	8.7	34.8	8.7	100.0	23
合计	22.6	27.8	9.9	35.1	4.6	100.0	593

资料来源：调查问卷整理。

5.3　农民工市民化困境的成因分析与建议

对个体因素、人力资本因素、职业发展因素、制度因素和社会资本因素 5 个维度 18 个因素与农民工市民化困境关联的逐一分析，其实并没有特别明晰农民工市民化的困境所在，似乎都有关系，又似乎相关性都不高。要剖析其深层次原因，就必须先回到农民工市民化定义本身，农民工市民化并不是简单的在身份上由农民转变为市民的问题，要看到农民工市民化其实是农民工不断摆脱城乡边缘的状态，逐渐走向和融入城市主流社会的过程，这包括生存职业、社会身份、自身素质以及意识行为 4 个层面的含义[12]。农民工市民化也可以表述为农民工在职业上由非正规就业的农民工转变为正规就业的非农产业工人，在社会身份上由农民工转变成市民，农民工的自身素质也要不断提高，意识形态、生活方式和行为方式不断城市化[12]。所以，农民工市民化不仅取决于宏观体制和具体制度层面的改革和创新，还主要取决于农民工的个人意愿和能力，农民工为真正实现市民化而要突破的困境不仅源于传统的偏见、制度的抑制、政策的排斥，还源于农民工自身意愿和能力素质的欠缺。刘传江[12]研究发现，农民工内在的市民化能力不足与外部制度障碍共同延缓了农民工市民化进程。

自 2014 年 7 月国务院印发《关于进一步推进户籍制度改革的意见》以来，户籍制度改革突飞猛进，取得了不少成就，可以说，在宏观体制和具体制度上制约农民工市民化的困境被日渐削弱，多地甚至出台相关政策以吸引农民工落户，浙江嘉兴还成立了新居民事务局来专门负责推进相关工作。但就现实来看，其实对于农民工市民化进程的推进收效甚微，其主要原因与董延芳和刘传江[13]提出的当前农民工"自边缘化"问题息息相关。过去，甚至可以说是一直以来，人们普遍认为农民工迫切希望变成城镇市民，但是由于受户籍制度及其衍生的各类隐性藩篱的阻碍，农民工不能彻底市民化，使得农民工成为游走在农村和城镇之间的边缘人，即"被边缘化"；但当前的事实是，当农民工真正面对市民化的可能时，却可能不愿意这样做，农民工尤其是新生代农民工尽管热衷在城市工作生活，却同时倾向于保留农业户口，以农民工的身份在城镇工作与生活，主动、自发地"自边缘化"[13]。农民工的"自边缘化"是农民工主动的自我选择，但也是一种"被边缘化"过程中的被迫的选择。一方面，农民工进入城镇后，与当地居民在工作性质、居住分布、社会地位、经济地位、社会心态和家庭模式等方面的差异无法消除，久而久之就在边缘性的领域及空间里沉淀为边缘人口；另一方面，农民工大多难以建立与城镇当地居民相融合的、能够为其在城镇的生存和发展提供经济利益支持和精神归属依托的关系网络和社会圈子，也就难以产生对城镇社会的认同感和归属感，许多农民工只能退而求其次，建立以血缘和地缘关系为基础、以同质群体成员为主的生活圈子；为此，多数农民工担心一旦市民化就意味着不得不失去农村的土地，使自己没有退路，部分已经市民化的农民工也往往会在城镇生活不如意时后悔市民化，但将户口转回农村却往往由于牵涉土地利益而比当初转为城镇户口更难，以致农民工在市民化面前却步退缩，且得出"城镇户口没有太大作用"这样来自观察而非体验的结论[13]。

从农民工市民化进程推进角度看，农民工市民化可以分为农民工的农村退出、农民工的城市进入和农民工的城市融合3个环节[12]。就制度而言，当前这3个环节依然存在相应的"制度梗阻"，有待进一步改进和完善。在农民工的农村退出环节，尽管已经基本上不存在实质阻力，但是我国农民对土地有根深蒂固的"恋土情节"，多数农民工是缺乏彻底断开人地"脐带关系"的决心和勇气的，且当前的土地流转制度仍不够健全，对转让或放弃承包权的补偿仍显不合理，这也使得农民工不能或不愿退出农村。在农民工的城市进入环节，目前农民工进城务工没有太大障碍，但是仍然没有被完全取消的二元户籍所导致的二元劳动力市场、二元社会保障还是让农民工不能或不愿彻底转移，加之多数农民工自身在人力资本上表现出的文化程度不高、职业技能欠缺，以及在社会资本上表现出的找工作依然主要依靠血缘和地缘关系等，致使农民工职业竞争力不强，从而使得市民化能力不够，这也直接或间接地影响了农民工市民化。农民工真正融入城市成为市民，其实还任重道远，可以说是当前实现农民工市民化的最关键一环。总体而言，在城镇工作不稳定、无保障、收入低、受教育水平低，社会地位也明显低于城镇原生市民，而且也缺乏向上流动的机制和空间，这是多数农民工的真实写照。这也致使农民工普遍受到城镇文化环境的约束和排斥，且歧视和偏见又使得农民工宁愿处于自我隔离的孤岛，在主流生活之外形成亚文化，而这种亚文化又长期受压抑和排挤，进一步加重了歧视和偏见，如此往复的歧视和偏见使得农民工与市民的交融更加困难，也使得许多农民工选择回流，不愿市民化。[13]

基于此，应该更加清醒地认识到，农民工市民化进程依然"在路上"，还有诸多具有攻坚性的政策和工作亟待进一步推进[12]。面对农民工从"被边缘化"到"自边缘化"的新趋向，要更好地实现农民工市民化，就要协同推进农民工在农村退出、城市进入和城市融合3个环节的市民化进程[13]，在农村退出环节中重点处理好农民工与家乡土地的关系与联系，设法割断他们与土地的"脐带关系"，剥离土地承担的社会保障功能，促使农民工顺利退出农村；在城镇进入环节，为保证农民工顺利进入城镇，应逐步清除以二元户籍制度为核心的阻碍劳动力自由流动的各种制度障碍，同时结合政府、企业、社会多方面力量引导和帮助农民工提高人力资本、社会资本、职业发展资本；最后，在城镇融合环节，重点考虑提升农民工自身的市民化能力，进一步推动制度融合、文化融合、社会融合以及心理融合，使他们真正融入城镇社会，真正实现市民化。

参考文献

[1] 杨莉芸 . 农民工市民化问题研究综述 ［J］. 经济纵横，2013（5）：120 - 124.

[2] 丁凯 . 农民工市民化障碍与难点研究综述 ［J］. 经济体制改革，2013（4）：89 - 92.

[3] 杜宝旭 . 中国农民工市民化私人成本收益及其城镇化效应研究 ［D］. 沈阳：辽宁大学，2016.

[4] 钱正武 . 农民工市民化问题研究 ［D］. 北京：中共中央党校，2006.

[5] 王竹林 . 城市化进程中农民工市民化研究 ［D］. 咸阳：西北农林科技大学，2008.

[6] 杨英强 . 现阶段农民工市民化问题研究 ［D］. 成都：西南财经大学，2008.

[7] 林娣 . 新生代农民工市民化问题研究 ［D］. 长春：吉林大学，2012.

[8] 张玉鹏 . 新生代农民工"半市民化"的困境分析 ［J］. 农业经济，2014（12）：74 - 75.

[9] 张洁 . 城镇化视角下农民工身份市民化的困境与对策 ［J］. 农业经济，2015（6）：103 - 104.

[10] 李强 . 非正规就业视角下农民工市民化的现实困境与路径选择 ［J］. 城市问题，2016（1）：99 - 103.

[11] 黄静，李汶洋 . 新生代农民工市民化：体制困境与路径选择——基于成渝地区的现实分析 ［J］. 农村经济，2016（6）：119 - 123.

[12] 刘传江 . 推进农民工有序市民化的微观考量 ［J］. 世纪行，2013（7）：21 - 22＋27 - 29.

[13] 董延芳，刘传江 . 农民工市民化中的被边缘化与自边缘化：以湖北省为例 ［J］. 武汉大学学报（哲学社会科学版），2012（1）：122 - 125.

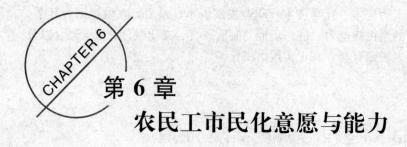

第 6 章
农民工市民化意愿与能力

党的十九大以来，国家实施新型城镇化战略，加快落实 1 亿左右农民工落户城镇。国家统计局《2019 年农民工监测调查报告》[1]显示，2019 年，农民工总量达 29 077 万人，比上年增加 241 万人，大多数处于"移而不转"状态[2]；另据"城镇化进程中农村劳动力转移问题"课题组预测，到 2020 年，仍将有超过 2.2 亿农民工没有实现市民化[2]。不可否认，当前农民工市民化还面临着较多的阻碍和困难。为此，上一章分别从个体、人力资本、职业发展、制度、社会资本 5 个维度剖析了农民工市民化困境。但是，究竟农民工为什么选择转移到城市成为市民？又有哪些因素影响农民工转移到城市成为市民[3]，仅仅剖析了农民工市民化的困境还不能够得到很好的解答，仍需要进一步探索更深层次的问题，其中最基础的是要弄清楚农民工市民化的影响因素。可以说，农民工市民化影响因素研究不仅是农民工市民化研究的一个基础课题，更对农民工市民化实践有重要意义[4]。

6.1 文献回顾

农民工市民化是有中国特色的研究课题，其中的基础研究就是要弄清楚农民工市民化的影响因素[4]。就目前而言，学者们对农民工市民化的影响因素已开展了大量研究。如杨英强[3]从心理、制度、经济和农民工个体等角度出发，在定性分析影响农民工市民化的根源的基础上，选取有代表性且可度量的因素，运用主成分分析法从推动力、摩擦力和吸拉力 3 方面对农民工市民化进行实证分析，提出了加快以户籍制度为中心的制度改革和创新对促进农民工市民化的必要性。葛信勇[5]综述农民工市民化影响因素，发现学者们的观点可分为人口素质因素、观念障碍、社会参与障碍、利益障碍和政策制度障碍 5 个方面，在结合重庆市北碚区调查分析时，提出把影响农民工市民化的主要因素归结为社会经济发展、农民工自身素质、政策制度 3 个方面。韩玉梅[6]以新生代农民工为主要研究对象，分析总结了制度因素、新生代农民工的自身因素、社会因素是影响新生代农民工市民化进程的主要因素；而制度因素包括土地流转制度、户籍制度、就业制度、社会保障制度等，新生代农民工自身的素质包括文化技能、心理素质等，社会环境因素包括城市化的进程缓慢、市民接纳新生代农民工的态度及城市接纳新生代农民工的公共服务体系建设等。马金龙[7]总结了回族农民市民化过程中的影响因素，涉及宏观层面的社会结构制约和微观个体层面的进城目的、未来打算、掌握的资源及其作为行动者的行动能力等，认为影响其市民化最重要的因素是人力资本和社会资本。李抗[8]综合农民工在市民化进程中强意愿、弱能力的现状和政府财政能力的边界，提出了实现农民工市民化的分阶段路径（由农村向城市转移就业、由农民向市民转化落户）和多层次路径（阶梯式落户渠道、均等化公共服务）。而刘小年[4]在对农民工市民化影响因素的文献评述中将当前已有研究从马克思主义视角、中间障碍视角、比较视角、内外部视角、城市化视角、主客观视角、成本视角、宏观视角、城市性视角、社会互构论视角、博弈论视角、社会角色视角、制度非制度视角 13 个视角进行逐一评述，认为存在宏观与微观脱节，规范与实证脱节，视角内涵重叠及有逻辑问题，农民工市民化影响因素揭示不全面、缺乏因素间逻辑关系构建，农民工主体性的互动实践视角研究不足 5 方面不足，并从马克思的社会人思想出发，分析发现了农民工市民化的 7 种影响因素，其中城乡二元结构、经济现代化、国家政策 3 种历时性社会环境因素决定了农民工市民化的历史进程；农民工的市民化意愿与能力及城市的市民化容量与需求 4 种共时性主体实践因素，形成了农民工市民化的实践路径。刘小年的研究较为综合地论述了当前农民工市民化影响因素研究的不同视角和影响因素。

综上截取的现有研究农民工市民化影响因素的成果来看，一方面，现有研究未能全面建构相关因素及这些因素间的关系[4]；另一方面，现有研究多是将农民工视为一个整体进行市民化影响因素的研究，即使进行了研究分类也较为粗放，如针对新生代农民工市民化或者回族农民工市民化等，对于人口规模达 2.88 亿的农民工群体而言，现有研究显得过于笼统和宏观，以至于所提出的农民工市民化的实现路径和对策在现实执行面前总是显得言之凿凿，却难以真正落地。黄锟[9]在他的研究中曾指出，农民工市民化必须具备 2 个基本条件：一是农民工必须在主观上愿意成为市民；二是农民工必须具备市民化的能力以跨越城镇设置的市民化门槛。黄锟提出的观点是笔者比较赞同的观点，也是本章计划着重探讨的影响因素分析的 2 个重要维度。因此，本研究比较倾向于从微观方面着手，试图通过对农民工群体的进一步细分，针对农民工不同职业类型选取研究切入点，围绕农民工自身的市民化意愿和市民化能力 2 个维度的影响因素进行探索，搭建农民工跨越到市民的桥梁，助力农民工最终实现市民化。基于此，本章立足浙江的区位优势，优先以制造业企业范畴内的农民工群体为研究对象，试图分析制造业企业中农民工市民化的影响因素，研究农民工转型为产业工人后再由产业工人过渡到市民，最终实现市民化的路径可行性。

6.2　数据来源与统计分析

6.2.1　数据来源

浙江省的中小企业数量多、总量大，吸引了大量外来务工人员。以浙江省制造业企业农民工为研究对象，选择了杭州临安、绍兴诸暨、金华义乌、台州椒江和嘉兴秀洲 5 个浙江省比较典型的制造业产业集聚区的电线电缆、节能灯光源、纺织袜业、弹簧机械、毛巾、吸管、缝纫机等 14 家劳动密集型制造业企业。根据企业规模，每家企业分批次选择 20～40 名不同类型的农民工代表，共发放问卷 393 份，回收有效问卷 381 份，有效回收率 96.9%；深度访谈地方政府、公司总经理或人力资源部经理、农民工代表 50 余人。

样本中男性占 54.9%，女性占 45.1%；已婚占 71.7%，未婚占 27.5%，离异占 0.8%；16～25 岁占 23.6%，26～30 岁占 27.6%，31～36 岁占 21.8%；37～45 岁占

19.4%，46 岁以上占 7.6%；受教育程度大多数是初中，占 48.3%；浙江地区农民工收入相较全国平均水平而言略高，月收入在 2 500～3 500 元的较多，占 41.2%，其次是 3 500～5 000 元，占 40.7%；工作年限普遍较长，其中以 7～10 年的最多，占 31.8%，11 年以上的也占到了 31.2%。样本中农民工的工作涉及操作工、技术员、仓库管理员、质检员、机修工、叉车工、巡检员、统计员、班组长、办公室文员、车间主任等。

6.2.2 描述性统计分析

从单因素的描述统计结果来看（表 6.1），农民工市民化的意愿已经日趋减弱，总体市民化意愿为 52.76%，仅略微超过半数，这与访谈的农民工代表所表达的意愿较一致，也与当前市民化背后附加值日趋减弱的实际相吻合。

表 6.1 影响农民工市民化意愿的单因素的描述性统计结果

影响因素	特征描述	人数	比例（%）	有市民化意愿的人数	有市民化意愿的比例（%）	在有市民化意愿中的比例（%）
	总体	381	100	201	52.76	/
性别	男	209	54.9	94	44.98	46.77
	女	172	45.1	107	62.21	53.23
籍贯	浙江省内	50	13.12	22	44.00	10.95
	浙江省外	331	86.88	179	54.08	89.05
	安徽	55	14.44	30	54.55	16.76
	重庆	19	4.99	14	73.68	7.82
	贵州	20	5.25	12	60.00	6.70
	河南	70	18.37	38	54.29	21.23
	湖北	49	12.86	23	46.94	12.85
	湖南	13	3.41	6	46.15	3.35
	江西	32	8.40	13	40.63	7.26
	山西	14	3.67	11	78.57	6.15
	四川	16	4.20	8	50.00	4.47
	云南	11	2.89	11	100.00	6.15
婚姻状况	未婚	105	27.5	57	54.29	28.35
	已婚	273	71.7	142	52.01	70.65
	离异	3	0.8	2	66.67	1.00
家人随同	是	319	83.73	169	52.98	84.08
	否	62	16.27	32	51.61	15.92
年龄	16～25 岁	90	23.6	49	54.44	24.38
	26～30 岁	105	27.6	56	53.33	27.86
	31～36 岁	83	21.8	39	46.99	19.40
	37～45 岁	74	19.4	37	50.00	18.41
	46 岁以上	29	7.6	20	68.97	9.95

（续）

影响因素	特征描述	人数	比例（%）	有市民化意愿的人数	有市民化意愿的比例（%）	在有市民化意愿中的比例（%）
教育程度	小学及以下	23	6.0	15	65.22	7.46
	初中	184	48.3	105	57.07	52.24
	高中	69	18.1	32	46.38	15.92
	中专或技校	35	9.2	16	45.71	7.96
	大专	47	12.4	24	51.06	11.94
	本科及以上	23	6.0	9	39.13	4.48
月平均收入	1 500 元以下	4	1.0	2	50.00	1.00
	1 500～2 500 元	14	3.7	9	64.29	4.48
	2 500～3 500 元	157	41.2	89	56.69	44.28
	3 500～5 000 元	155	40.7	82	52.90	40.80
	5 000 元以上	51	13.4	19	37.25	9.44
外出务工时间	1 年及以下	25	6.6	14	56.00	6.97
	1～3 年	44	11.5	24	54.55	11.94
	4～6 年	71	18.6	36	50.70	17.91
	7～10 年	123	32.3	67	54.47	33.33
	11～19 年	89	23.4	45	50.56	22.39
	20 年以上	29	7.6	15	51.72	7.46
城市迁移数量	未迁移	81	21.26	40	49.38	19.90
	1～3 个	263	69.03	145	55.13	72.13
	4～6 个	31	8.14	14	45.16	6.97
	7 个及以上	6	1.57	2	33.33	1.00
当前城市务工时间	1 年及以下	61	16.01	35	57.38	17.41
	1～3 年	77	20.21	41	53.25	20.40
	4～6 年	88	23.10	42	47.73	20.90
	7～10 年	77	20.21	44	57.14	21.89
	11～19 年	69	18.11	35	50.72	17.41
	20 年以上	9	2.36	4	44.44	1.99
职务	普工	237	62.20	138	58.23	68.66
	班组长	50	13.12	24	48.00	11.94
	技术员或管理人员	59	15.49	24	40.68	11.94
	车间主任或部门经理	35	9.19	15	42.86	7.46
职务被提拔次数	从无	190	49.87	100	52.63	49.74
	1 次	81	21.26	47	58.02	23.38
	2 次	53	13.91	26	49.06	12.94

（续）

影响因素	特征描述	人数	比例（%）	有市民化意愿的人数	有市民化意愿的比例（%）	在有市民化意愿中的比例（%）
职务被提拔次数	3次	39	10.24	18	46.15	8.96
	4次	9	2.36	5	55.56	2.49
	5次及以上	9	2.36	5	55.56	2.49
岗位调整次数	从无	158	41.48	82	51.90	40.80
	1次	85	22.31	42	49.41	20.90
	2次	78	20.47	46	58.97	22.89
	3次	37	9.71	20	54.05	9.95
	4次	14	3.67	7	50.00	3.47
	5次及以上	9	2.36	4	44.44	1.99
平均每年培训次数	几乎没有	40	10.50	25	62.50	12.43
	1~3次	180	47.24	94	52.22	46.77
	4~6次	73	19.16	37	50.68	18.41
	7~9次	19	4.99	10	52.63	4.98
	10次以上	69	18.11	35	50.72	17.41
社保	有	291	76.38	148	50.86	73.63
	无	90	23.62	53	58.89	26.37
公积金	有	150	39.37	79	52.67	39.30
	无	231	60.63	122	52.81	60.70
居住条件	单位宿舍	168	44.09	89	52.98	44.28
	出租房	178	46.72	96	53.93	47.76
	政府廉租房	/	/	/	/	/
	自己买房	35	9.19	16	45.71	7.96
	浙江省内自己买房	29	82.86	14	48.28	87.5
	浙江省外自己买房	6	17.14	2	33.33	12.5
居住环境	外来打工者	165	43.31	96	58.18	47.76
	不清楚	109	28.61	49	44.95	24.38
	当地居民	107	28.08	56	52.34	27.86
收入分配	用于个人和家庭生活的基本消费	188	49.34	96	51.06	47.76
	用于存钱买房、子女教育花费和以后养老	150	39.37	87	58.00	43.28
	寄回家给父母	22	5.77	10	45.45	4.98
	其他	21	5.52	8	38.10	3.98

（续）

影响因素	特征描述	人数	比例（%）	有市民化意愿的人数	有市民化意愿的比例（%）	在有市民化意愿中的比例（%）
社会交往	一起出来打工的老乡	168	44.09	95	56.55	47.26
	在城市结识的打工朋友	176	46.19	91	51.70	45.27
	城市本地人	37	9.72	15	40.54	7.47
子女教育	失学	2	0.52	1	50.00	0.50
	家乡的学校	122	32.02	60	49.18	29.85
	本地私立学校	20	5.25	11	55.00	5.47
	本地公办学校	75	19.69	38	50.67	18.91
	其他	162	42.52	91	56.17	45.27
身份认同	仍是农村人	240	62.99	113	47.08	56.22
	半个城里人半个农村人	119	31.24	75	63.03	37.31
	已经是城里人	22	5.77	13	59.09	6.47
消费方式	有差别，而且差别很大	130	34.12	70	53.85	34.83
	有差别，但差别比较小	122	32.02	68	55.74	33.83
	没有什么差别	129	33.86	63	48.84	31.34
本地融入	没交往	32	8.40	15	46.88	7.47
	相处不好，总感觉有歧视	15	3.94	7	46.67	3.48
	还行，只是一般交往	208	54.59	120	57.69	59.70
	很好，大家相处愉快	126	33.07	59	46.83	29.35
城市印象	非常差	/	/	/	/	/
	比较差	7	1.84	3	42.86	1.49
	一般	206	54.07	92	44.66	45.77
	比较好	147	38.58	92	62.59	45.77
	非常好	21	5.51	14	66.67	6.97
户籍制度影响	没有影响	105	27.55	48	45.71	23.88
	有一定影响，但并不起决定作用	209	54.86	114	54.55	56.72
	有影响，并且起决定作用	67	17.59	39	58.21	19.40
定居规划	定居城市	77	20.21	59	76.62	29.35
	说不定	218	57.22	121	55.50	60.20
	定居农村	86	22.57	21	24.42	10.45

资料来源：调查问卷整理。

（1）个体特征对农民工市民化意愿的影响

从性别来看，女性的市民化意愿显得更加强烈，有市民化意愿的比例占女性比例的 62.21%，而男性有市民化意愿的比例只占男性比例的 44.98%，且尽管所调查的农民工中男性比例是大于女性比例的，但是在有市民化意愿的人数中女性占比大于男性，女性占 53.23%，这就显得女性的市民化意愿更强烈了。

婚姻对于农民工市民化意愿没有显著影响。相对于未婚农民工市民化意愿的 54.29%，已婚农民工市民化意愿并没有明显的差异，反而有所减少，为 52.01%。而离异农民工市民化意愿为 66.67%，虽然显得较高，但由于对象仅为 3 人，样本太少，不具统计意义。但是，从有市民化意愿的人数占比来看，已婚人数远高于未婚人数，占到 70.65%，可见已婚农民工的市民化意愿还是更加强烈。一般认为已婚农民工的市民化行为受到整个家庭的制约较大，而未婚的年轻人没有这种制约，同已婚个体相比，应该具备更强的主观动机，很多研究也表明新一代农民工的市民化意愿更强。然而市民化不是有意愿就行，还受到市民化能力的制约。在所调查的农民工中，月收入在 3 500~5 000 元的未婚农民工为 9.71%，而已婚的有 30.45%；月收入在 5 000 元以上的未婚农民工仅为 1.84%，而已婚的有 11.55%。可见，未婚的新一代农民工市民化意愿受到相对较低的收入水平的制约，也可以说是市民化能力抑制了其市民化意愿。

不同年龄的市民化意愿影响呈"U"型，先递减后递增。16~25 岁农民工市民化意愿占人数的 54.44%，26~30 岁农民工市民化意愿占人数的 53.33%，31~36 岁农民工市民化意愿占人数的 46.99%，37~45 岁农民工市民化意愿占人数的 50.00%，46 岁以上农民工市民化意愿占人数的 68.97%。这反映了年龄对于农民工市民化意愿的影响。在农村和城市的工作生活的对比之下，年轻的农民工可能对于市民化的意愿更加强烈。随着年龄的增大，受制于收入和职业发展以及受其他因素的影响，市民化意愿反而随之减少，且在一定的年龄范围内，对市民化意愿的边际效应达到最弱。过了这个范围，收入和经验逐渐提高，市民化能力随着年龄的增加而增长，其意愿也随之增强。市民化意愿在 31~36 岁农民工中最弱，一方面是由于市民化的机会成本在增加，特别是整个家庭市民化的机会成本随年龄增加而急剧提高，阻碍了市民化意愿；另一方面是由于当地经济的发展，回乡就业创业的机会增多带来的影响。而 46 岁以上农民工市民化意愿显得尤为高，一方面是由于经过 20 余年的奋斗，已经具备了市民化的能力，从而增强了其意愿，另一方面是受市民化的情节的影响。

"是否有家人随同"对市民化意愿没有显著的影响。在调查的 381 人中有 319 人有家人随行，占总人数的 83.73%，但其市民化意愿占人数的比例仅为 52.98%。而仅有 16.27% 的没有家人随行的农民工中，其市民化意愿在人数的占比也有 51.61%。就有市民化意愿的人数对比而言，有家人随同的占比远高于没有家人随同的，占到 84.08%。所以，家人的随行与否对农民工产生市民化意愿的影响不显著，但仍然是一个重要的影响因素。

籍贯对于农民工市民化意愿没有显著的影响。浙江省内农民工市民化意愿占人数的 44.00%，浙江省外农民工市民化意愿占人数的比例达到了 54.08%。从现实情况来看，一方面，浙江省内城乡居民差异日趋缩小，另一方面，浙江省内农民工一般以就近务工为主，跨地区较少，显得市民化意愿不足。而浙江省外农民工市民化意愿相较省内农民工而言就显得尤为强烈，在有市民化意愿的农民工中，浙江省外人数占比达 89.05%。被调查的 381 人涵盖省、直辖市 19 个，考虑到人数少于 10 人的样本在统计学上的意义不大，只统计了调查人数在 10 人以上的 10 个省外地区的农民工市民化意愿。其中云南省的农民工市民化意愿最强，市民化意愿达 100%，其次是山西和重庆，占比分别为 78.57% 和73.68%；江西省的农民工市民化意愿最低，为 40.63%，市民化意愿低于 50% 的还有湖南和湖北，分别为 46.15% 和 46.94%。

（2）人力资本因素对农民工市民化意愿的影响

从受教育程度来看，农民工市民化意愿随着教育程度的提高反而在减弱，小学及以下市民化意愿最强，占 65.22%；而本科及以上市民化意愿最弱，只为 39.13%；初中和大专的比例略高于 50%，分别为 57.07% 和 51.06%；高中、中专或技校则略低于一半比例，分别为 46.38% 和 45.71%；但从有市民化意愿的农民工占比来看，初中毕业的农民工市民化意愿最强，占 52.24%，超过半数。这与一般理解的农民工市民化意愿随着教育程度提高，同等条件下意愿越强[10]有所出入，这可能是由当前经济社会发展现状导致的，也与市民身份所附带的价值和后备的意义逐步减弱甚至消失有一定关系，与多省、市农民身份所带来的价值不断攀升息息相关。具体来看初中及以下受访者和本科及以上受访者在这两个点上的差异，初中及以下受访者中仅 5 人为浙江省户籍，其余均为浙江省外户籍，而本科及以上受访者中浙江省户籍占比将近一半。对于省外农民工而言，市民化不仅仅是农村居民向城市居民的身份转变，同时也是从欠发达地区向发达地区的身份转变，面临双重身份转变的农民工，其市民化意愿自然更加强烈。且对于受教育程度较高的农民工而言，本身也不应该被简单地归入需要或不需要市民化的行列，市民化所代表的意义和价值在其教育程度给予的职业分工上已经可以得到体现了，不愿意市民化的背后是其不愿意放弃农民身份当前所带来的日益增值的附加值。

外出务工时间和平均每年培训次数对于农民工市民化意愿的影响没有显著作用。外出务工时间各阶段均相对平衡，市民化意愿在 50% 左右浮动，1 年及以下相对最高，有 56.00%；其次是 7～10 年和 1～3 年的，分别为 54.47% 和 54.55%；最低的 4～6 年的也有 50.70%。从平均每年培训次数看，培训并没有显著提升农民工市民化意愿，反而是几乎没有培训过的农民工市民化意愿最高，有 62.50%；平均每年培训 1～3 次、4～6 次、7～9 次及 10 次以上的均只略高于 50%，分别是 52.22%、50.68%、52.63% 和 50.72%，其中平均每年培训次数在 1～3 次的在有市民化意愿的农民工中占比最高，占 46.77%。而城市迁移数量和当前城市务工时间对农民工市民化意愿是有一定影响的。从城市迁移数量来看，迁移过 1～3 个城市的农民工市民化意愿最强，占 55.13%；迁移 7 个以上城市的农民工市民化意愿最弱，仅为 33.33%；在有市民化意愿农民工中迁移 1～3 个城市的农民工占比最高，达 72.13%。从在当前城市务工时间来看，1 年及以下和 7～10 年的农民工市民化意愿较高，分别为57.38% 和 57.14%；20 年以上的反而最低，仅为 44.44%。从在有市民化意愿的农民工人数占比来看，也是 7～10 年的最多，为 21.89%。可见，城市迁移越频繁的农民工反而更不愿意市民化，在当前城市务工时间过长的也不愿意市民化，反而是在迁移过 3 个以内城市的农民工更愿意市民化，在当前城市务工时间在 7～10 年的更愿意市民化。

(3) 职业发展因素对农民工市民化意愿的影响

从月平均收入来看，收入对农民工市民化意愿的影响呈倒"U"形，先增加后减少。月平均收入在 1 500～2 500 元的市民化意愿最强，占 64.29%；其次是 2 500～3 500 元和 3 500～5 000 元，分别占 56.69% 和 52.90%；月平均收入在 5 000 元以上的市民化意愿最弱，仅为 37.25%。其中，月平均收入在 2 500～3 500 元和 3 500～5 000 元有市民化意愿人数在有市民化意愿农民工中占比达 85.08%。可见，农民工收入越高并不意味着越愿意市民化，市民化意愿随着农民工收入增加，在超过一定区间后边际效益递减。相对而言，月平均收入在 2 500～3 500 元的农民工最愿意市民化。

职务对农民工市民化的意愿没有显著影响。普工的市民化意愿最强，占 58.23%；班组长、技术员或管理人员、车间主任或部门经理分别占 48.00%、40.68% 和 42.86%。其中，普工在有市民化意愿的农民工中人数占比最多，达 68.66%。人数占比最多的普工的市民化意愿也最高。而职务被提拔次数和岗位调整次数对农民工市民化意愿有一定影响。职务提拔过 1 次的农民工市民化意愿最强烈，占 58.02%；其次是职务被提拔次数在 4 次和 5 次及以上的，各占 55.56%；在有市民化意愿的农民工人数中占比多的是没有过职务提拔的农民工，占到了 49.74%，将近半数其市民化意愿也很高，有 52.63%。从岗位调整次数来看，岗位调整次数在 2 次的农民工市民化意愿最强，占 58.97%；而岗位调整次数在 5 次及以上的市民化意愿反而最弱，占 44.44%；其中在有市民化意愿的农民工中人数占比最多的是没有过岗位调整的，占 40.80%，其市民化意愿占比为 51.90%，也超过半数，市民化意愿不低。可见，职务提拔和岗位调整不是越多次市民化意愿越强烈，反而是职务提拔和岗位调整较少的农民工更愿意市民化。

(4) 制度性因素对农民工市民化意愿的影响

户籍制度对农民工市民化意愿的影响有显著作用。农民工对于户籍制度影响感知越强烈越愿意市民化，其中认为户籍制度有影响并且起决定作用的农民工市民化意愿最强烈，占 58.21%，其次是认为户籍制度有一定影响但并不起决定作用的，占 54.55%，认为没有影响的市民化意愿为 45.71%。其中，在有意愿市民化中人数占比最多的是认为户籍制度有一定影响但并不起决定作用的，占 56.72%。自 2014 年以来，随着户籍制度改革的不断深化，户籍制度对于农民工市民化的制约越来越小。在这种情况下，农民工认为户籍制度影响越大反而市民化意愿越强，一方面说明这部分农民工对于市民化意愿强烈，另一方面可能表明这部分农民工距离市民化仍有很大差距。

社保对农民工市民化意愿有一定影响，而公积金的影响要小很多。尽管有无社保的农民工市民化意愿的比例差距不大，有社保的市民化意愿为 50.86%，无社保的为 58.89%，但是在有意愿市民化的农民工中，有社保的农民工的数量远超无社保农民工，达 73.63%。公积金却相反，有公积金的农民工市民化意愿占 52.67%，无公积金的占 52.81%，两者相差无几，但无公积金的农民工市民化意愿在有意愿市民化中占 60.70%，超过有公积金农民工的比例，当然这与有公积金农民工比例相对较少有关。可见，社保在农民工市民化意愿中是起到一定影响作用的。

从居住条件来看，受访农民工均未享受到保障性住房，全部居住在非保障性住房内，以单位宿舍、出租房和自己购买商品房为主，三者以居住在单位宿舍和出租房中的农民工市民化意愿较为强烈，分别为 52.98％和 53.93％；而自己买房的农民工市民化意愿则较弱，为 45.71％。在少量的自己买房的农民工中，在浙江省内自己买房的农民工市民化意愿显得更强一些，为 48.28％，而在浙江省外自己买房的农民工为 33.33％；在有市民化意愿农民工中的占比来看，在浙江省内自己买房的农民工市民化意愿更加强烈，远超省外自己买房的农民工，达到了 87.5％。

子女教育是农民工市民化意愿的一个重要影响因素。从数据也能看出，子女在本地上学的农民工相较于子女在家乡上学的农民工更愿意市民化。其中子女在本地私立学校上学的农民工市民化意愿较高，占 55.00％，其次是子女在本地公办学校上学的，占 50.67％，而子女在家乡学校上学的农民工市民化意愿不到一半，为 49.18％。从数据来看，市民化意愿最高的是"其他"，占 56.17％，在有意愿市民化农民工中的占比也最高，占 45.27％，选择"其他"选项的多为未婚、无子女的农民工，也正因为未婚、无子女，这部分农民工考虑到子女教育问题时，因为城市拥有相对更好的教育资源，所以往往更愿意市民化，让子女能享有更好的教育资源。

（5）社会资本因素对农民工市民化意愿的影响

从居住环境来看，周围邻居更倾向于外来打工者的农民工市民化意愿更强烈，占 58.18％，在有意愿市民化的农民工中的占比也是最多的，占 47.76％。其次是周围邻居是当地居民的，市民化意愿占 52.34％；而对此不太清楚的农民工市民化意愿最弱，为 44.95％。社会交往与居住环境十分相似。在工作之余，联络和交往的朋友最多的是一起出来打工的老乡的农民工市民化意愿最强烈，占 56.55％；在城市结识的打工朋友的占 51.70％，城市本地人的占 40.54％，市民化意愿依次递减。其中，在工作之余，联络和交往的朋友最多的是一起出来打工的老乡的在有意愿市民化的农民工中的占比也是最多的，占 47.26％。

从消费方式和收入分配来看，认为自己的生活和消费方式与当地居民有差别，但差别比较小的农民工市民化意愿最强烈，为 55.74％；而认为没有什么差别的农民工市民化意愿最弱，为 48.84％。认为有差别，而且差别很大的农民工市民化意愿也不低，占 53.85％，且在有市民化意愿的农民工中占比最多，占 34.83％。从收入分配角度看，用于存钱买房、子女教育花费和以后养老的农民工市民化意愿最强烈，占 58.00％，其次是用于个人和家庭生活的基本消费，有市民化意愿的占 51.06％，这部分农民工在有意愿市民化的农民工中人数占比最多，有 47.76％。选择将钱寄回家给父母和"其他"的农民工市民化意愿稍弱，分别为 45.45％和 38.10％。

（6）心理资本因素对农民工市民化意愿的影响

身份认同对农民工市民化意愿有一定影响。认为自己现在是半个城里人半个农村人的农民工市民化意愿最强烈，占 63.03％；其次是认为自己已经是城里人的占 59.09％；认为自己仍是农村人的市民化意愿最弱，仅为 47.08％，但认为自己仍是农村人的在有市民化意愿中的人数占比最多，为 56.22％，这与受访者大多对自己的定位还是农民，超过受访人数的六成不无关系。

从本地融入来看，认为与本地居民交流沟通情况"还行，只是一般交往"的农民工市民化意愿较强，占 57.69％，其余的均未超过半数，认为"没交往""相处不好，总感觉有歧视""很好，大家相处愉快"的分别占 46.88％、46.67％和 46.83％。其中，认为与本地居民交流沟通情况"还行，只是一般交往"的农民工在有意愿市民化中的人数占比最多，为 59.70％。

城市印象和定居规划对农民工市民化意愿有显著影响。农民工对城市印象越好，市民化意愿越强烈，其中对城市总体印象非常好的农民工市民化意愿最强烈，占 66.67％；对城市总体印象比较好、一般、比较差的农民工市民化意愿分别占 62.59％、44.66％ 和 42.86％，而以对城市总体印象比较好和一般的有意愿市民化的农民工数量在有意愿市民化中的人数中占比较多，均为 45.77％。同样的，更倾向于今后定居城市的农民工更有意愿市民化。选择今后规划定居城市的农民工市民化意愿最强烈，占 76.62％，其次是还没有考虑清楚，今后说不定会考虑定居城市的农民工，有意愿市民化的占 55.50％；考虑今后定居农村的农民工市民化意愿最弱，仅为 24.42％。从人数占比看，目前还说不定，可能考虑今后定居城市的农民工在有意愿市民化的农民工中占比最多，为 60.20％。

6.3　模型构建

问卷设计是在借鉴了大量相关研究文献的基础上，结合先期深入访谈所获文本信息，邀请相关专家、企业管理者等对问卷进行评定和完善，并将初步形成的问卷在小范围内进行了预调研，对预调研过程中出现的分辨率不佳、信度不理想、因子分析中负荷值较低的题项予以删除，对问卷的部分表述再次完善。

6.3.1　数据说明与变量选择

数据共获得杭州临安、绍兴诸暨、金华义乌和台州椒江和嘉兴秀洲 5 个浙江省比较典型的制造业产业集聚区的电线电缆、节能灯光源、纺织袜业、弹簧机械、毛巾、吸管、缝纫机等 14 家劳动密集型制造业企业的有效样本 381 个。研究所用数据包括农民工的个体特征（包括性别、籍贯、年龄、婚姻、家人随同）、人力资本因素（包括教育程度、外出务工时间、城市迁移数量、当前城市务工时间、平均每年培训次数）、职业发展因素（包括职务、月平均工资、职务被提拔次数、岗位调整次数）、制度性因素（包括户籍制度影响、社保、公积金、居住条件、子女教育）、社会资本因素（包括居住环境、收入分配、社会交往、消费方式）、心理资本因素（包括身份认同、本地融入、城市印象、定居规划）6 个方面。

被解释变量农民工市民化意愿是一个二分变量，通过题项"如果条件或者政策许可，您或者您的家庭是否希望能够离开农村，变成真正的城市人"进行考察，答项包括"希望"和"不希望"。"希望"代表"有市民化意愿"，赋值为 1；"不希望"代表"无市民化意愿"，赋值为 0。

解释变量包括农民工的个体特征、人力资本、职业发展、制度性因素、社会资本和心理资本 6 个维度。

(1) 个体特征

个体特征包括性别、籍贯、年龄、婚姻、家人随同。性别，男性赋值为 1，女性赋值为 0。籍贯，浙江省内赋值为 1，浙江省外赋值为 0。婚姻状况，将已婚定为"有配偶"，赋值为1；将未婚和离异合并为"无配偶"，赋值为0。家人随同，有1个及以上的家人随同即赋值为1，无家人随同赋值为0。年龄，16~25岁赋值为1，26~30岁赋值为2，31~36岁赋值为3，37~45岁赋值为4，45岁以上赋值为5。

（2）人力资本因素

人力资本因素包括教育程度、外出务工时间、城市迁移数量、当前城市务工时间、平均每年培训次数。教育程度，小学及以下赋值为1，初中赋值为2，高中赋值为3，中专或技校赋值为4，大专赋值为5，本科及以上赋值为6。外出务工时间和当前城市务工时间赋值一致，1年及以下赋值为1，1~3年赋值为2，4~6年赋值为3，7~10年赋值为4，11~19年赋值为5，20年以上赋值为6。城市迁移数量，未迁移赋值为1，1~3个赋值为2，3~6个赋值为3，7个及以上赋值为4。平均每年培训次数，几乎没有赋值为1，1~3次赋值为2，4~6次赋值为3，7~9次赋值为4，10次以上赋值为5。

（3）职业发展因素

职业发展因素包括职务、月平均工资、职务被提拔次数、岗位调整次数。职务，普工赋值为1，班组长赋值为2，技术员或管理人员赋值为3，车间主任或部门经理赋值为4。月平均工资，以农民工当前每月收入（或年收入平均到每月），1 500元以下赋值为1，1 500~2 500元赋值为2，2 500~3 500元赋值为3，3 500~5 000元赋值为4，5 000元以上赋值为5。职务被提拔次数和岗位调整次数是指打工以来的总体情况，"从无"赋值为1，1次赋值为2，2次赋值为3，3次赋值为4，4次赋值为5，5次及以上赋值为6。

（4）制度性因素

制度性因素包括户籍制度影响、社保、公积金、居住条件、子女教育。户籍制度影响，通过"您认为户籍制度对您迁移定居城市有影响吗"这一题项进行测量，将"没有影响"赋值为1，"有一定影响，但并不起决定作用"赋值为2，"有影响，并且起决定作用"赋值为3。社保和公积金以单位是否为受访者缴纳五险一金来测量，有赋值为1，无赋值为0。居住条件，因受访者中无人享受到了政府廉租房，不能以"保障性住房"和"非保障性住房"进行区分，简化为将单位宿舍赋值为1，出租房赋值为2，政府廉租房赋值为3，自己买房赋值为4，数据中3是空缺的。子女教育，以"您的子女上学的学校"这一题项进行测量，失学赋值为1，家乡的学校赋值为2，本地私立学校赋值为3，本地公办学校赋值为4，其他赋值为5，在实地调研中，尚未有子女的受访者对该题均以"其他"进行作答。

（5）社会资本因素

社会资本因素包括居住环境、收入分配、社会交往、消费方式。居住环境，通过"希望周围的邻居是什么人"这一题项进行测量，外来打工者赋值为1，不清楚赋值为2，当地居民赋值为3。收入分配，用于个人和家庭生活的基本消费赋值为1，用于存钱买房、子女教育花费和以后养老赋值为2，寄回家给父母赋值为3，其他赋值为4。社会交往，通过题项"您在工作之余，联络和交往的朋友最多的是"进行测量，将一起出来打工的老乡赋值为1，在城市结识的打工朋友赋值为2，城市本地人赋值为3。消费方式，也是以农民工自我感知进行测量，将"有差别，而且差别很大"赋值为1，"有差别，但差别比较小"赋值为2，"没有什么差别"赋值为3。

（6）心理资本因素

　　心理资本因素包括身份认同、本地融入、城市印象、定居规划。身份认同，通过题项"您认为自己现在的身份是"进行测量，"仍是农村人"赋值为1，"半个城里人半个农村人"赋值为2，"已经是城里人"赋值为3。本地融入，没交往赋值为1，"相处不好，总感觉有歧视"赋值为2，"还行，只是一般交往"赋值为3，"很好，大家相处愉快"赋值为4。城市印象，非常差赋值为1，比较差赋值为2，一般赋值为3，比较好赋值为4，非常好赋值为5，受访者中没有对城市印象非常差的。定居规划，通过了解农民工今后的定居打算进行测量，定居城市赋值为1，说不定赋值为2，定居农村赋值为3。变量定义见表6.2。

表6.2　变量及其定义

变量类别	变量	定义
因变量	市民化意愿	希望＝1，不希望＝0
	市民化能力	月平均收入3 500以上＝1，月平均收入3 500以下＝0
个体特征	性别	男性＝1，女性＝0
	籍贯	浙江省内＝1，浙江省外＝0
	婚姻	有配偶＝1，无配偶＝0
	家人随同	是＝1，否＝0
	年龄	16～25岁＝1，26～30岁＝2，31～36岁＝3，37～45岁＝4，45岁以上＝5
人力资本因素	教育程度	小学及以下＝1，初中＝2，高中＝3，中专或技校＝4，大专＝5，本科及以上＝6
	外出务工时间	1年及以下＝1，1～3年＝2，4～6年＝3，7～10年＝4，11～19年＝5，20年以上＝6
	城市迁移数量	未迁移＝1，1～3个＝2，3～6个＝3，7个及以上＝4
	当前城市务工时间	1年及以下＝1，1～3年＝2，4～6年＝3，7～10年＝4，11～19年＝5，20年以上＝6
	平均每年培训次数	几乎没有＝1，1～3次＝2，4～6次＝3，7～9次＝4，10次以上＝5
职业发展因素	职务	普工＝1，班组长＝2，技术员或管理人员＝3，车间主任或部门经理＝4
	月平均工资	1 500元以下＝1，1 500～2 500元＝2，2 500～3 500元＝3，3 500～5 000元＝4，5 000元以上＝5
	职务被提拔次数	从无＝1，1次＝2，2次＝3，3次＝4，4次＝5，5次及以上＝6
	岗位调整次数	从无＝1，1次＝2，2次＝3，3次＝4，4次＝5，5次及以上＝6
制度性因素	户籍制度影响	没有影响＝1；有一定影响，但并不起决定作用＝2；有影响，并且起决定作用＝3
	社保	有＝1，无＝0
	公积金	有＝1，无＝0
	居住条件	单位宿舍＝1，出租房＝2，政府廉租房＝3，自己买房＝4
	子女教育	失学＝1，家乡的学校＝2，本地私立学校＝3，本地公办学校＝4，其他＝5

（续）

变量类别	变量	定义
社会资本因素	居住环境	外来打工者＝1，不清楚＝2，当地居民＝3
	收入分配	用于个人和家庭生活的基本消费＝1，用于存钱买房、子女教育花费和以后养老＝2，寄回家给父母＝3，其他＝4
	社会交往	一起出来打工的老乡＝1，在城市结识的打工朋友＝2，城市本地人＝3
	消费方式	有差别，而且差别很大＝1；有差别，但差别比较小＝2；没有什么差别＝3
心理资本因素	身份认同	仍是农村人＝1，半个城里人半个农村人＝2，已经是城里人＝3
	本地融入	没交往＝1；相处不好，总感觉有歧视＝2；还行，只是一般交往＝3；很好，大家相处愉快4
	城市印象	非常差＝1，比较差＝2，一般＝3，比较好＝4，非常好＝5
	定居规划	定居城市＝1，说不定＝2，定居农村＝3

数据来源：农民工调查问卷整理。

6.3.2　模型构建

由于被解释变量农民工市民化意愿是一个二分变量，因此利用二分类 Logistic 回归模型对农民工市民化的意愿和能力进行实证分析，以期验证个体特征、人力资本、职业发展、制度性因素、社会资本和心理资本因素对农民工市民化意愿的影响程度。

Logistic 模型是一个概率函数，表示事件（因变量）Y 发生的概率 P 受自变量 X_i 的影响程度[9]，其基本表达式为：

$$P = g(Y) = g(\alpha + \beta_i) = \frac{1}{1 + e^{-y}} = \frac{1}{1 + e^{-(\alpha + \beta_i)}}$$

引入 $g(Y)$ 的 Logistic 变换，即可得 $f(Y)$ 与 X_i 的线性关系：

$$f(P) = \ln \frac{g(Y)}{1 - g(Y)} = \alpha + \beta_i$$

将农民工市民化意愿作为因变量，将自变量划分为个体特征、人力资本、职业发展、制度性因素、社会资本和心理资本 6 个维度。其中，农民工的个体特征包括性别、籍贯、年龄、婚姻、家人随同；人力资本因素包括教育程度、外出务工时间、城市迁移数量、当前城市务工时间、平均每年培训次数；职业发展因素包括职务、月平均工资、职务被提拔次数、岗位调整次数；制度性因素包括户籍制度影响、社保、公积金、居住条件、子女教育；社会资本因素包括居住环境、收入分配、社会交往、消费方式；心理资本因素包括身份认同、本地融入、城市印象、定居规划。

因此，影响农民工市民化意愿的 Logistic 回归模型可以表述为：

$$f(P) = \alpha + \beta_1 \chi_1 + \beta_2 \chi_2 + \beta_3 \chi_3 + \beta_4 \chi_4 + \beta_5 \chi_5 + \beta_6 \chi_6 + \beta_7 \chi_7 + \beta_8 \chi_8 + \beta_9 \chi_9 + \beta_{10} \chi_{10} +$$
$$\beta_{11} \chi_{11} + \beta_{12} \chi_{12} + \beta_{13} \chi_{13} + \beta_{14} \chi_{14} + \beta_{15} \chi_{15} + \beta_{16} \chi_{16} + \beta_{17} \chi_{17} + \beta_{18} \chi_{18} + \beta_{19} \chi_{19} +$$
$$\beta_{20} \chi_{20} + \beta_{21} \chi_{21} + \beta_{22} \chi_{22} + \beta_{23} \chi_{23} + \beta_{24} \chi_{24} + \beta_{25} \chi_{25} + \beta_{26} \chi_{26} + \beta_{27} \chi_{27} + \mu$$

式中，P 为市民化意愿，α 为常数项，表示回归截距，x_1 表示性别、x_2 表示籍贯、

x_3 表示年龄、x_4 表示婚姻、x_5 表示家人随同、x_6 表示教育程度、x_7 表示外出务工时间、x_8 表示城市迁移数量、x_9 表示当前城市务工时间、x_{10} 表示平均每年培训次数、x_{11} 表示职务、x_{12} 表示月平均工资、x_{13} 表示职务被提拔次数、x_{14} 表示岗位调整次数、x_{15} 表示户籍制度影响、x_{16} 表示社保、x_{17} 表示公积金、x_{18} 表示居住条件、x_{19} 表示子女教育、x_{20} 表示居住环境、x_{21} 表示收入分配、x_{22} 表示社会交往、x_{23} 表示消费方式、x_{24} 表示身份认同、x_{25} 表示本地融入、x_{26} 表示城市印象、x_{27} 表示定居规划，β_1 到 x_{27} 表示各指标的相关系数，μ 表示残差值。

6.4 实证分析

6.4.1 样本特征

本项研究应用 STATA 13.0 软件对调查数据进行分析，得到调查样本的基本特征（调查样本特征如表 6.3 所示）。其中，市民化意愿和市民化能力用以测量农民工市民化意愿和能力状况，其余变量是个体特征、人力资本、职业发展、制度性因素、社会资本和心理资本 6 个维度的体现，可测量农民工市民化意愿影响因素。调研数据显示，市民化意愿为 0.53，市民化能力为 0.54，两个变量均大于 0.5。由此可见，被调查对象呈现相对积极的市民化态势。

表 6.3　样本特征

变量	样本量	均值	标准差	最小值	最大值
性别	381	0.548 556 4	0.498 291	0	1
籍贯	381	0.131 233 6	0.338 099 6	0	1
婚姻	381	0.716 535 4	0.451 272 5	0	1
家人随同	381	0.837 270 3	0.369 604 2	0	1
年龄	381	2.598 425	1.249 799	1	5
教育程度	381	2.916 01	1.360 449	1	6
外出务工时间	381	3.771 654	1.315 028	1	6
城市迁移数量	381	1.900 262	0.589 848 3	1	4
当前城市务工时间	381	3.112 861	1.405 016	1	6
平均每年培训次数	381	2.729 659	1.264 032	1	5
职务	381	1.716 535	1.032 862	1	4
月平均工资	381	3.616 798	0.801 400 9	1	5
职务被提拔次数	381	2.010 499	1.281 403	1	6
岗位调整次数	381	2.188 976	1.298 17	1	6
户籍制度影响	381	1.900 262	0.665 325 4	1	3
社保	381	0.763 779 5	0.425 317 7	0	1
公积金	381	0.393 700 8	0.489 212 3	0	1

（续）

变量	样本量	均值	标准差	最小值	最大值
居住条件	381	1.742 782	0.862 665 2	1	4
子女教育	381	3.716 535	1.315 28	1	5
居住环境	381	1.847 769	0.832 198 4	1	3
收入分配	381	1.674 541	0.816 995 5	1	4
社会交往	381	1.656 168	0.648 800 5	1	3
消费方式	381	1.997 375	0.825 573 8	1	3
身份认同	381	1.427 822	0.601 019 1	1	3
本地融入	381	3.123 36	0.832 248 2	1	4
城市印象	381	3.477 69	0.630 497 6	2	5
定居规划	381	2.023 622	0.654 513 5	1	3
市民化意愿	381	0.527 559 1	0.499 896 4	0	1
市民化能力	381	0.540 682 4	0.498 997 5	0	1

数据来源：农民工调查问卷整理。

6.4.2　描述性统计与相关性分析

应用STATA13.0统计软件对调查数据进行描述性统计与相关分析，以及多元线性回归分析，得到农民工市民化意愿的影响因素估计结果。

根据问卷调查结果，通过STATA 13.0统计软件进行相关分析（表6.4）。可以得出，在个体特征变量中，家人随同（$r=0.010$）与农民工市民化意愿显著相关，其次是年龄（$r=0.016$）和婚姻（$r=-0.024$），籍贯（$r=-0.068$）和性别（$r=-0.172$）与农民工市民化意愿相关性最弱。在人力资本变量中，城市迁移数量（$r=-0.017$）与农民工市民化意愿显著相关，其次是外出务工时间（$r=-0.020$）、当前城市务工时间（$r=-0.029$）和平均每年培训次数（$r=-0.040$），教育程度（$r=-0.105$）与农民工市民化意愿相关性最弱。此外，人力资本因素相关关系呈现负值，这与赋值从1开始设定有关，详见表6.2。与个体特征比较而言，人力资本与农民工市民化相关关系较弱。在职业发展因素变量中，岗位调整次数（$r=0.012$）和职务被提拔次数（$r=-0.021$）与农民工市民化意愿相关性显著，月平均工资（$r=-0.112$）和职务（$r=-0.138$）与农民工市民化意愿的相关性最弱。在制度性因素变量中，公积金（$r=-0.001$）与农民工市民化意愿显著相关，其次是居住条件（$r=-0.032$），相关性最弱的是子女教育（$r=0.056$）、社保（$r=-0.068$）和户籍制度影响（$r=0.087$）。公积金在所有变量中与农民工市民化意愿相关性最强。在社会资本变量中，收入分配（$r=-0.030$）和消费方式（$r=-0.041$）与农民工市民化意愿相关性较弱，居住环境（$r=-0.060$）和社会交往（$r=-0.088$）与农民工市民化意愿的相关性最弱。在心理资本变量中，本地融入（$r=-0.018$）与农民工市民化意愿的相关性较弱，而身份认同（$r=0.132$）、城市印象（$r=0.175$）和定居规划（$r=-0.344$）与农民工市民化意愿的相关性最弱，且在与其他5个维度的变量比较中也显得相关性不高。

表 6.4　变量的描述性统计表和相关性分析

	1	2	3	4	5	6	7	8	9	10	11	12	13	14
1. 性别	1.000													
2. 籍贯	0.009	1.000												
3. 婚姻	-0.138	0.038	1.000											
4. 家人随同	0.014	-0.039	0.385	1.000										
5. 年龄	-0.161	0.144	0.596	0.177	1.000									
6. 教育程度	0.231	0.201	-0.163	-0.210	-0.319	1.000								
7. 外出务工时间	0.031	0.068	0.512	0.270	0.647	-0.286	1.000							
8. 城市迁移数量	0.106	-0.225	0.052	0.046	-0.076	-0.099	0.127	1.000						
9. 当前城市务工时间	-0.021	0.141	0.453	0.264	0.622	-0.236	0.780	-0.183	1.000					
10. 平均每年培训次数	0.127	0.188	0.096	0.058	0.044	0.226	0.107	-0.128	0.164	1.000				
11. 职务	0.242	0.160	0.059	-0.114	0.079	0.397	0.160	-0.150	0.189	0.328	1.000			
12. 月平均工资	0.244	0.060	0.194	-0.069	0.198	0.209	0.296	-0.020	0.284	0.272	0.517	1.000		
13. 职务获提拔次数	0.259	0.039	0.210	-0.019	0.152	0.167	0.312	0.019	0.232	0.276	0.601	0.524	1.000	
14. 岗位调整次数	0.238	0.027	0.168	-0.029	0.125	0.207	0.275	0.008	0.231	0.334	0.482	0.497	0.723	1.000
15. 户籍制度影响	-0.049	-0.105	-0.068	-0.002	-0.162	0.072	-0.155	-0.066	-0.154	-0.035	-0.026	-0.116	0.032	0.001
16. 社保	0.216	0.106	0.075	0.073	-0.030	0.152	0.129	0.032	0.217	0.243	0.087	0.166	0.111	0.153
17. 公积金	0.105	0.116	0.078	0.093	0.023	-0.057	0.128	-0.010	0.199	0.253	-0.075	0.017	0.014	0.048
18. 居住条件	-0.032	0.486	0.184	0.248	0.234	-0.093	0.215	-0.113	0.285	0.083	-0.103	-0.067	-0.079	-0.025
19. 子女教育	0.121	0.143	-0.575	-0.220	-0.391	0.237	-0.287	-0.057	-0.236	-0.038	0.061	-0.073	-0.081	-0.058
20. 居住环境	0.037	0.286	0.053	0.048	0.103	0.135	0.103	-0.095	0.206	0.041	0.060	0.050	0.009	0.071
21. 收入分配	-0.065	-0.102	-0.137	-0.036	-0.025	0.013	-0.035	-0.040	-0.057	-0.012	-0.035	0.070	0.086	0.078
22. 社会交往	0.097	0.422	-0.046	-0.080	-0.028	0.265	0.047	-0.097	0.086	0.082	0.196	0.151	0.150	0.168
23. 消费方式	-0.041	0.180	0.040	-0.036	0.116	-0.049	0.135	0.037	0.114	0.055	0.073	0.082	0.067	0.003

（续）

	1	2	3	4	5	6	7	8	9	10	11	12	13	14
24. 身份认同	-0.118	0.099	0.080	0.006	0.128	0.096	0.101	-0.058	0.117	0.066	0.128	0.090	0.138	0.169
25. 本地融入	0.116	0.242	0.016	-0.012	0.048	0.142	0.132	-0.087	0.263	0.164	0.114	0.186	0.078	0.129
26. 城市印象	-0.007	0.076	0.015	-0.050	0.047	-0.002	-0.011	-0.013	0.022	0.073	0.047	0.087	0.036	0.037
27. 定居规划	0.122	-0.085	0.014	0.016	0.095	-0.196	0.110	0.061	0.063	-0.072	-0.017	0.052	0.044	0.016
28. 市民化意愿	-0.172	-0.068	-0.024	0.010	0.016	-0.105	-0.020	-0.017	-0.029	-0.040	-0.138	-0.112	-0.021	0.012
29. 市民化能力	0.286	0.015	0.145	-0.050	0.142	0.183	0.217	-0.004	0.232	0.257	0.390	0.855	0.432	0.423

	15	16	17	18	19	20	21	22	23	24	25	26	27	28	29
1. 性别															
2. 籍贯															
3. 婚姻															
4. 家人随同															
5. 年龄															
6. 教育程度															
7. 外出务工时间															
8. 城市迁移数量															
9. 当前城市务工时间															
10. 平均每年培训次数															
11. 职务															
12. 月平均工资															
13. 职务被提拔次数															
14 岗位调整次数															
15. 户籍制度影响	1.000														
16. 社保	0.010	1.000													

（续）

	15	16	17	18	19	20	21	22	23	24	25	26	27	28	29
17. 公积金	0.000	0.410	1.000												
18. 居住条件	−0.095	0.157	0.241	1.000											
19. 子女教育	0.001	0.059	−0.010	−0.011	1.000										
20. 居住环境	−0.089	0.144	0.064	0.334	0.045	1.000									
21. 收入分配	0.076	−0.040	−0.028	−0.097	0.024	−0.019	1.000								
22. 社会交往	−0.074	0.096	0.021	0.265	0.151	0.264	−0.088	1.000							
23. 消费方式	−0.144	0.013	0.042	0.099	−0.037	0.042	0.096	0.077	1.000						
24. 身份认同	−0.018	0.046	0.079	0.086	0.054	0.041	0.086	0.189	0.092	1.000					
25. 本地融入	−0.116	0.320	0.139	0.213	0.059	0.187	−0.069	0.201	0.192	0.089	1.000				
26. 城市印象	−0.062	0.078	−0.117	0.014	0.030	0.089	−0.030	0.107	0.078	0.077	0.208	1.000			
27. 定居规划	0.042	0.049	0.102	−0.045	−0.075	−0.066	−0.020	−0.068	−0.015	−0.213	−0.126	−0.238	1.000		
28. 市民化意愿	0.087	−0.068	−0.001	−0.032	0.056	−0.060	−0.030	−0.088	−0.041	0.132	−0.018	0.175	−0.344	1.000	
29. 市民化能力	−0.123	0.157	−0.012	−0.043	−0.039	0.034	0.052	0.088	0.042	−0.001	0.162	0.072	0.033	−0.081	1.000

根据统计结果分析可知，个体特征变量中的家人随同，人力资本变量中的城市迁移数量，职业发展变量中的岗位调整次数、职务被提拔次数，制度性因素变量中的公积金与农民工市民化意愿存在着较为显著的相关关系；社会资本变量中的收入分配、消费方式，心理资本变量中的本地融入与农民工市民化意愿存在相关关系，但相关性较弱。这初步说明了农民工的个体特征、人力资本、职业发展、制度性因素维度对其市民化意愿存在影响，后续的回归分析将更清晰地呈现当前农民工市民化意愿的影响机制。

6.4.3　实证分析

（1）农民工市民化意愿影响因素分析

表 6.5 报告了农民工市民化意愿影响因素的二分类 Logistic 回归结果，结果表明个体特征、职业发展、制度性因素、社会资本和心理资本对农民工市民化意愿有显著影响，其中心理资本、职业发展和制度性因素相关变量对农民工市民化意愿的影响尤为显著。

表 6.5　农民工市民化意愿影响的回归分析

变量	系数	标准误	t 值	P 值	95% 的置信区间	
性别	−0.111 42	0.055 104	−2.02**	0.044	−0.219 79	−0.003 04
籍贯	−0.036 76	0.092 581	−0.40	0.692	−0.218 84	0.145 324
婚姻	−0.100 64	0.082 763	−1.22	0.225	−0.263 42	0.062 13
家人随同	0.038 937	0.074 427	0.52	0.601	−0.107 44	0.185 314
年龄	0.037 99	0.030 544	1.24	0.214	−0.022 08	0.098 061
教育程度	−0.032 51	0.023 478	−1.38	0.167	−0.078 69	0.013 661
外出务工时间	0.022 268	0.035 398	0.63	0.530	−0.047 35	0.091 887
城市迁移数量	−0.035 92	0.047 441	−0.76	0.449	−0.129 22	0.057 384
当前城市务工时间	−0.023 05	0.033 122	−0.70	0.487	−0.088 19	0.042 097
平均每年培训次数	−0.014 37	0.021 838	−0.66	0.511	−0.057 32	0.028 579
职务	−0.074 08	0.034 128	−2.17**	0.031	−0.141 2	−0.006 96
月平均工资	−0.062 68	0.064 705	−0.97	0.333	−0.189 94	0.064 576
职务被提拔次数	0.034 003	0.030 747	1.11	0.270	−0.026 47	0.094 474
岗位调整次数	0.046 659	0.027 614	1.69*	0.092	−0.007 65	0.100 968
户籍制度影响	0.069 967	0.037 049	1.89*	0.060	−0.002 9	0.142 833
社保	−0.032 5	0.066 877	−0.49	0.627	−0.164 03	0.099 033
公积金	0.083 774	0.057 34	1.46	0.145	−0.029	0.196 546
居住条件	−0.030 65	0.035 9	−0.85	0.394	−0.101 25	0.039 957
子女教育	0.032 493	0.022 812	1.42	0.155	−0.012 37	0.077 359
居住环境	−0.017 72	0.031 364	−0.57	0.572	−0.079 4	0.043 963
收入分配	−0.059 66	0.030 522	−1.95*	0.051	−0.119 68	0.000 372

（续）

变量	系数	标准误	t 值	P 值	95％的置信区间	
社会交往	−0.054 4	0.043 019	−1.26	0.207	−0.139	0.030 209
消费方式	−0.012 68	0.030 215	−0.42	0.675	−0.072 11	0.046 742
身份认同	0.052 135	0.042 741	1.22	0.223	−0.031 92	0.136 195
本地融入	−0.011 18	0.032 916	−0.34	0.734	−0.075 91	0.053 561
城市印象	0.098 236	0.040 122	2.45 **	0.015	0.019 327	0.177 144
定居规划	−0.260 81	0.039 673	−6.57 ***	0.000	−0.338 84	−0.182 78
_ cons	1.054 283	0.322 369	3.27 ***	0.001	0.420 271	1.688 295

注：***、**、和 * 分别表示在 0.01、0.05 和 0.1 的水平上显著。

个体特征方面，性别（$t=-2.02$，$P<0.05$）对农民工市民化意愿有显著影响，籍贯、年龄、婚姻和家人随同对农民工市民化意愿无显著影响。性别在描述性统计中也显示，尽管女性农民工人数在受访者中占比少，但其市民化意愿却比男性农民工更加强烈。而籍贯、年龄、婚姻状况和家人随同对农民工市民化意愿的影响不那么显著，也与描述性统计分析结果相吻合。人力资本方面，教育程度、外出务工时间、城市迁移数量、当前城市务工时间和平均每年培训次数对农民工市民化意愿无显著影响，但教育程度（$t=-1.38$，$P=0.167$）比较接近在 $P<0.1$ 的水平上对农民工市民化意愿的显著影响。职业发展方面，职务（$t=-2.17$，$P<0.05$）和岗位调整次数（$t=1.69$，$P<0.1$）对农民工市民化意愿有显著影响，月平均工资和职务被提拔次数对农民工市民化意愿无显著影响。制度性因素方面，户籍制度影响（$t=1.89$，$P<0.1$）对农民工市民化意愿有显著影响，公积金（$t=1.46$，$P=0.145$）和子女教育（$t=1.42$，$P=0.155$）比较接近在 $P<0.1$ 的水平上对农民工市民化意愿的显著影响，社保和居住条件对农民工市民化意愿无显著影响。社会资本方面，收入分配（$t=-1.95$，$P<0.1$）对农民工市民化意愿有显著影响，居住环境、社会交往和消费方式对农民工市民化意愿无显著影响。心理资本方面，定居规划（$t=-6.57$，$P<0.01$）和城市印象（$t=2.45$，$P<0.05$）对农民工市民化意愿有显著影响，身份认同和本地融入对农民工市民化意愿无显著影响。

总体上来说，农民工个体特征、职业发展、制度性因素、社会资本和心理资本维度变量对农民工市民化意愿具有较为显著的影响，其中定居规划、城市印象、收入分配、户籍制度影响、性别、职务、岗位调整次数这几个变量对农民工市民化意愿的影响尤为显著。

（2）农民工市民化能力影响因素分析

农民工市民化意愿是主观想法，但从落地性来看，能否真正实现市民化，还是要看农民工客观上是否已经具备了实现市民化的能力。因此，在探讨农民工市民化意愿影响因素这个话题时，也要同步探讨农民工市民化能力的影响因素，从能力角度来看影响农民工市民化意愿的关键因素。

农民工市民化能力，一般是指农民工是否具备在城市生活的能力，基本可以通过农民工的收入来体现，由于农民工收入多以工资性收入为主，所以工资性收入在很大程度上可以反映农民工在经济层面立足城市的能力；而城镇居民人均可支配收入主要反映农民工所在城市的居民收入水平和生活水平，因此可以通过农民工个人年收入与同期城镇居民人均可支配收入的比值来进行农民工市民化能力的测算[11]，这个测试指标的结果基本能够客观、合理地反映出农民工是否具备市民化能力。如果农民工个人年收入与同期城镇居民人均可支配收入的比值大于等于 1，可定义为有市民化能力；反之，比值小于 1，则定义为无市民化能力。根据调查数据，农民工个人年收入用农民工个人月平均收入乘以 12 计算得出；同期城镇居民人均可支配收入选取浙江省 2016 年（即课题调查的年份）居民人均收入作为比较对象。浙江省 2016 年居民人均收支主要指标见表 6.6。

表 6.6　浙江省 2016 年居民人均收支主要指标

指标	全省居民		城镇常住居民		农村常住居民	
	绝对数（元）	增长（%）	绝对数（元）	增长（%）	绝对数（元）	增长（%）
人均可支配收入	38 529	8.4	47 237	8.1	22 866	8.2
工资性收入	22 207	7.5	26 656	6.8	14 204	8.5
经营净收入	6 589	6.6	7 126	7.2	5 622	4.8
财产净收入	4 337	6.3	6 381	5.5	662	8.9
转移净收入	5 396	16.7	7 074	16.5	2 378	15.1
人均生活消费支出	25 527	5.8	30 068	4.9	17 359	7.8

资料来源：浙江省统计局《2016 年浙江省国民经济和社会发展统计公报》。

被解释变量农民工市民化能力同样是一个二分变量，根据农民工个人年收入与同期城镇居民人均可支配收入的比值估算，选取月平均收入 3 500 以上代表"有市民化能力"，赋值为 1；选取月平均收入 3 500 以下代表"没有市民化能力"，赋值为 0。

解释变量与农民工市民化意愿影响因素分析相同，包括农民工个体特征、人力资本、职业发展、制度性因素、社会资本和心理资本 6 个维度的 27 个变量，运用二分类 Logistic 回归模型对农民工市民化能力的影响因素进行实证分析。表 6.7 报告了农民工市民化能力影响因素的二分类 Logistic 回归结果，结果表明个体特征、人力资本、职业发展、制度性因素和心理资本对农民工市民化能力有显著影响，其中人力资本、职业发展和制度性因素相关变量对农民工市民化能力的影响尤为显著，社会资本对农民工市民化能力无显著影响。

表 6.7　农民工市民化能力的回归分析

变量	系数	标准误	t 值	P 值	95% 的置信区间	
性别	0.090 185	0.030 71	2.94***	0.004	0.029 787	0.150 583
籍贯	−0.062 96	0.051 827	−1.21	0.225	−0.164 89	0.038 968
婚姻	0.015 048	0.046 508	0.32	0.746	−0.076 42	0.106 516
家人随同	−0.012 22	0.041 753	−0.29	0.770	−0.094 34	0.069 892
年龄	0.006 454	0.017 164	0.38	0.707	−0.027 3	0.040 212
教育程度	0.006 003	0.013 199	0.45	0.650	−0.019 96	0.031 963

职业发展视角下农民工市民化研究 ——基于浙江制造业的调查

（续）

变量	系数	标准误	t 值	P 值	95%的置信区间	
外出务工时间	−0.040 83	0.019 744	−2.07**	0.039	−0.079 66	−0.002
城市迁移数量	0.014 231	0.026 618	0.53	0.593	−0.038 12	0.066 582
当前城市务工时间	0.031 661	0.018 512	1.71*	0.088	−0.004 75	0.068 069
平均每年培训次数	0.021 427	0.012 202	1.76*	0.080	−0.002 57	0.045 425
职务	−0.049 09	0.019 089	−2.57**	0.011	−0.086 63	−0.011 54
月平均工资	0.546 193	0.021 746	25.12***	0.000	0.503 424	0.588 961
职务被提拔次数	0.007 566	0.017 27	0.44	0.662	−0.026 4	0.041 53
岗位调整次数	0.002 94	0.015 549	0.19	0.850	−0.027 64	0.033 52
户籍制度影响	−0.018 47	0.020 861	−0.89	0.377	−0.059 5	0.022 556
社保	0.012 166	0.037 515	0.32	0.746	−0.061 62	0.085 946
公积金	−0.067 11	0.032 057	−2.09**	0.037	−0.130 16	−0.004 06
居住条件	0.032 24	0.020 082	1.61	0.109	−0.007 25	0.071 735
子女教育	0.013 877	0.012 81	1.08	0.279	−0.011 32	0.039 07
居住环境	−0.008 61	0.017 592	−0.49	0.625	−0.043 21	0.025 992
收入分配	−0.001 28	0.017 21	−0.07	0.941	−0.035 13	0.032 569
社会交往	−0.023 62	0.024 149	−0.98	0.329	−0.071 11	0.023 878
消费方式	−0.004 12	0.016 949	−0.24	0.808	−0.037 46	0.029 211
身份认同	−0.053 09	0.023 854	−2.23**	0.027	−0.100 01	−0.006 18
本地融入	−0.003 60	0.018 462	−0.20	0.844	−0.039 94	0.032 677
城市印象	−0.011 6	0.022 684	−0.51	0.609	−0.056 21	0.033 015
定居规划	−0.015 12	0.023 563	−0.64	0.521	−0.061 46	0.031 22
_cons	−1.322 49	0.169 448	−7.80***	0.000	−1.655 75	−0.989 24

注：***、**、和 * 分别表示在 0.01、0.05 和 0.1 的水平上显著。

个体特征方面，性别（$t=2.94$，$P<0.01$）对农民工市民化能力有显著影响，籍贯、年龄、婚姻和家人随同对农民工市民化能力无显著影响。人力资本方面，外出务工时间（$t=-2.07$，$P<0.05$）、当前城市务工时间（$t=1.71$，$P<0.1$）和平均每年培训次数（$t=1.76$，$P<0.1$）对农民工市民化能力有显著影响，教育程度和城市迁移数量对农民工市民化能力无显著影响。职业发展方面，职务（$t=-2.57$，$P<0.05$）和月平均工资（$t=25.12$，$P<0.01$）对农民工市民化能力有显著影响，职务被提拔次数和岗位调整次数对农民工市民化能力无显著影响。制度性因素方面，公积金（$t=-2.09$，$P<0.05$）对农民工市民化能力有显著影响，户籍制度影响、社保和子女教育对农民工市民化能力无显著影响，居住条件（$t=1.61$，$P=0.109$）比较接近在 $P<0.1$ 的水平上对农民工市民化意愿的显著影响。心理资本方面，身份认同（$t=-2.23$，$P<0.05$）对农民工市民化能力有显著影响，本地融入、城市印象和定居规划对农民工市民化能力无显著影响。

总体来说，农民工个体特征、人力资本、职业发展、制度性因素和心理资本维度变量对农民工市民化能力有较为显著的影响，其中月平均工资、性别、职务、外出务工时间、公积金、身份认同、当前城市务工时间和平均每年培训次数这几个变量对农民工市民化能力的影响尤为显著。

6.5　结论与启示

本章以"农民工市民化意愿"这一问题为切入点，运用浙江省内杭州临安、绍兴诸暨、金华义乌、台州椒江和嘉兴秀洲5个比较典型的制造业产业集聚区的电线电缆、节能灯光源、纺织袜业、弹簧机械、毛巾、吸管、缝纫机等14家企业劳动密集型制造业企业的381位农民工的实地调查数据，以制造业企业范畴内的农民工群体为研究对象，就影响农民工市民化意愿和能力的个体特征、人力资本、职业发展、制度性因素、社会资本和心理资本6个维度的27个变量进行了探讨，实证研究了农民工市民化意愿和能力的影响因素。

研究结果表明，就农民工市民化意愿的影响因素而言，农民工个体特征、职业发展、制度性因素、社会资本和心理资本维度变量对农民工市民化意愿具有较为显著的影响。其中，以心理资本、制度性因素和职业发展3个维度对农民工市民化意愿影响更为显著。具体到相关变量，定居规划、城市印象、收入分配、户籍制度影响、性别、职务、岗位调整次数变量对农民工市民化意愿影响显著。其中，定居规划、城市印象和职务影响最大，性别、收入分配、户籍制度影响和岗位调整次数次之。就农民工市民化能力的影响因素而言，农民工个体特征、人力资本、职业发展、制度性因素和心理资本维度变量对农民工市民化能力有较为显著的影响，社会资本对农民工市民化能力没有明显影响。其中，以职业发展和人力资本2个维度对农民工市民化能力影响更为显著。具体到相关变量来看，性别、月平均工资、外出务工时间、职务、公积金、身份认同、当前城市务工时间、平均每年培训次数变量对农民工市民化能力的影响显著。其中，月平均工资和性别影响最大，职务、身份认同、公积金和外出务工时间影响次之。此外，从研究对象的市民化能力和市民化意愿的数据来看，受访者中有市民化能力的农民工人数整体上略高于有市民化意愿的，有市民化能力的占比高于有市民化意愿的占比1.3个百分点。而有市民化能力部分中有市民化意愿的占比仅为49.02%，不到半数，与农民工总体的市民化意愿占比的52.76%情况基本一致。

从上述实证研究结论可以看出，随着中国经济的高速发展，户籍制度的不断改革深化，社会保障的进一步提升，之前牢牢锁住农民工权益和发展的城乡二元制枷锁已逐渐淡出历史舞台，城市户籍背后的附加值也势必日益轻量化，这带来的是农民工市民化意愿的不断弱化。具体来讲，市民化所附带的价值随着我国经济社会的发展已经越来越弱，越来越缺乏吸引力，对于还没有能力市民化的农民工而言，市民化仍然是有一些吸引力的，他们需要通过市民化来保障自身的各项权益；而对于已经能够市民化的农民工而言，市民化本身的价值就没有吸引力了，他们已经通过市民化能力积累的过程实现了市民可享有的权益，是否市民化对于他们而言已经没有实质意义，甚至可以说成了鸡肋。换句话讲，市民化的本质可以解读为如何更好地保障以农民工为代表的农民享有改革发展的成果的问题，是保障农民工基本权益，享有基本的改革发展成果的底线。至于上限，农民工自身的更好发展，并不在农民工市民化的范畴内，农民工自身的发展超过一个临界点后，农民工是否市民化已经没有实质意义。由此，甚至可以妄言，从研究角度来讲，农民工市民化研究将成为过去。农民工市民化研究，要更聚焦到政府和社会层面，研究如何保障农民工公平享有应有的权利和改革成果；要更聚焦到农民工个体职业发展层面，研究如何提升自我的职业能力，积累足够的市民化能力，以突破农民工市民化的临界点。

综上，面对当前中国经济社会快速发展的现状，农民工市民化的研究，是一定要被放入整个经济社会迅猛发展的背景中去考虑的，是一定要根据农民工的不同类型和细分来探讨不同的农民工市民化实现路径的。所以，本项研究以制造业企业中的农民工为切入点，对农民工转型为产业工人后再由产业工人过渡到市民，最终实现农民工市民化的路径的探索是切实可行的、是有积极意义的。

参考文献

[1] 国家统计局.2019 年农民工监测调查报告 ［R/OL］.（2020 - 04 - 30）.http：//www. stats. gov. cn/tjsj/zxfb/202004/t20200430_1742724. html.

[2] 刘达，韦吉飞，李晓阳.人力资本异质性、代际差异与农民工市民化 ［J］.西南大学学报（社会科学版），2018，44（02）：58 - 68＋192.

[3] 杨英强.现阶段农民工市民化问题研究 ［D］.成都：西南财经大学，2008.

[4] 刘小年.农民工市民化的影响因素：文献述评、理论建构与政策建议 ［J］.农业经济问题，2017，38（01）：66 - 74.

[5] 葛信勇.农民工市民化影响因素研究 ［D］.重庆：西南大学，2011.

[6] 韩玉梅.新生代农民工市民化问题研究 ［D］.哈尔滨：东北农业大学，2012.

[7] 马金龙.回族农民工市民化研究 ［D］.咸阳：西北农林科技大学，2013.

[8] 李抗.农民工市民化进程中的财政政策研究 ［D］.北京：财政部财政科学研究所，2015.

[9] 黄锟.中国农民工市民化制度分析 ［D］.武汉：武汉大学，2009.

[10] 李实，邢春冰.农民工与城镇流动人口经济状况分析 ［M］.北京：中国工人出版社，2016.

[11] 温馨.农民工市民化研究——基于农民工内部分化的视角 ［D］.长春：吉林大学，2018.

第7章
农民工市民化实现路径

7.1 农民工市民化路径的理论探索

7.1.1 农民工市民化的基本路径

在"农民工市民化障碍及路径"的文献回顾中发现，农民工市民化面临着自身条件和外部环境等重重障碍，突破这些障碍需要多方协同推进——既需要农民工自身提升人力资本，也要求政府作出相应制度安排。农民工市民化过程中必须对农民工进行分层、分类区别对待，同时又要对大中小城市进行分类引导。概括起来，我国农民工市民化进程伴随着工业化、城市化进程[1]，这一进程表现为3个环节，首先是实现职业转变，即"离土不离乡"，从农业转向非农产业，实现非农化；其次是实现地域转移，即"离土又离乡"，从农村进入城市，由分散居住迁移到城镇集居，变成流动于城乡之间的农民工；最后实现角色转型，农民工在社会属性的各个方面上真正转变为城市市民，最终实现市民化[2]。鲁强结合刘传江等、彭远春、李爱芹等学者的研究，将这3个环节概括为农村退出、城市进入以及城市融合，并初步勾画出如图7.1所示的农民工市民化路径[3]。

图 7.1　农民工市民化路径

资料来源：鲁强. 农民工市民化问题研究综述——研究范式、现实障碍与路径趋势［J］. 山东财经大学学报，2017，29（03）：46-59。

7.1.2 农民工市民化的实现模式

由于我国国情复杂，新中国成立后很长一段时期内工业化、城市化进程较慢，特别是长达30年的城乡二元分割，使得农民工市民化不可能一蹴而就，远远没有上述3个环节那么简单。为此，需要进一步探索市民化模式。

首先是关于国内农民市民化模式的研究，黄爱教[4]提出了3种农民市民化模式，分别为小城镇发展模式、城中村发展模式、农民工市民化模式;并基于权利视野,借鉴当下发达国家的农民市民化模式,提出现阶段我国农民市民化进程应选取权利普适型模式,切实保障农民权利的实现。

其次是关于国外农民市民化模式的比较研究。姚延婷[5]比较了4个发达国家的农民市民化模式,其中英国模式为强制式的农民市民化,美国模式为自由迁移式的农民市民化,日本模式为跳跃式转移的农民市民化,韩国模式为快速融入式的农民市民化。

林建永、张同林考察了上海农民工现状,认为作为一线城市的上海,其大部分农民工正不断失去返乡成为农民的机会,同时市场经济决定了他们也不具备在上海像市民一样长期生活的条件,因此提出农民"海归模式"市民化是上海农民工的现实选择。他们进而认为,根据美国的经验,上海外来人口过快市民化可能带来大城市综合病。所谓"海归模式"亦即第三地市民化模式,它既不是"离土不离乡"的出生地市民化模式,也不是"离土又离乡"的传统意义的就业地市民化模式,而是"海归"式的迁移模式。这种农民的"海归模式"指的是从农村出来,到大城市就业或上学,在中小城市实现市民梦[2]。

与"海归模式"相类似的是罗竖元提出的农民工"进城打工学习—积累创业资本—返乡创业实践"模式,即随着农民工群体"二次分化"的加剧,在引导农民工在大城市实现"异地市民化"的同时,也要积极引导一部分农民工通过"返乡创业"返回中小城镇实现"本地市民化",加快职业上"去体力化"和身份上"去农民工化"的进程[6];另外,张翼将目前农民工市民化的实现路径概括为"农民工户籍化城镇化"和"农民工常住化城镇化"2类[7],面对不同的农民工群体,市民化应进行分类引导,采取不同的市民化模式。其实对应的也就是"本地市民化"和"异地市民化"。

通过文献研究,并结合课题组多年跟踪调研,发现农民工市民化的路径并不是从"农村"到"城市"这种单一方向、单一路径的"点对点"式,而是迂回曲折的,勾画出的简化的"模式"如图7.2所示。

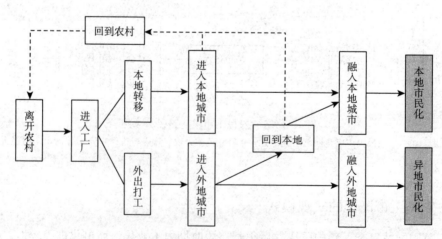

图7.2　农民工市民化实现模式

资料来源:综合现有文献,并结合作者课题调研总结而来。

由图7.2可以看出,从总的方向或目标来看,毫无疑问是农民工从农村流向城市,并且绝大部分会进入工厂并从农民转变为工人。但是从路径来看，首先分为 2 个，即一部分农民工离开农村后进入本地乡镇或县域范围内的企业，其中的一部分通过职业发展获得比较稳定的岗位甚至职位晋升，同时实现资金积累，在城市购房定居，从而进入并融入城市，实现本地市民化。相应地，另一部分农民工则是远离家乡外出打工，他们长年在家乡与打工地之间往返漂泊，甚至在不同城市之间辗转奔波，最终只有一小部分人通过较好的职业发展获得较高、较为稳定的收入，适应打工地的生活，从而在打工地定居，并且融入打工所在城市，实现异地市民化；而大多数人则回到自己的家乡，其中只有少部分人在家乡所在的乡镇或县城定居并创业，实现本地市民化（其中以新生代农民工居多），而大部分人（特别是老一代农民工）由于技能或体力适应不了企业或城市打工，只能回到农村，做回农民，终结打工生涯——当然同时也就终结了"农民工"身份。

7.2 农民工市民化路径的案例分析

7.2.1 农民工市民化路径的典型案例

2016 年暑假，课题组深入浙江省 4 个比较典型的先进制造业产业集聚区的 14 家企业，深度访谈了每家企业的人力资源总监或人力资源部经理共计 14 人，以及 14 家企业的优秀农民工代表，共计 46 人。以下是从这 60 份访谈记录中整理出的典型案例。

农民工案例一　杭州宇中高虹照明电器有限公司员工 H

H 的老家是安徽蚌埠，47 岁，初中学历。2001 年来到杭州宇中高虹照明电器有限公司，现为 LED 分厂的厂长，月工资 1 万元。有 2 个女儿，大女儿已出嫁，小女儿读高三。起初 H 与妻子一起在厂里上班。3 年后，妻子在临安开了一家早点店。老家的耕地人均 3 亩，留给弟弟种。虽然公司提供住房，H 还是在外面租房，并且表示租房周边外地人比较多，邻里之间相处比较融洽。对于自己的身份是农村人还是城市人的问题，H 表示：

"综合各方面来讲，我觉得自己已经接近城里人了，这边的物价我能承受，车也买了。但我觉得我还是个农村人。可能是因为有乡土情结吧，我现在还是想住在农村，比较舒服。农村现在路也通了，空气也好。"

对于以后的生活，H 考虑到父母、亲戚、朋友都在老家，另外以后自己年纪大了，会不被公司需要，或者说自己不适应岗位了，因此还是考虑回老家发展。

"我个人的想法是做到 55 岁左右，也可能感受到压力了就走，比如自己的文化水平或学历跟不上工作需要，做事情可能就特别吃力。还有，以后年龄大了，差不多到 55、60 岁时，公司就不要了，现在 45 岁以上的一线操作工就不被公司需要了。我们出来打工的目的就是赚钱，但这么多年也没有很好的机会去做别的事情，一直在公司里工作。如果有机会，我想去做点别的事情，比如开一家店，人总是要有梦想的嘛，不管年龄大小，总是想做点事情。"

农民工案例二　浙江梦娜袜业股份有限公司员工 X

X 是四川广元人，36 岁，高中学历。1996 年，在广州的玩具厂打工，2000 年，到广州的鞋厂打工。2002 年，回老家养了 3 年猪，共 100 多头。2006 年，来到浙江梦娜袜业股份有限公司，从一线员工做到顶班，2008 年，成为车间主任。工资从 1 000 元涨到 5 000 元。家里有 5 口人，丈夫在外地工作，孩子在老家跟爷爷奶奶一起生活。家里有 7~8 亩耕地，由父母打理。

由于义乌房价过高，目前 X 依住在员工宿舍，但 X 在老家的县城里买了房。X 表示义乌的物价是可以接受的，其消费集中于应酬方面，作为车间主任，X 喜欢跟员工亲近一点，偶尔出去聚一下。X 认为自己的消费水平没办法跟当地人比，和当地人生活在一起，压力会很大，和同等消费水平的人生活在一起就会轻松一点。

"我接受不了城里的生活，即使我有房有车，城里人也还是不愿跟我交往，感觉我在说话、做事等方面跟他们还是有差别的，他们从小生活在城里，对事物的接受能力或看待事情的角度跟我们农村人不一样。即使他们工资没我高，但他们还是不喜欢打工的人。我始终感觉我是个农村人，回到农村老家就特舒服，住在县城的房子里就很不舒服。"

X 表示影响其和家人在城市定居的因素是收入和适应性。不适应城市生活是心态问题，自我调整后是可以接受的；最关键的是没有稳定的收入，说到这里，X 表示在城市生活压力很大，怕自己以后承担不起。

"今后我还是要回农村，在城里买房是想给小孩一个平台，这样小孩在初中、高中阶段都可以在城里住。我应该在 4~6 年后就回老家。因为我觉得农村的生活条件、交通等都挺好的。我回去后还是想做养殖，我喜欢这份工作。"

农民工案例三 义乌市双童日用品有限公司员工 Z

Z 的老家在浙江衢州农村，38 岁。初中毕业后在萧山做冥纸，做了 2 年，工资每月 200~300 元，后来经亲戚介绍来到义乌市双童日用品有限公司，Z 认为该公司工资、工作环境方面较好，就一直留在这家公司。中途因结婚、生子停了 6 年时间，2004 年回来后就一直在这家公司工作。Z 从起初的操作工，到车间班长，再到质检员，又到终检，目前负责生产计划工作，统筹整个公司的生产协调。

"一个车间 100 多人，我们有 3 个车间，总共约 400 人。我们 3 个车间的员工工资基本上在 4 000~6 000 元，我现在收入为八九千元。员工有工龄补贴，但我没有工龄补贴，因为我有'五险一金'，每个月扣 400 多块钱，其余的都是由公司交。"

Z 有 2 个儿子，加上父母，总共 6 个人都在义乌。家里的 2 亩田地都给别人种。丈夫在工地上班，月工资 7 000~8 000 元。母亲也在该厂上班，流动岗位，不算正式员工，顺便帮 Z 带小孩，住集体宿舍。父亲由于身体原因暂时回到老家。Z 的 2 个儿子都在义乌上学，公司领导帮员工联系正规学校，因此入学比较方便。目前，Z 和丈夫、孩子住在公司安排的套间里。Z 平时交往的圈子里基本上都是车间里的同事和老乡，每月家庭消费约 3 000 元，Z 表示义乌的物价水平是可以接受的。

Z 认为城里人的标志是有房子，Z 表示也想在义乌买套房子，但 100 多万的房子价位已经超过自己的能力范围。

"我的工资是 8 000 多元，我老公 7 000 多元，加起来是 16 000 元，去掉家里的吃饭钱、过年买衣服、生病的开销，像我老爸去年生病花了 10 多万元，我现在还欠着债。家里盖房子花了 60 多万元，因为我们有 2 个儿子，肯定要 2 栋房子，所以我们现在就想多挣点钱，先造好家里的房子，再供 2 个小孩上学，他们上完学我们就能存钱了。"

Z 认为从国家的大形势来看，尽管打工前景不好，但自己工作的这家公司还算好，前景也不错。虽然 Z 认为公司待遇不错，但她依然认为自己是农村人。谈到今后的打算，Z 表示希望自己能继续在该公司上班，等年龄大了再回家创业。

"如果待遇好的话，我就一直在这个厂里待下去。因为我这个人的性格就是这样，我不喜欢跳槽。我比较喜欢踏实地做事，想做一件事我就一定要把这件事做好，我不喜欢换来换去。等到年纪大了，小孩都读高中、读大学后，我的想法是打工到 45 岁左右，再回老家自己开家小店，年纪大了，想继续打工也做不下去了。"

农民工案例四　杭州兴发传输设备有限公司员工 C

C 是杭州兴发传输设备有限公司的普通一线员工，籍贯是湖北黄冈，1972 年出生，家里 4 口人。丈夫也在临安工作，儿子 16 岁，从小在临安上学，现于临安读高中，父亲也在临安。C 第一次打工是 1997 年，在广东做包装盒，每月四五百块钱，一年不到就回到老家结婚生子。6 年后来到临安，经亲戚介绍到"兴发"上班。做了 4 年编织工，后来做质检工作，近 5 年一直担任质检的班长，工资目前为每月 3 500 元左右。

"老家的耕地约有 3 亩，原打算种稻谷，但由于水田缺水，实在没办法才出来打工，当时我家人都不想出来打工，但在家一年都存不到钱。现在养儿子、娶媳妇、上大学都要钱，所以我坚决要出来工作。现在收入处于中等水平，已经在临安买了 1 套房子。但我也没想把户口迁来临安，我不知道将来临安的政策是怎样的，我们老家的政策又是怎样的，也不知道我们把户口迁过来后养老保险会怎么发。好像国家政策是支持买房子了就迁户口，但是我们觉得现在我在这里买了房子，然后家里的田地还是我的，这样心里比较踏实。其实我觉得出于大的方面来考虑，如果这边的政策能让我将来在这里容身，我又何必要回老家去呢？"

C 认为成为城市人的标志——户口不是关键，而房子算是一个关键，其次，工作稳定也很关键，从另一个角度来讲就是收入稳定，收入是市民非常重要的一个标志，最后就是工作之余要有业余生活。

"我在念书时就想成为一个城市人，但我感觉自己现在还达不到城市人的标准，无论是从经济方面还是其他方面来说，可能是自己能力不够吧。我们是从农村来的，没怎么念书，如果能考上大学，那么毕业后就能找一份很好的工作。说实话，我们农民工没得选择，所以很多时候都无可奈何。"

总体而言，C 表示临安的治安、教育、服务等方面都不错，希望将来的养老保险待遇可以跟当地人一样，即使不迁户口，也可以享有跟当地人一样的待遇，这样才能成为真正意义上的市民。

农民工案例五　杭州宇中高虹照明电器有限公司员工 T

T 是江西广昌人，37 岁，中专毕业后就到杭州宇中高虹照明电器有限公司工作了，做了 3 年的操作工后，被提拔为 PO 管的组长，后来调到技术科任科长，4 年后又调到技术部任部长。现在年收入 10 万元左右。一家 4 口都在临安，女儿读三年级，儿子读幼儿园，父母都在老家。

"房子是租的，有买房的计划，但是现在钱不够，因为我在老家县城买了 1 套房，本来如果不买老家那套房的话，就会在这里买房。企业给员工提供了单位宿舍，但大部分人还是选择自己租房子。至于今后是否迁户口这个问题，如果这边的发展趋势好，我肯定会留在这边。因为如果回老家了，肯定需要一个很长的适应过程，我现在还是比较习惯在这里的生活。"

对于认为自己是城里人还是农村人的问题，T 表示自己没有这个概念，因为生长在农村，只能说"一半是城里人，一半是农村人"。如果想在城里扎根，T 认为首先要有一技之长，要肯学肯干。其次是在为人处事方面，要踏踏实实上班，为公司创造一定的经济效益，要确保公司能够正常地发展，这样员工才能有稳定的收入，才能在城市扎根。

"临安政府实行的一些政策，以及社会治安、总体的环境，我感觉还是可以的，临安还是比较宜居的，比我们老家好一点。但现在我们老家也在发展，房价也在逐步上升，我们就先在那里买 1 套房。以后如果想回去的话可以，不回去的话也行。但是我父母不肯过来，最好的情况当然是我的父母或者其中的一个过来帮我带小孩，因为我老婆要照顾小孩，就不能上班；夫妻一起上班，收入肯定会更好，在临安定居这个目标可以完成得更快。政府如果能提供经济适用房或廉租房就更好了。"

农民工案例六　杰克缝纫机股份有限公司员工 C

C 是台州本地人，户籍农村，35 岁，学历大专。1998 年，在余姚做翻叉，1999 年，来到杰克缝纫机股份有限公司，起初做爆棚器，后来调到生产部。因为一直是公司的"先进个人"，2003 年，通过竞争上岗当了组长，6 年后调到车间做助理，2011 年，成为车间副主任，后来被提拔为车间主任。5 年后，通过竞选成为副总监，目前年工资十几万元。

C 家里有 5 口人，2 个女儿，1 个读小学，1 个还没上学，妻子全职在家照顾老小。目前 C 在老家农村有 1 套房子，自己在当地又买了 1 套。虽然 C 从小就是比较节约的人，但工作之余公司组织聚会、团队建设等活动，C 都会多出一部分资金。

"我有时会多出点钱买单，我老婆就说你在公司舍得花钱，自己平时都不舍得花，我说没办法，这是工作需要。家里 1 个月消费 4 000 元左右，基本上就是吃饭，衣服买得少，其余的都是正常性开支。对我来说，这样过日子也够了，我对生活条件的要求也不高。台州的环境不错，就是消费水平比较高，虽然房租比大城市便宜，但吃喝玩乐的开销不比大城市低。"

C 认为政府如果想让农民工在本地定居，一方面需要解决子女就学问题，另一方面需要解决医疗问题。

"有些人生病了就回家治疗，肯定有原因，一般来说，城里公司提供的保险待遇没有自己家好，福利也没有自己家高，但是我们公司还好一点。我们公司在外来子女就学这方面的待遇好一点，公办学校（小学）基本上都能进。我们公司有社保，也有各方面的福利，对一线务工人员还是比较好的。"

关于认为自己是农村人还是城里人的问题，C 表示对此概念比较模糊，但 C 还是喜欢农村。

"在农村有车的话,开车到城区只需要十几分钟。城里生活成本高,城里人跟农村人的想法也不一样,城里人非常重视小孩子的家庭教育,对孩子抱有很高的期望,会为孩子报各种补习班,在这方面,农村父母没法比。我对孩子就没有这么高的期望,只要她自己开心,家庭也幸福就好了。"

总体来讲,C 的职业发展比较顺利,因为文化程度有限,C 比其他人付出得更多才成为了副总监。现在该公司员工不少都是大学本科学历,C 表示自己很有压力,但认为自己有一点比他们强,那就是责任心,C 愿意深入现场解决问题,即使条件差一点也没关系。

"我感觉自己的工作收入、自身发展空间、职业稳定性还是比较好的。虽然稳定性比较高,但也要居安思危,自身能力必须要提升,危机意识必须要有,要不断进步。还有,做事要努力一点,站在老板的角度上看,肯定谁做得好就用谁,所以在同一个企业的同等条件下,你要让自己变成'金子',让别人看得到你。"

农民工案例七　杰克缝纫机股份有限公司员工 J

J 的老家在江苏扬州的农村,20 岁,家里 4 口人,母亲在老家,父亲和姐姐在北京工作。2014 年,J 来到杰克缝纫机股份有限公司,起初工作是检验成品零件,又调到生产线做新品,后来被调去做毛坯,现在在连杆组工作,如今(2016 年)每月工资 3 000 元。

J 表示平时跟同事交流比较多。J 认为台州的物价比老家扬州高,其每月消费包括吃饭、买衣服,合计 2 000 元,属于"月光族"。对于农民工市民化,J 认为如果想让农民工在城市安居乐业,职业发展、工作保障、工作前景都非常重要;有稳定的工作、稳定的收入和房子,农民工才会留下来。

"说实话,我们公司的福利挺好的;至于工资,我希望能再提高一点,也可能是因为我刚来,所以工资少一点。这里的岗位都要考级,没通过考试可能工资就不高了。"

由于年龄比较小,J 对自己的未来发展并不确定。J 认为自己虽然是土生土长的农村人,但未来无论是回老家还是留在台州,都必会在城市定居。

"我感觉自己还是农村人,不论在哪里工作,都还是农村人。但我以后工作生活应该是在城市,不会回农村了。如果没办法待在这边的城市,或者出现其他因素,那我就去老家那边的城里。"

农民工案例八　杰克缝纫机股份有限公司员工 L

L 来自河南平顶山,26 岁,初中毕业后在老家的饭店打工,1 年后在北京一家塑料厂做塑料加工。2007 年下半年,来到杰克缝纫机股份有限公司。起初当操作工,2010 年,成为综合性员工,2011 年,成为车间组长,目前工资为 5 000 元左右。L 的父母都在老家,妻子是本地人,也在该公司工作,目前孩子 3 岁,一家 3 口住在公司提供的夫妻房里。

"我的交往圈子比较小,基本上都是厂里的同事。大家相处融洽,没有出现歧视的情况。我在业余时间里会带孩子、跑步,有时会聚餐。家里的开销大头是比较零琐的事。现在房子已经买好了,但不是政府提供的保障房,车子也有了。我感觉台州的物价比前几年高一点，但也能接受。"

L 认为农民工若想在城市安居乐业，需要满足两个方面的条件：收入稳定；当地发展前景好。

"对农民工而言，要有自己的目标，特别是年轻人，要有自己的规划。另外如果组建了家庭，夫妻就应共同努力，解决房子、子女教育等问题。我认为户口制度的影响不太大，因为我们老家那边思想比较封建，一般不迁户口。我孩子的户口现在也在老家，但考虑到高考，我们也在商量是不是该迁过来。"

因为出生于农村，所以 L 觉得自己还是农村人。L 表示农村的环境比城市舒服，希望 60 多岁时再回老家发展。

L 认为企业如果想让员工在当地安家落户、安居乐业，需要向员工提供舒适的环境和稳定的收入。

"因为人总是会在一个环境里感到舒适之后才愿意定居，当然收入是前提，收入要稳定。员工稳定下来后对公司的好处肯定很多，首先，老员工做的东西在质量上肯定比新员工强很多；其次，老员工懂的东西肯定比新员工多，对公司各方面的管理都有好处。所以市民化对企业来说肯定比较重要。"

7.2.2 农民工市民化路径的关键步骤

结合图 7.1 所示的农民工市民化路径和图 7.2 所示的农民工市民化实现模式，通过梳理上述 8 位农民工的访谈案例可以发现，农民工从进入城市打工，到融入城市，再到最终实现市民化，必经的关键步骤包括 5 个，分别是进入城市的日常消费和居住状况，以及融入城市的心理适应、社会交往、子女教育，如图 7.3 所示。

图 7.3　农民工市民化路径的关键步骤

（1）日常消费

日常消费是观察和理解农民工群体生活状态最直接的方式。农民工群体不断接受现代消费观念和消费文化，他们在城市中的生活方式也在不断发生着改变。

部分农民工在市民化过程中试图通过消费来减少自我与市民的身份差异，从而消弭社会不平等阶级差异[8]，在表面上做到和城市居民消费行为无差别，以此来寻求城市社会的身份认同。在基本生活条件得到满足后，农民工开始尝试享受生活，生活特征和城市居民越来越相似。如农民工案例一中的农民工 H 表示"物价我能承受，车也买了"。

农民工还会通过与市民阶层的消费示同，展现城乡居民的共同消费品位，这种消费趋同正是他们身份想象和群体建构的动力[8]。如农民工案例二中的农民工 X，其消费集中于应酬方面，但也仅是"偶尔出去聚一下"，认为"自己的消费水平没办法跟当地人比，和当地人生活在一起，压力会很大"。

对于农民工来说，城市里的消费水平是比较高的。在已经成家、有子女的农民工家庭中，占家庭消费支出比例较大的是子女消费性支出，包括教育性支出、生活资料支出等。农民工为了给子女良好的生长生活环境、教育环境等，花费了大量的资金。如农民工案例五中的农民工 T 表示"现在家里每月的消费大头都在小孩身上，小孩子的开支可能会占到 30％"。单身的农民工在城市中的生活压力没有已成家的农民工大，少数单身农民工会把一部分钱寄回老家补贴家用，他们中的大多数会把钱花在自己的身上，一般用于购买时尚的衣服、手机话费充值、网络游戏充值、娱乐活动等自我消费。其中一部分农民工并不认为自己是"弱势群体"，拥有更现代的消费观，认为农民工也可以像都市白领一样追求时尚，注重外貌和打扮，进入更高一级的消费空间[9]。如农民工案例七中的农民工 J，每月消费包括吃饭、买衣服，合计 2 000 元，属于"月光族"。

（2）居住状况

我国城市化进程中，城镇的居住、生活和消费水平显而易见高于农村地区[10]。农民工市民化过程中的首要问题是住房问题。农民工住房问题主要分为 2 类，第一类是农民工暂时性住房，第二类是农民工能够拥有产权住房。大部分农民工都是自己租房。

农民工的居住空间拥挤，居住区位郊区化发展明显。农民工在城市中的聚居模式以 3 类聚居方式为主："村落型"聚居，即集中租住在城市边缘区，形成聚居区；二是集中居住在单位宿舍或工棚；三是分散居住在城市家庭中或分散于城中租房居住[11]。单身农民工更倾向于集中居住在单位宿舍，而已婚的农民工更倾向于外出租房居住，而且不少是与家人同住（如农民工案例八中 L 一家 3 口住在公司提供的夫妻房里）。大多数农民工的住房问题是由企业解决的，如找地方建员工宿舍，或统一为农民工租房。而政府提供的公租房、廉租房等，由于缺少相关政策的支持，并没有让农民工住房问题得到减轻或缓解。

住房不仅给农民工提供栖身之地，同时也需要配套的居住环境以利农民工融入社区生活。农民工也应积极融入城市社区，进而通过社区服务，享受到实际的支持和帮助，寻求在生活工作中遇到的困难和问题的解决方法。通过积极参加社区活动过，提高自己的社区参与意识，加深自己与社区居民间的交流与沟通，形成正常的情感联结，加快农民工对城市生活理念和生活方式的适应和融入，增强对城市社会的认同感与归属感，从心理层面上加快融入城市的步伐。而不是一直待在自己的舒适圈中，只与老乡进行社交，忽略了城市中的朋友。如农民工案例一中的农民工 H，虽然公司提供住房，但还是在外面租房，能够享受到比较融洽的邻里关系。

可是，由于城市住房价格"火箭式"上涨，除了极少数农民工在打工所在城市买房外（如农民工案例四中的 C），大部分农民工只能对城市产权房高昂的价格望洋兴叹，从而无法在务工城市定居乃至实现市民化。如农民工案例二中的 X、农民工案例三中的 Z，他们分别在老家县城买了房或盖房。改善农民工居住状况的重点应该放在新生代农民工和在城市长期居住的"沉淀型"农民工[12]。新生代农民工对于市民化有着比父辈更强烈的意愿，外出务工的动机也不再是单纯的吃饱穿暖，而是获得城市的认同感，向往更美好的生活，拥有更舒适的生活环境，体验更优渥的居住条件。"沉淀型"农民工是市民化中的关键群体，通常为当地的经济发展做出了许多贡献，经济实力较强，更加适应城市里的生活，定居城市的意图也更强。

(3) 心理适应

农民工融入城市的关键是心理适应。心理适应包括经济生活的适应、社会交往的适应和心理文化的适应。农民工要适应城市的生活，首先，必须满足经济的基本条件，比如拥有一份稳定的工作，使他能够在城市中生活。其次，是这份工作能够给农民工带来一种和城市居民相接近的生活方式，使得农民工与城市居民进行一定程度的社会交往，并参与到当地的社会生活中。最后，由于这种生活方式的影响以及与当地社会的接触，使其可能接受并形成新的、与当地人相同的价值观。

农民工在城市融入过程中往往会表现出 4 个方面的心理特征：底层心态、过客心态、边缘心态和保守心态[13]。农民工在融入城市生活的过程中容易产生底层心理。农民工从事的工作往往都是城市居民不愿意从事的工作，工作强度大，收入不高，处于社会的底层，易形成阻碍其融入城市的底层心理。农民工大多还是被排斥在城市主流生活之外，社区对农民工的接纳程度不是很高，他们也没有合理的身份参与社区事务的管理。城市的荣誉、成就、光荣和梦想等，基本上与农民工无关，所以农民工对城市很难产生归属感和认同感，对城市的印象大都还是一个挣钱打工的地方，从而易形成过客心理。如农民工案例七中 J "感觉自己还是农村人，不论在哪里工作，都还是农村人"。农民工虽然工作、生活在城市，但与城市居民缺少沟通，往往将交往圈封闭在农民工群体内部，他们仍然是城市中的"他者"。即使城市居民对农民工持包容态度，农民工仍将自身置于边缘化状态，体现出边缘性心理，既无力，也不愿融入城市文化，难以产生城市身份认同。如农民式案例二中 X "接受不了城里的生活，即使我有房有车，城里人也还是不愿跟我交往，感觉我在说话、做事等方面跟他们还是有差别的，他们从小生活在城里，对事物的接受能力或看待事情的角度跟我们农村人不一样"；农民工案例三中 Z 平时交往的对象基本都是车间里的同事和老乡；农民工案例八中 L "交往圈子比较小，基本上都是厂里的同事。大家相处融洽，没有出现歧视的情况"。农民工固有的传统保守思想、小农意识，使其形成了小富即安、听天由命的保守心理，这与现代社会所要求的开放意识不相匹配，从而限制了农民工的职位升迁以及社会地位的提升。如农民工案例八 L 就认为"我们老家那边思想比较封建，一般不迁户口"。

总之，农民工融入城市不仅是在城市安家落户那么简单，农民工的心理适应方面也应该受到重视。农民工的心理适应主要体现在与城市居民的社会福利待遇差距，文化心理适应和身份的认同上[14]。农民工市民化不仅要使农民工能够早日将"家"安在城市，同时也要让他们将"心"安下。为此，除了在政府层面通过制度设计使他们享有与城里人同样的社会福利，也要通过城市社区规划建设为农民工提供与城里人接触、相融的空间。如农民工案例一中 H 的公司虽然提供住房，但还是选择在外面租房，因为能够与邻里之间融洽相处。另外，要发挥工会等组织在农民工与城里人之间的"粘合剂"作用，如调研过程中，杰克缝纫机股份有限公司人事经理 W 就提到，台州市每年都会组织工会活动以鼓励外来人口在台州安家。

(4) 社会交往

农民工的社会关系主要是由家庭、工友与老乡组成的非正式社会关系网络。农民工原来依赖农村社会关系建立起来的社会资源难以在其融入城市的过程中发挥作用，脱离了原有的乡村社会资本支持，农民工只有在城市建立新的社会关系，并依赖这些新的社会关系获取新的社会资本，才能在城市立足[15]。

农民工社会资本积累的困境主要表现为私人关系型社会资本狭窄、组织型社会资本不足[16-17]。私人关系型社会资本是嵌在农民工个体社会网络关系中的资源。个体可以利用业已建立的社会关系网络，比较顺利地实现既定的目标[16]。组织型社会资本是个人在其所在的社会组织和社会位置中能动用的资源。在特定范围内，组织以其特定性质的组织联系向其成员提供服务和便利。农民工拥有的组织型社会资本越多，就越能够融入城市社会[16]。如农民工案例一中的农民工 H "父母、亲戚、朋友都在老家，另外以后自己年纪大了，会不被公司需要，或者说自己不适应岗位了，因此还是考虑回老家发展"；农民工案例二中的农民工 X "接受不了城里的生活，即使我有房有车，但城里人也还是不愿跟我交往，感觉我在说话、做事等方面跟他们还是有差别的，他们从小生活在城里，对事物的接受能力或看待事情的角度跟我们农村人不一样。即使他们工资没我高，但他们还是不喜欢打工的人"；农民工案例八中的农民工 L "交往圈子比较小，基本上都是厂里的同事。大家相处融洽，没有出现歧视的情况"。

农民工市民化过程中，一方面，要推动农民工进行公共参与，构建新型私人社会关系，融入城市社区[15]。要充分发挥城市社区的作用，让部分农民工参与进来，并在社区活动过程中搭建起与其他社区居民沟通和交流的桥梁，让农民工在社区活动中增强公共参与的意识，与城市居民构建起新型私人社会关系，如此会更加有利于新生代农民工融入城市社区[15]。企业案例二中的浙江梦娜袜业股份有限公司"每年都要召开几次意见征询会，与员工进行沟通，企业跟员工之间没有任何的矛盾和问题。公司实行工资集体协商制度，企业的福利条款与员工共同约定；公司每月都举办员工生日会，每年都组织军训、团建等活动，所以人员的稳定性非常不错"；企业案例三中的义乌市双童日用品有限公司"员工福利较好，鼓励员工将家人接到公司社区生活，打造家庭式、社区化企业"。

另一方面，要提高新生代农民工的组织化程度[15]。政府可以进一步明确工会以及劳动部门在保障农民工权益、促进农民工市民化过程中的地位和角色，让其可以在一定程度上代表农民工的利益，以满足农民工在市民化过程中对城市文化、经济、公共服务等方面的需求。与此同时，可以逐步探索、建立各类农民工服务组织，这些组织可以在政府的引导下由农民工自发组织，以专门为农民工提供就业、婚姻、住房等方面的服务，让其在城市中可以享受到市民的待遇，转变过去只是服务提供者的角色[15]。如企业案例五中的杰克缝纫机股份有限公司所在的台州市"每年都会组织工会活动，以鼓励外来人口在台州安家"。

（5）子女教育

课题组根据多年来的跟踪调查发现，对应马斯洛的需求层次论，农民工子女教育需求可谓农民工最急迫的需求，这与雷万鹏的调查结论不谋而合——农民工对子女接受公办教育和优质教育有强烈需求[18]。这一需求的满足能够极大地消除农民工的后顾之忧，促使农民工在企业长期稳定工作或更好地融入打工所在城市。正如企业案例一中的杭州宇中高虹照明电器有限公司人力资源主管 F 所说的，"农民工如果想长期在城市里生活，首先要有良好的收入；其次是职业稳定；再次是孩子——如果初中、高中都在城里读，那家长基本上也会留在城里"。

　　为了让子女接受更好的教育，农民工通常会选择让子女随迁到城市里，他们对城市的教育有较高的信心，对城市学校的办学条件比较满意，认为城市学校的师资条件较好，整体教育质量较好。然而，城市教育资源有限，不能完全满足农民工子女的教育需求，导致农民工子女"上学难""上学贵"的问题比较突出，学前教育阶段尤其明显[18]。尽管城乡义务教育政策已全面实施，但部分流入地城市向农民工子女收取的赞助费、借读费等费用加重了农民工的经济负担；由于户籍制度的限制，异地求学的农民工子女一般会选择在高中时期回到老家，因为他们不能在城市中参加高考，而且由于各省的考试内容和考查侧重点不同，回到老家继续高中学业可以提前适应当地的高考难度，使得他们在高考时表现得更加优秀，成绩更加理想。企业案例二浙江梦娜袜业股份有限公司人力资源主管 F 表示，农民工享受的资源不是太多，很多家庭把子女托付给老家那边的人照管，所以孩子不能待在他们身边。"子女教育的问题，比如就读条件中要求参保年限，以及有居住证……但能够享受到城市教育资源的人毕竟还是少数""今年（2016 年）的生源名额可能又减少了。这种教育压力非常大，迫于无奈，小孩子可能就要回到老家读书"。

　　农民工的流动性较强，随迁子女的教育状态也变化频繁。农民工在子女的教育选择上，首选公立学校，其次才是民办学校。公立学校教学质量好，一般地处城市的中心，但是对于农民工子女来说，入学比较困难。所以有部分农民工选择收费低、入学形式灵活的民办农民工子女学校。农民工所在的企业如果能够安排农民工的子女在城市的公立学校享受教育，农民工就更可能在企业稳定发展，相应地就能在城市里稳定生活。就如企业案例三中的义乌市双童日用品有限公司人力资源主管 W 所说，"在子女入学问题上，因为我们公司是税收大户，市里有优先安排的政策，所以每年的子女入学名额对我们是不限的，不需要摇号，只要是我们公司的员工子女，参加学校的招生录取，100％会被录取，且全部是公办学校"；以及企业案例五中的杰克缝纫机股份有限公司人事经理 W 所谈到的，"在子女入学问题上国家也有相应的政策，要求父母有养老保险、居住证，且必须满 1 年以上，子女的出生证明要符合国家计划生育规定，村里要开孩子在家无人照顾的证明，满足这些条件，就可以安排子女进入公立学校。但是，政策是政策，学校也有难处，比如本地的生源比较多，但学校提供的学位资源又有限，让学校解决全部生源是有点困难的。相对来说，我们企业的规模大一点，给员工安排入学子女的名额会多一点，只要员工符合要求，学校就会全部接受"。

7.3　农民工市民化路径的条件保证

　　农民工市民化路径的实现离不开 2 个重要条件，一个是农民工自身的职业发展，另一个则是企业社会责任的履行。如图 7.4 所示。

7.3.1　职业发展是前提条件

　　农民工职业发展曾被进行过较为系统的研究[19]，具体而言，职业发展是农民工融入城市、完成市民化的物质基础，包括能力发展、岗位晋升、薪酬发展 3 个依次递进的阶段，即先有基于职业技能的综合素质和能力的发展，然后得到岗位晋升，最后获得薪酬发

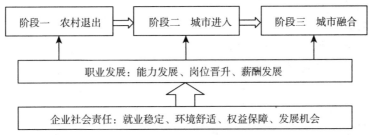

图 7.4 农民工市民化路径的条件保证

展。也就是说，能力发展是前提，岗位晋升是手段，薪酬发展是目的和结果。

（1）能力发展

能力发展伴随着农民工从"农村退出"到"进入城市"，到最后"融入城市"的全过程。首先，农民工只有具备一定的职业技能和素质，胜任企业相应岗位的需要，才能被企业录用，实现在城市就业。经过企业提供的培训和教育后，农民工在岗位上能够进行熟练的操作，并遵守企业规章、适应企业文化，才能实现相对稳定就业。随着农民工在企业打工时间的增加，他们与城市的联系也越来越密切，对城市的生活也越来越熟悉，逐步"进入城市"，甚至"融入城市"。然而，农民工能力不足是制约其顺利就业的重要因素。正如李友得、范晓莉指出的那样，农民工由于综合素质能力偏低、缺乏具有竞争力的职业技能以及文化冲突和心理排斥等原因，使其陷入可行能力贫困，因而需要构筑多元主体协同参与的新生代农民工可行能力提升路径[20]。农民工案例四中的农民工 C 感到"可能是自己能力不够吧。我们是从农村来的，没怎么念书，如果能考上大学，那么毕业后就能找到一份很好的工作。说实话，我们农民工没得选择，所以很多时候都无可奈何"。

在调研访谈中可以发现，农民工对职业技能及相应培训有着朴实的认识，认为拥有一技之长对于他们来说是在企业立足的必备条件，也是在城市立足的根本。因此，农民工（尤其是新生代农民工）普遍积极参与企业组织的职业技术教育，同时不断提高自身综合素质。农民工案例五农民工 T 认为如果想在城里扎根，"首先要有一技之长，要肯学肯干。其次是在为人处事方面，要踏踏实实上班，为公司创造一定的经济效益，要确保公司能够正常地发展，这样员工才能有稳定的收入，才能在城市扎根"。

同时，企业也普遍感到有一技之长的农民工十分匮乏。因此，加强农民工的教育培训，培养新型农民工，提升农民工的人力资本也就成了企业的共识。通过教育培训，可以帮助农民工实现从在田间工作的普通农民到在企业工作并拥有一技之长的农民工的转变。当然，农民工的教育培训工作绝不是权宜之计，必须要有计划、有步骤、有目标地循序渐进[21]。农民工的职业教育培训不仅包括技能培训，同时也包括农民工的职业价值观教育、企业价值观教育等。好的企业会培养农民工的企业价值观，让员工随企业一起进步，最终实现农民工与企业一起进步发展的目标，走上"双赢"的道路。譬如，双星吸管有限公司人力资源主管 W 提到他们公司比较重视员工学习与培训，并设有专门的一套培训体系，实行全员培训，管理人员和基层员工全覆盖，公司每周有 2 场学习会，并针对每个部门组织部门培训。杰克缝纫机股份有限公司人事经理 W 也认为公司非常注重农民工培训，如新员工入职培训、职业技能提升培训、管理知识培训、职业健康培训、心理健康培训等，每年培训经费约 200 万元。

（2）岗位晋升

农民工一般从企业一线操作工做起，然后成长为技术骨干或者晋升到管理岗位，如车间一线班组长、车间主任等。虽然企业中存在晋升通道，但是农民工的晋升瓶颈依然存在。囿于自身的教育程度和文化水平，他们中能够胜任更高层次的管理职务的人很少。张忠明等研究发现，新生代农民工底层晋升主要取决于专业技能；中层晋升除了专业技能外，更重要的是职业生涯认知和职业价值观；高层晋升的关键是职业综合能力[22]。然而，在调研访谈中可以发现大部分农民工长期从事初级的体力劳动，很少有明确、具体的职业规划，在职业通道中显示出明显的晋升瓶颈；对于少数晋升的农民工来说，他们对自身职业优势、职业兴趣、职业能力、职业生涯的发展方向等方面大都有着良好的认识，这为他们后期职业晋升奠定了基础。

调查发现，制造型企业大多建立了 2 条发展的通道（"职系"）[19]，一条是沿着技术性岗位不断晋级，对应的是从初级工到中级工、高级工，再到技师、高级技师，这是农民工职业发展的主渠道。另一条是沿着管理性岗位不断晋升。企业分别为这 2 个职系建立了不同的选拔与考核标准，前者注重技术与操作能力，后者强调沟通与管理能力。2 个通道的晋升一般都遵循内部员工优先晋升（晋级）的原则，通过公开竞聘晋职晋级；而且还会通过岗位轮换使这 2 条通道建立关联，实现职业的横向发展。结果，生产一线的管理人员基本是从农民工队伍中培养起来的，而且并不排斥外地农民工；大部分企业的生产管理系统中的中高层管理人员也是从农民工成长起来的。如杭州宇中高虹照明电器有限公司的一线管理人员——车间主任、线长、班组长、巡检等，全部都是通过车间锻炼提拔的，因为"经过基层锻炼提拔上来的员工比从外部招聘来的员工适应性更强"。又如，杭州兴发传输设备有限公司积极培养外地一线农民工成为管理人员，"所有工段长都是从一线员工中培养的"，因为"提拔上来的员工往往技术是最好的、掌握得最全面的，劳动态度也是最好的；工龄可能也是最长的，对本工段的工作非常了解，资格比较老，相对而言，比陌生的管理者更加好（开展）管理"。同时，公司把过去针对技术或管理人员的横向通道的设计理念几乎运用到每一名农民工身上，从而拓宽他们的职业生涯通道，消除因缺少晋升机会造成的职业发展停滞现象，为每一位农民工的"打工梦"提供了实现的现实可能。同时，"也让其他操作工看到希望所在。一个工厂肯定有不同工种、不同待遇，也有等级，所以每个操作工都有希望上一个等级，但不一定做管理人员。"

上述企业为农民工设立的晋升机制为广大制造型企业提供了有益经验。也就是说，除了职务阶梯晋升的通道外，为农民工设置能力阶梯同样重要，如根据岗位及操作熟练程度设置操作工的等级序列，使每个等级对应不同的技能工资，以鼓励农民工提升操作技能。此外，安排农民工在不同岗位之间轮换的横向职业发展路径，虽没有使他们得到薪资的提升和职位的晋升，但有助于激发工作热情、积累工作经验，增加他们对企业的认知。职业通道的拓宽，有助于农民工找到更多的职业发展机会，激励员工不断实现自我价值的提升，实现个人和企业的双赢。

（3）薪酬发展

第 5 章在分析当前农民工市民化困境时发现，农民工群体中经济收入困境和子女教育困境都与农民工工资水平呈正相关。农民工工资水平反映了薪酬发展水平，并且薪酬发展是能力发展、岗位晋升的必然结果和终极目的。薪酬发展是市民化的物质基础，甚至是市民化的关键因素。

对农民工来说，薪酬提高不仅意味着收入水平的提高，生活质量、子女教育得到保障，同时也预示着个人储蓄率的提高，"钱包"里的积蓄越来越多，消费水平自然而然也会跟着越来越高，农民工开始和城市居民一样，在城市里买车、买房等，过着"城里人"的生活，进而能够自行承担相当一部分市民化成本，有利于提高我国城市化率。如农民工案例一中的农民工 H，47 岁，作为分厂厂长，月工资 1 万元，他认为"农民出来打工的目的就是赚钱……综合各方面来讲，我觉得自己已经接近城里人了，这边的物价我能承受，车也买了"。农民工案例二中的农民工 X，36 岁，2006 年来到浙江梦娜袜业股份有限公司，从一线员工做到顶班，2008 年成为车间主任。工资从 1 000 元涨到 5 000 元。X 在老家县城买了房，她表示义乌的物价是可以接受的；影响其和家人在城市定居的因素是收入和适应性，"最关键的是没有稳定的收入……在城市生活压力很大，怕自己以后承担不起"。农民工案例三中的农民工 Z，月收入八九千元，她表示"义乌的物价水平是可以接受的""城里人的标志是有房子""也想在义乌买套房子，但 100 多万的房子价位已经超过自己的能力范围"。

对企业而言，薪酬越高越有利于稳定农民工队伍，降低流动率，不仅为企业生产运营、产品质量提供保障，而且能够提高员工忠诚度及企业声誉，进而为企业招聘优秀员工奠定基础，最终降低企业运营成本。正如农民工案例八中的农民工 L 所说的，"收入是前提，收入要稳定。员工稳定下来后对公司的好处肯定很多，首先，老员工做的东西在质量上肯定比新员工强很多；其次，老员工懂的东西肯定比新员工多，对公司各方面的管理都有好处"。因此，优秀的企业往往能够通过优化薪酬政策，为农民工提供稳定的收入预期，达到薪酬水平和农民工流动之间的平衡。如杰克缝纫机股份有限公司在 2008 年金融危机之后提出全员保底工资制，即生产员工如果在淡季的时候没活干，也能拿到不低于 2 200 块钱的保底工资。后来企业所在的整个下城区，甚至整个台州地区的企业都推行了保底工资制。这样，"员工在旺季每月能拿七八千、八九千；淡季的时候也能拿到 2 200 块钱，会认为生活得到了保障""员工对工作挑来挑去，会觉得折腾，所以会一直在这里工作，员工保留率就很高，技能就稳定，产品质量也就稳定，对企业来讲是赚了"，真正实现了"双赢"局面[19]。到了2016 年，该公司位于台州椒江的厂区约有 2 500 名员工，其中 60% 是外地人，一线生产员工约 1 500 人。根据公司人事经理 W 介绍，"公司是台州市第一家全员缴纳'五险一金'的企业，公司提供集体宿舍、医疗保险和工会补充医疗保险。员工工资较高""我们公司一线员工工资不低，比如在我们这里做了五六年的员工，工资收入跟科室里的员工差不多""我们公司离职率不高，不到 4%，现有员工的工龄大部分在 5 年以上"。再如，企业案例二浙江梦娜袜业股份有限公司现有 5 000 多名员工，95% 以上的员工是外地人，其中 90% 的外地人是农村户口。公司实行工资集体协商制度，企业的福利条款与员工共同约定。公司"租用了义乌市政府旁边的酷创园，改造成宿舍，空调、wifi、热水器、电视都有，设施全部到位，而且公司的三餐都是免费的，基本上不用花钱，能够让员工安下心来在这里工作。员工的工资收入大概是 4 000～5 000 元"。

7.3.2 企业社会责任是根本保证

(1) 企业社会责任的典型案例

企业案例一 杭州宇中高虹照明电器有限公司人力资源主管 F

杭州宇中高虹照明电器有限公司属于照明行业，公司约 3 000 人，一线员工 2 500 人左右。外地人约占 75%，但是把户口迁过来的人较少。人力资源主管 F 认为农民工市民化最关键的是有房、有钱。现在农民工的消费观念、思维观念变了很多，跟城里人没多大差别，是真正的市民化了。F 认为从整体来看，农民工融入城市的情况没有太大问题。

"外来员工主要来自湖北、安徽、云南等省份，甚至有的是老乡或者亲戚，而且我们企业已经发展 20 多年了，大家都在这里工作、生活 10 年了，有些人跟房东租房子也快10 年了，所以外来人员融入城市的问题应该不大。"

F 表示，农民工如果想长期在城市里生活，首先要有良好的收入；其次是职业稳定；再次是孩子——如果初中、高中都在城里读，那家长基本上也会留在城里；最后，地域也有一定关系，打工所在城市离家近，农民工留在城市的可能性就大，相反，他们则会有其他设想。但大前提是产业发展良好，企业经营环境良好。如果企业业务不好，农民工就不会留下；同时，企业转型升级、"机器换人"也不利于农民工留在城市。

"现在有一些声音在讨论农民征地拆迁，认为这是在把他们'赶到楼上'。其实经济条件好的农民肯定想过上城市人的生活，而城里真正有钱的人也想体验农民的生活。农民和市民之间存在意愿的流动。农民依靠土地，将土地视为保障，但城镇化之后，农民会失去很多东西，就必须依赖于社会的保障体系的运作。如果保障体系出了问题，那农民必然找政府。如果农民有地，就不怕保障体系出现问题，钱虽然少一点，但至少饿不死。所以我认为城镇化对社会保障体系提出了更高的要求。"

企业案例二 浙江梦娜袜业股份有限公司人力资源主管 F

浙江梦娜袜业股份有限公司于 1994 年成立，行业集中于袜业，现在有 5 000 多名员工，公司 95% 以上的员工是外地人，其中 90% 的外地人是农村户口。从户籍地来看，60% 是河南人；除此之外，多分布在四川、安徽、江苏、江西。从年龄结构上划分，18～30 岁占 40%，接近 50 岁的占 10%；30～45 岁的员工占大多数。女性占 55%～60%。F表示公司把员工的利益和位置放得非常高，把员工作为公司的第一财富来对待。

"10 年前，公司为员工提供的是花园式的住房，1 套房子里住 3 户人，空调、电视齐全，上下班有 6 辆大巴车接送。这两年公司租用了义乌市政府旁边的酷创园，改造成宿舍，空调、wifi、热水器、电视都有，设施全部到位，而且公司的三餐都是免费的，基本上不用花钱，能够让员工安下心来在这里工作。员工的工资收入大概是 4 000～5 000 元，他们可能会存起来，给家里用。我们公司还有工龄补贴，在每年的 3 月份一次性发给他们，比如工龄为十几年的员工，他们的工龄工资基本是每年 8 000 多块钱。员工的交通费用也由公司承担。"

浙江梦娜袜业股份有限公司每年都要召开几次意见征询会，与员工进行沟通，企业跟员工之间没有任何的矛盾和问题。公司实行工资集体协商制度，企业的福利条款与员工共同约定；公司每月都举办员工生日会，每年都组织军训、团建等活动，所以人员的稳定性非常不错。

针对员工在义乌市民化的问题，F 表示农民工享受的资源不是太多，很多家庭把子女托付给老家的人照管，所以孩子不能待在他们身边。还有子女教育的问题，比如就读条件中要求参保年限，以及有居住证，只要达到这些条件，本地就读是没有问题的，但能够享受到城市教育资源的人毕竟还是少数。

"今年（2016 年）的生源名额可能又减少了。这种教育压力非常大，迫于无奈，小孩子可能就要回到老家读书。然后就是社保问题，员工的参保意识非常低，1 个人每月需要承担一部分社保，约为 200 多块钱，有人不愿意交，甚至可能就不干了。所以社保的落实、员工的参保意识上还是存在问题。要是让员工考虑城镇化、市民化，他们可能更没有概念。"

企业案例三　义乌市双童日用品有限公司人力资源主管 W

义乌市双童日用品有限公司于 1994 年成立，一直坚持做吸管，20 多年来，把原来单一的吸管品种由 1 种做到几百种，该公司专利产品占整个吸管行业的 2/3，1 年销售收入接近 2 亿元，员工有 500 多人，90% 以上是外地人，主要来自安徽、河南、江西、四川、云南、贵州等偏远地区。该公司员工稳定性较高，工龄在 3 年以上的员工占 70%～80%。公司技术人员、骨干人员占比非常高。公司除专业技术岗位的管理人员是从外面引进的之外，所有的管理人员均是从基层一线做起的。

W 是义乌市双童日用品有限公司人力资源主管，他提到公司比较重视员工学习与培训，并设有专门的一套培训体系，实行全员培训，管理人员和基层员工全覆盖，公司每周有 2 场学习会，并针对每个部门组织部门培训，1 年培训投入约 100 万元。该公司的员工福利较好，鼓励员工将家人接到公司社区生活，打造家庭式、社区化企业。

"在子女入学问题上，因为我们公司是税收大户，市里有优先安排的政策，所以每年的子女入学名额对我们是不限的，不需要摇号，只要是我们公司的员工子女，参加学校的招生录取，100% 会被录取，且全部是公办学校。我们公司占地仅 18 亩，但是每年税收有 500 多万，亩产税收 30 几万。公司也会为员工解决住宿问题，按照一系列标准，如工龄、级别，给员工分配单间、标间或套间。公司还提供工龄补贴，员工每多做 1 年，工龄补贴就有相应的增长，员工工龄补贴最高是每人每月 400 块钱。此外还有续签合同补贴，每个月补贴 100 块，1 年就是 1 200 块钱。员工的吃住由我们公司全额承担。我们提倡员工拎包入住，住宿条件符合三星级标准，空调、床铺、床位、洗手间，以及 24 小时供应热水的卫生间，全部是配好的。每年有 2 次旅游活动，全员享受。一线员工的月工资是计件工资，约为 4 200 元。管理人员享受绩效，工资跟产量挂钩，销售人员的工资则与提成挂钩。"

在 W 看来，农民工要想在城市安居乐业，首先要有住房。W 认为不管是大城市还是小城市，住房对于外来人口来说都是很大的压力。该公司 500 名员工里面，仅 10 个人左右在当地买房，且都是营销岗位、管理岗位、技术岗位的极小部分人。

"公司比较支持员工在当地买房，这样员工更稳定，所以公司可以向他们预支工资，相当于先向公司借一部分钱。农民工市民化之后，企业稳定性提高了，工作积极性也提高了。当地市民还是欢迎外来务工人员的，这样可以促进当地房产经济的发展，租房给外地人，也不会出现排外和抵触等状况。"

W认为，相较于"70后""80后"，"90后"的观点更放得开，他们工作可能不是为了赚钱，而是为了获得一次经历、一种体验。因此，可以针对"90后"，让他们优先享受市民化。

企业案例四　杭州兴发传输设备有限公司人力资源主管X

杭州兴发传输设备有限公司作为典型的制造业企业，主要生产同轴电缆、网络线、电话线、警报线等产品，一线员工100余人。针对农民工市民化，其人力资源主管X将市民化标志划分为3点。

其一，子女教育问题。X表示公司会提前了解农民工的子女教育问题，对有意向将子女接到城市上学的农民工，公司会给予专门培训，培训内容主要包括资料准备、入学手续与流程等，这样就不会出现子女入学报名报不上等问题。X表示当前农民工子女入学主要要满足2个条件，一是养老金要交够1年以上，二是暂住证要持有1年以上。

"刚开始，员工们觉得暂住证可有可无，等到小孩要上学了，让他们提供暂住证他们却拿不出来，这1个条件就把他们卡住了。非本地户口的人买房、租房、考证等都需要用到暂住证。不过现在员工办暂住证的意识强起来了，交养老保险的意识也强起来了。"

其二，社会保险问题。X表示公司会给员工交"五险"，政府对于市民化所持的态度是农民工在当地交医保，享受的政策与当地人持平。因为养老保险需缴满15年，所以部分较年轻的外来员工交养老保险的意愿并不强。对于不交"五险"的员工，公司会给他们买一些工伤险，费用全部由公司出，且是全覆盖的。

其三，住房问题。X提到当前公司员工大部分依旧租房，但目前还没有户籍迁入到当地的，不过农民工市民化的意识越来越强了，农民工融入城市的意愿也越来越强。

"我们企业能够为员工市民化提供的帮助，就是加强培训。让员工加强对机械化的认识，如操作上的一些工艺的改进。企业会请外面的老师对员工的职业技能进行统一的培训。培训内容主要涉及生产、现场管理，以及各个部门岗位的一些技能上的更专业化的培训……企业会从一线员工里慢慢提拔出班组长、工段长。从一个普通的员工成长为班组长、工段长的时间不是固定的，但一旦被提拔上来做班组长、工段长，就意味着这个工人的工作是比较稳定的。

工作之余，公司每年会安排员工旅游，全部费用由公司出。员工在暑假将子女带过来时，我们会统一安排场地供孩子们休息、玩耍。我们企业还有工会，员工生病住院，即使不是工伤的，也会享受适当的补贴，医药费、住院费有一定报销比例。工会每年都要收取年费，这笔费用全部由企业承担。"

关于农民工市民化，X表示，对于农民工自身来说，要有进步的思想意识，不断学习创新、发展的技术。一般只有肯吃苦、肯干的农民工才能留得下来。

企业案例五　杰克缝纫机股份有限公司人事经理 W

杰克缝纫机股份有限公司是传统的制造型企业，主营产业为缝纫机产业，以及配套裁床产业和配套节能电机产业。2015 年，销售收入约 13 亿。该公司位于台州椒江的厂区约有 2 500 名员工，其中 60% 是外地人。一线生产员工约 1 500 人。公司人事经理 W 提到该公司是台州市第一家全员缴纳"五险一金"的企业，公司提供集体宿舍、医疗保险和工会补充医疗保险。员工工资较高。

"我们公司一线员工工资不低，比如在我们这里做了五六年的员工，工资收入跟科室里的员工差不多，但我们也不鼓励所有员工都往管理方向发展，我们鼓励员工在自己的岗位上做精、做专，也会提供相应的薪资待遇。我们公司离职率不高，不到 4%，现有员工的工龄大部分在 5 年以上。"

杰克缝纫机股份有限公司非常注重农民工培训，如新员工入职培训、职业技能提升培训、管理知识培训、职业健康培训、心理健康培训等，每年培训经费约 200 万元。此外，公司还会组织技能考试，分为初级工、中级工、高级工考试，以及职业等级考试；公司会在 1 个岗位上设 6 个等级，员工每年可以申请考 1 个等级，不同等级享有的工资待遇不同。该公司的管理人员均是通过公开竞聘的方式从生产一线选拔出来的。

W 表示，台州市政府在农民工市民化方面采取的措施较多。首先，从原来的暂住证调整为现在的临时居住证，鼓励外地员工在本地长期生活；其次，台州每年都会组织工会活动，以鼓励外来人口在台州安家；再次，政府提供保障房；最后是子女教育方面。

"我们公司今年有六七十个人买了保障房，因为房子价格不贵，对户口没什么限制，也没有级别要求，唯一要求的就是工作、参保时间达 1 年以上，对员工来说是比较实际的一个项目。在子女入学问题上国家也有相应的政策，要求父母有养老保险、居住证，且必须满 1 年以上，子女的出生证明要符合国家计划生育规定，村里要开孩子在家无人照顾的证明，满足这些条件，就可以安排子女进入公立学校。但是，政策是政策，学校也有难处，比如本地的生源比较多，但学校提供的学位资源又有限，让学校解决全部生源是有点困难的。相对来说，我们企业的规模大一点，给员工安排入学子女的名额会多一点，只要员工符合要求，学校就会全部接受。"

总而言之，W 认为台州市政府很欢迎外来农民工，他表示，如果没有外地人支持台州产业的发展，那么台州难以完成如此大的经济总量的增长。

作为公司的人事经理，W 表示，该公司希望外地农民工能在台州安居乐业，为了让员工长期留在公司，公司针对工作 5 年以上的员工设工龄奖、等级工资、孝心卡、补充医疗等福利制度。最后，针对农民工市民化，W 从个人角度出发，发表了自己的观点。

"我个人认为，年纪大的农民工还是很难融入城市的，他们自己也不想市民化，农村有田有房，他们的观念就是落叶归根，所以肯定是要回农村的。但是年轻一点的农民工，如具有大学学历的农民工，回家的欲望就没那么强烈，更希望在城市安家；回家后也基本上选择创业，把城市里好的项目带回去……归属感是农民工市民化的重要标志，就是让农民工在城市里没有自己是外地人的感觉；农民工跨地区、跨城市办理手续的流程是否能跟本地人一样，这个是衡量农民工市民化的精神层面的标准；物质层面的标准则包括是否有足够的资金、是否有稳定的收入、家人是否在一起。"

（2）农民工市民化过程中的企业社会责任

近年来有少数学者开始从企业社会责任视角来研究农民工市民化，强调企业要通过增强社会责任意识、提高农民工就业质量、改善农民工生活环境、维护农民工合法权益等来担起农民工市民化的社会责任[23]；企业是农民工市民化的载体、农民工市民化中最重要的利益相关者，企业的用工方式和措施常常成为影响农民工市民化的"最后一公里"，企业要帮助有家庭责任的农民工实现工作与家庭的平衡，以及与政府共同帮助农民工安居等[24]。

结合上述 8 个典型农民工案例、5 个典型企业案例，发现企业在农民工市民化过程中可以而且应当承担如下 4 个方面的责任。

一是向农民工提供相对稳定的就业岗位和稳步提高的工资收入。这是农民工市民化过程中企业社会责任的最低层次，属于企业社会责任的经济层次和法律层次。有了稳定的就业岗位和收入，农民工就有了在城市生活所需的经济来源，能够保障在城市的基本生活。如农民工案例一中的农民工 H，47 岁，作为分厂厂长，月工资 1 万，他"觉得自己已经接近城里人了，这边（临安）的物价我能承受，车也买了"。农民式案例三中的农民工 Z，38 岁，负责整个公司的生产协调，她有 2 个儿子，丈夫在工地上班，加上父母，总共 6 个人都在义乌，她表示"我的工资是 8 000 多元，我老公 7 000 多元，加起来是 16 000 元……家里盖房子花了 60 多万元"；Z 认为从国家的大形势来看，尽管打工前景不好，但自己工作的这家公司还算好，前景也不错。"如果待遇好的话，我就一直在这个厂里待下去"。

二是改善农民工生产生活环境。生产设施与工作环境要能保证农民工的安全与健康；生活设施方面可以为农民工提供居住条件（如员工宿舍、夫妻房，甚至争取政府的安居房等）；力所能及地解决农民工子女"入学难""学费贵"等教育问题。这些责任更多地体现了企业的人文关怀，因而大部分属于慈善责任。如农民工案例二中的农民工 X，36 岁，月工资 5 000 元。家里有 5 口人，丈夫跟她一样在外地打工，孩子在老家跟爷爷奶奶一起生活。X 表示虽然"义乌物价的是可以接受的"，但"由于房价过高，目前仍住在员工宿舍"。再如农民工案例八中的农民工 L，26 岁，月工资 5 000 元左右，父母都在老家，妻子是本地人，在同一家公司工作，目前孩子 3 岁，一家 3 口住在公司提供的夫妻房里。L认为公司需要向员工提供舒适的环境和稳定的收入。企业案例二中的浙江梦娜袜业股份公司有限公司"10 年前，公司为员工提供的是花园式的住房，一套房子里住 3 户人，空调、电视齐全，上下班有 6 辆大巴车接送。这两年公司租用了义乌市政府旁边的酷创园，改造成宿舍，空调、wifi、热水器、电视都有，设施全部到位，而且公司的三餐都是免费的，基本上不用花钱，能够让员工安下心来在这里工作"。

三是维护农民工合法权益。此处的合法权益的含义远远超过了前面所讲的与就业、工资等相关的劳动权益，主要指农民工能够表达自身利益诉求，这不仅需要企业加大工会组织的建设力度，使工会组织真正成为农民工合法权益的代表者和维护者，而且要让农民工能够作为企业利益相关者参与企业治理，在企业管理中有话语权。如企业案例二中的浙江梦娜袜业股份有限公司，每年都要召开几次意见征询会，与员工进行沟通，企业跟员工之间没有任何的矛盾和问题。公司实行工资集体协商制度，企业的福利条款与员工共同约定；公司每月都举办员工生日会，每年都组织军训、团建等活动，所以人员的稳定性非常不错。

四是提供农民工职业发展的机会。这是农民工市民化过程中企业社会责任的最高层次。要求企业自身通过长远的战略谋划、精准的竞争定位不断提升管理水平，从而实现稳健经营、长远发展。通过企业的不断发展壮大，为农民工职业发展搭建职位晋升的阶梯、拓宽岗位晋升通道。当然，最为重要的是，企业可以开展必要的职业技能培训，鼓励农民工考取相关技能证书，提高农民工自身素质[25]，甚至提高农民工的文化素养、就业创业能力等[26]。这样不仅有利于农民工实现市民化，还有利于企业的可持续发展。如农民工案例五中的农民工 T，37 岁，公司技术部部长，年收入 10 万左右。一家 4 口都在临安，女儿读三年级，儿子读幼儿园，父母都在老家。他在老家县城买了 1 套房，并表示"要确保公司能够正常地发展，这样员工才能有稳定的收入，才能在城市扎根"。再如企业案例五中的杰克缝纫机股份有限公司，非常注重农民工培训，包括新员工入职培训、职业技能提升培训、管理知识培训、职业健康培训、心理健康培训等；公司还会组织技能考试，分为初级工、中级工、高级工考试，以及职业等级考试；公司会在 1 个岗位上设 6 个等级，员工每年可以申请考 1 个等级，不同等级享有的工资待遇不同。公司的管理人员均是通过公开竞聘的方式从生产一线选拔出来的。所以"公司离职率不高，不到 4%，现有员工的工龄大部分在 5 年以上"。

🔍 参考文献

[1] 周林刚. 地位结构、制度身份与农民工集体消费——基于深圳市实证分析 [J]. 中国人口科学，2007（4）：88-94.

[2] 林建永，张同林. 推进大都市农民工市民化路径中的第三个选择探索——基于上海市农民工状况调查的研究 [J]. 南方农村，2009，2503：74-78.

[3] 鲁强. 农民工市民化问题研究综述——研究范式、现实障碍与路径趋势 [J]. 山东财经大学学报，2017，29（3）：46-59.

[4] 黄爱教. 农民市民化模式及其法律应对 [J]. 重庆社会科学，2008（4）：116-119.

[5] 姚延婷. 国外农民市民化模式比较分析 [J]. 新西部（理论版），2016（1）：136+138.

[6] 罗坚元. 农民工市民化意愿的模式选择：基于返乡创业的分析视角 [J]. 南京农业大学学报（社会科学版），2017，17（2）：70-81+152.

[7] 张翼. 农民工"进城落户"意愿与中国近期城镇化道路的选择 [J]. 中国人口科学，2011（2）：14-26.

[8] 杨发祥，周贤润. 新生代农民工的消费认同——一个社会学的分析框架 [J]. 华东理工大学学报（社会科学版），2015（6）：31-39.

[9] 郑欣，章译文. "消费式融入"：新生代农民工的城市生活实践及其抗争——基于长三角地区的实证研究 [J]. 中国地质大学学报（社会科学版），2016（1）：123-134+172.

[10] 祝仲坤，冷晨昕. 中国进城农民工的居住状况与主观幸福感——基于流动人口动态监测数据的实证分析 [J]. 劳动经济研究，2017（2）：56-79.

[11] 郑志华. 新生代农民工居住状况和发展趋势 [J]. 中国青年研究，2011（1）：19-24.

［12］高波，李国正，陈琛．新型城镇化过程中农民工居住现状及住房选择——基于 2013 年中国流动人口动态监测数据［J］．甘肃行政学院学报，2015（6）：81-91＋127-128.

［13］李远行．农民工贫困心理与城市融入的心理适应研究——以北京市为例［J］．甘肃社会科学，2016（4）：14-20.

［14］程世英．关注"80 后""90 后"农民工市民化心理适应难题［J］．人民论坛，2016（26）：64-65.

［15］吴丽丽．社会资本视角下新生代农民工市民化路径研究［J］．农业经济，2016（9）：67-68.

［16］李爱芹．社会资本与农民工的城市融入［J］．广西社会科学，2010（6）：142-145.

［17］赵立新．社会资本与农民工市民化［J］．社会主义研究，2006（4）：48-51.

［18］雷万鹏．新生代农民工子女教育调查与思考［J］．华中师范大学学报（人文社会科学版），2013（9）：139-146.

［19］李文川，鲁银梭，张啸峰．农民工职业发展研究——基于浙江制造业的调查［M］．北京：经济科学出版社，2016.

［20］李友得，范晓莉．新生代农民工市民化可行能力提升路径研究——基于职业教育"精准扶贫"的视角［J］．职教论坛，2019（1）：34-41.

［21］杨秀丽，李录堂．农民工职业化的实现路径分析［J］．生产力研究，2013（9）：24-26.

［22］张忠明，周涵婷，虎陈霞．新生代农民工职业晋升影响因素实证分析——基于长三角 1 067 位农民工的调查［J］．职业技术教育，2016，37（25）：64-68.

［23］张务伟．农民工市民化进程中的企业社会责任［J］．理论与改革，2016（5）：165-169.

［24］聂飞．农民工市民化中的企业责任研究［J］．理论月刊，2018（7）：149-154.

［25］武向荣．中国农民工人力资本收益率研究［J］．青年研究，2009（4）：34-46＋95.

［26］汪传艳．新生代农民工教育需求探析［J］．当代青年研究，2012（5）：64-70.

第 8 章
农民工市民化制度保障

农民工是我国特有的群体，这个特殊的群体为我国社会主义现代化建设提供了强大的体力劳动，推动了社会主义事业的向前发展。但农民工在向市民化发展的过程中遇到了诸多问题，如就业制度、社会保障等，这种现实状况严重阻碍了我国农民工市民化道路的进程[1]。目前我国农民工市民化的总体程度较低，仍然处于"半市民化"或"不完全市民化"状态。制约农民工市民化进程的因素是多样的，但最重要、最根本的是制度性障碍，城乡分割、城市偏向的二元体制阻碍了农民工市民化的进程[2]。黄锟[3]教授也指出城乡二元制度一方面加剧了城乡差距，从而促使大量农村剩余劳动力进城打工，引发了持续数十年的"民工潮"；另一方面，在制度上固化了农民与市民的身份界限以及由此带来的利益差别，从而造成了农村剩余劳动力以非永久性转移为主，阻碍了农民工市民化。因此，破解这一难题的出路在于建构城乡一体化的制度保障，而构建城乡一体化的制度保障的关键在于借助全面深化改革的战略部署和目标要求，聚焦农村出口、城市入口、社会融合 3 个环节中存在的瓶颈问题，以创新户籍制度为关键、实现公共服务均等化为基础，在分类递进的方式上以提升农民工综合竞争力为内生力量，多角度探寻加速农民工市民化进程的有效出口[4]。

8.1 关于农民工市民化制度保障的文献回顾

大规模的乡城劳动力流动和迁移现象是传统农业国家或地区的工业化和城市化过程中必然出现的现象和必然经历的结构转型[5]。中国农民工市民化是基于乡城劳动力两阶段转移的"中国路径"而提出的理论命题和现实课题[6]。而人口迁移的根本原因在于比较利益，对比分别以工业和农业为主导产业的城市和农村，在我国尚未实现大规模农业现代化的情况下，前者的劳动生产率明显高于后者。同时，根据生产力发展的必然趋势，经济活动正从传统农业向现代化非农产业转移，二元经济正逐步向一元经济转化[7]。国家统计局于 2018 年 2 月 28 日发布的《中华人民共和国 2017 年国民经济和社会发展统计公报》[8]显示，2017 年，城镇人口占总人口比重（城镇化率）为 58.52%，比上年年末提高 1.17 个百分点。户籍人口城镇化率为 42.35%，比上年年末提高 1.15 个百分点。同时，国家统计局于 2018 年 4 月发布的《2017 年农民工监测调查报告》[9]显示，2017 年，全国农民工总量为 28 652 万人，比上年增加 481 万人，增长 1.7%；其中，外出农民工 17 185 万人，比上年增加 251 万人，增长 1.5%。以上 2 篇公告表明，我国农民工已经成为对经济社会发展起重要作用的庞大群体，农民工问题也日趋显现。而黄锟教授在其撰写的《中国农民工市民化制度分析》[3]中指出，农民工市民化是解决农民工问题的根本途径，也是破解城乡二元结构的根本途径，是推进以人为核心的新型城镇化的首要任务，是扩内需、调结构的重要抓手。所以制度是关键。

8.1.1　制度与政策的关系

本章节讨论的是农民工市民化的制度保障，那么首先要弄明白的一个问题就是何为制度。在《现代汉语词典》中，制度有 2 个基本含义，一是要求大家共同遵守的办事规程和行动准则，二是在一定历史条件下形成的政治、经济、文化等方面的体系。显然后者更切合本章节讨论的制度定义。制度或社会制度，是指建立在一定社会生产力发展水平基础上，反映该社会的价值判断和价值取向，由行为主体（国家或国家机关）建立的调整交往活动主体之间以及社会关系的具有正式形式和强制性的规范体系[10]。不同层次的社会制度产生不同的功能，其影响和制约的范围也不相同。总体社会制度决定着该社会形态的性质，是制定各种制度的依据。不同领域里的制度决定各种具体模式和规则。一般说来，社会制度具有行为导向功能、社会整合功能、传递与创造文化功能，同时也有普遍性、相对稳定性和复合性。显然，国家及地方政府颁布的有关农民工市民化的制度也具有此种特征[11]。

相对于制度，政策又是另一个研究范畴，在《现代汉语词典》中，政策指国家或政党为实现一定历史时期的路线而制定的行动准则，是路线、方针的具体化。如中国为了引进外国先进的科学技术和管理经验，派遣大量留学生到发达国家去学习，请外国专家到中国来工作，都是行之有效的政策。

那么制度和政策究竟有哪些区别和联系呢？从以上关于制度和政策的定义及特性不难看出两者之间相互区别并联系密切，从广义上讲，制度、政策都属于制度范畴，制度制约政策，同时，政策又对制度的巩固与发展起着积极的促进作用。所以从实质上来讲，政策是从属于制度的，政策通过制度系统内部组成要素按照一定方式的相互作用来实现其特定的功能[11]。制度机制运行规则都是人为设定的，具有强烈的社会性。因为政策从属于制度，所以本章节将从制度角度来讨论农民工市民化的制度保障。

8.1.2　关于农民工市民化制度保障的研究

吴翠丽教授在其撰写的《社会制度伦理分析》一书中将制度分为 3 个层次，即宏观层面上的社会基本制度，中观层面上的具有普适性、体现社会基本制度的社会运行体制和公共管理制度，微观层面上的某个群体、行业、部门、单位的具体管理制度和行为准则[11]。由于农民工市民化问题牵扯较多的为制度的中观层面，所以本文将从制度的中观层面着手讨论农民工市民化制度保障的研究。而中观层面又有多种角度，如经济、政治、文化、教育、宗教等，由于时间等的限制，不可能每个角度都一一赘述，那么研究农民工市民化制度保障问题该主要从哪几个角度切入，便成了迫切需要解决的问题。

就如之前所言，国家及地方政府制度的制定，对于农民工市民化具有导向作用，虽然早在 1989 年，学术界就提出"农民工市民化"一词，但是直到 21 世纪初，对农民工的认识态度转变以后，农民工市民化的研究才真正展开。由于农民工市民化的内涵十分丰富，不仅包括了职业市民化、居住地域市民化，还包括了公共服务市民化、行为意识市民化等，涉及城乡关系、工农关系等一系列制度安排，因此，研究农民工市民化的视角绝不是单一的、个体性的，而是多维度的、整体性的[12]。同样，国家在制定农民工市民化政策的过程中，也应当注重多维度、整体性。

刘传江[6]在《中国农民工市民化研究》一文中，提出推进农民工市民化的措施可分为3 个方面，第一方面是"农村退出"环节，主要讲述的是农村土地政策，如耕地流转制度与机制的创新和农地征用制度与机制的创新；第二方面是"城市进入"环节，包括户籍制度的转型、城乡一体化就业制度的变革、农民工人力资本的投资和积累、农民工社会资本的投资和积累、农民工城市安居工程的构建；第三方面是"城市融合"环节，主要包括农民工生存保障的社会化、农民工生存环境的市民化。这 3 个环节的几项具体措施主要阐述的是对土地制度、户籍制度、社会保障制度等方面的建议。紧接着，由刘传江、程建林、董延芳[5]3 人编著的《中国第二代农民工研究》一书也从 6 个方面提出了第二代农民工市民化的制度创新建议，分别是加大教育力度，提高农村劳动力的整体素质；深化改革农村土地制度，规范土地流转；实行城乡统一的劳动力市场就业制度；加快户籍制度改革，剥离户籍的附加功能；建立合适农民工特点的社会保障体系；加大权益维护力度，体现社会公平公正。这 6 个方面也基本围绕土地制度、户籍制度和社会保障制度 3 个方面。黄锟[3]在《中国农民工市民化制度分析》中，分别从城乡二元户籍制度、城乡二元土地制度、城乡二元就业制度、城乡二元社会保障制度阐述城乡二元制度对农民工市民化的影响，其中也包含了土地、户籍及社会保障制度。傅晨[13]在其《农民工市民化的制度创新——基于广东省的实证研究》一书中，也从户籍制度改革、就业制度改革、社会养老制度改革、农民工随迁子女义务教育制度改革、住房制度改革、农村土地制度改革这 6 个方面阐述广东省近几年在农民工市民化过程中的制度创新。肖倩[2]也从土地制度一体化、户籍制度一体化、社会保障一体化 3 个方面阐述破解农民工市民化进程中的制度性障碍的城乡制度一体化措施建议。而刘小年[14]则将农民工市民化分为经济、社会、政治、生活 4 个阶段，分别阐述农民工市民化的历史性和政策创新，在政策创新中也基本围绕户籍制度、土地制度及社会保障制度这 3 个方面。

综上所述，大多数学者在围绕农民工市民化的制度分析过程中，虽然可能表述方式不同，叙述角度或切入点也不同，但大多数还是主要围绕户籍制度、社会保障制度和土地制度 3 个方面。所以本章节将从户籍制度、社会保障制度和土地制度 3 个方面详细阐述政府对农民工市民化的制度保障，及以浙江省为例的实证启示。

8.2　户籍制度

"农民工"是中国特有的词汇，这个词汇的来源与中国特有的城乡二元户籍制度息息相关。大多数发展中国家的政府都会对国内人口迁移实行控制政策[15]，而户籍制度是实施人口迁移限制政策的基础，限制人口迁移最为直接的方式就是限制非户籍人口的进入，政府也通过各种人口政策控制人口流动成本，以限制外地人口的流入。1958 年 1 月，全国人大常务委员会通过的《中华人民共和国户口登记条例》将中国居民明确分为城市和农村2类，后续相关政策的严格执行使户籍具有世袭性。户籍世袭制度使进城务工农民的城市化滞后于工业化，进城务工农民出现了职业流动和社会身份转变的不同步，从而产生了中国特有的农民工现象[16]。要将农民工变成市民，必须去掉农民工的农业户籍，让农民工取得城市户口。因此，户籍改革成了农民工市民化研究中的热点。学术界除在肯定户籍改革是农民工市民化的必要条件方面达成一致外，对户籍改革的重要性的认识与改革路径的选择仍存在分歧，一方主张户籍改革是农民工市民化的关键[17]，另一方却只是把它当作农民工市民化的相关内容之一[18]；一方主张激进式改革，立即放开城市户籍，让农民工全部变成市民，另一方则谋求渐进改革，有条件地吸纳农民工入籍。这些观点孰是孰非，需要实践来检验。

8.2.1 我国的户籍制度改革现状

(1) 城乡二元户籍制度

城乡二元户籍制度推动了农民工现象的产生，更为农民工的职业发展带来了深远的消极影响，农民工成了中国社会转型期具有中国特色和过渡性特征的社会群体：他们进入城市从事非农的工作，却还未改变农民的身份，未被城市认同、接纳；他们处在产业的边缘、城乡的边缘、体制的边缘，是矛盾的复合体，充满了希望，更面临着挑战；他们从农民转变为农民工已经没有多大障碍，而从农民工转变为产业工人，尤其是转变为市民，却阻力重重，障碍重重[19]。

城乡二元户籍制度对农民工职业发展的消极影响主要体现在以下两个方面。

一方面，城乡二元户籍制度是最初导致出现农民工就业歧视问题的直接制度原因，农业户籍身份使农民工在就业机会与就业权益方面均有别于城市工人，即出现"同工不同酬，同工不同时，同工不同权"的歧视现象。随着市场经济体制改革和初级劳动力市场的统一和完善，户籍制度对农民工就业歧视的影响逐渐被市场因素消解，但这种消解不能说明农民工就业歧视问题得到了相应解决。目前，农民工劳动力市场中的就业歧视现象依然比较普遍，其主要原因在于地区间经济社会发展差异使农民工群体在市场机制的公平竞争过程中输在了起跑点上[20]。

另一方面，城乡二元户籍制度带来的户籍歧视现象影响农民工的工作稳定性，使农民工在城市工作和生活的流动性偏高，从而影响农民工长远的职业发展。中国的劳动力市场具有二元性，按照劳动力市场分割理论，在劳动力市场中同时存在2种工作：一种是收入待遇较好，保障较高的工作；另一种是收入待遇较低，稳定性不高，容易受到市场波动影响的工作。受户籍制度的影响，劳动力市场存在用工歧视，农民工群体普遍学历较低、专业技能较差，在城市中难以获得较好的工作，通常从事后一种工作，使得该群体与工作的匹配程度较低，由此导致较高的换工发生率。而农民工的高流动性使企业因此拒绝向其提供更多的培训晋升机会和长期的福利，这在很大程度上影响了农民工长远的职业发展[21]。

(2) 户籍制度最新改革

2014年，国务院颁布《关于进一步推进户籍制度改革的意见》，拉开了我国建立城乡一体化户籍制度模式的序幕，此次改革的最大目标群体就是农民工。该文件提出进一步调整户口迁移政策，统一城乡户口登记制度，全面实施居住证制度，加快建设和共享国家人口基础信息库，稳步推进义务教育、就业服务、基本养老、基本医疗卫生、住房保障等城镇基本公共服务覆盖全部常住人口的发展目标。但市民化是一个渐进、复杂的过程，不能一蹴而就，也不只是简单地改变转移人口的户籍。辜胜阻等还指出户籍不是市民化的唯一标志。有了户籍，但不能享有公共服务，不是市民化；能享有城市基本公共服务，即使没有户籍，也是市民化[22]。

新户籍制度的出台，打破了城乡二元户籍制度给农民工带来的消极影响，有力助推农民工职业方面的长远发展。统一城乡户口登记制度和全面实施居住证制度等一系列措施，可在更大程度上消解农民工的就业歧视，实现农民工的稳定就业，减少不必要的工作流动，对农民工逐步融入城市具有重要作用。

甘丹丽[23]分析认为，我国缺乏农民市民化的原动力是"中国城镇化悖论"产生的主要原因之一。当前，我国城镇化率被高估，"农转非"成本高昂，根深蒂固的户籍制度剥夺了农民市民化的权利。学界对以户籍制度为代表的制度性改革对农民工市民化程度带来的影响进行了较多研究。但多数实证研究发现，由于不同地区流动人口群体特质、经济环境、户籍制度管理严格程度有一定差异，因而户籍制度对农民工市民化程度的影响具有很强的异质性。也就是说，户籍制度的影响受到多重经济社会因素的调节。李强和胡宝荣[24]也认为一、二、三线城市的户籍制度改革推进模式是不同的，一线城市的改革属于"严格控制型"，二线城市的改革属于"有限开放型"，三线城市的改革属于"全面开放型"。同时，随着新生代农民工成为城市外来流动人口的主要群体，户籍制度对新生代农民工的影响一代比一代强。张光辉[25]运用断点回归模型着重分析户籍制度因素对农民工市民化的影响效应，研究表明：户籍政策变革对农民工市民化程度存在显著的影响，户籍制度的解冻与松绑能够显著提升农民工市民化程度，虽然户籍制度改革在各地区、各时段上存在强弱差异，但其效果是普遍的。

8.2.2 浙江省户籍制度改革实践启示（以嘉兴、义乌市为例）

为贯彻落实《关于进一步推进户籍制度改革的意见》（国发〔2014〕25 号）等文件精神，促进有能力在城镇稳定就业和生活的常住人口有序实现市民化，稳步推进城镇基本公共服务常住人口全覆盖，结合浙江省的实际，2015 年 12 月 15 日，浙江省政府印发《浙江省人民政府关于进一步推进户籍制度改革的实施意见》[26]，该意见指出户籍制度改革必须坚持 4 个原则。一，坚持积极稳妥、科学规划。立足省情，规划引领，优先解决存量，有序引导增量，合理引导农业转移人口落户城镇的预期和选择。二，坚持以人为本、保障权益。尊重城乡居民自主定居意愿，依法保障农业转移人口及其他常住人口的合法权益，让改革成果更多更好地惠及全体人民。三，坚持因地制宜、分类实施。充分考虑各地经济社会发展水平、城市综合承载能力和提供基本公共服务的能力，实施因城而异、分类有序的差别化落户政策。四，坚持统筹配套、协调推进。统筹推进户籍制度改革和基本公共服务均等化，不断扩大教育、就业、救助、养老、医疗、住房保障等城镇基本公共服务覆盖面。该意见的发展目标是进一步调整户口迁移政策，统一城乡户口登记制度，完善居住证制度，加快建设和共享全省人口基础信息库，稳步推进义务教育、就业服务、社会保障、基本医疗和公共卫生、公共文化、环境保护等基本公共服务覆盖全部常住人口。到 2020 年，基本建立与高水平全面建成小康社会相适应，有效支撑社会管理和公共服务，依法保障公民权利、以人为本、科学高效、规范有序的新型户籍制度，为全面提高全省新型城镇化水平提供有力保障。

随着浙江省的户籍改革意见的颁布，浙江省各个地级政府纷纷根据所在辖区实际情况，提出了具体的实施意见。本节以嘉兴市和义乌市为例，探讨户籍改革的浙江实践启示。

(1) 嘉兴市户籍制度改革实践

①嘉兴户籍制度改革内容。早在 2012 年 12 月 12 日，浙江省人民政府就将嘉兴市设为户籍管理制度改革的试点，所以嘉兴市在户籍管理制度改革上走在了浙江省的前列，对于浙江省的户籍制度改革实践具有启示意义。为深入贯彻落实《关于进一步推进户籍制度改革的意见》（国发〔2014〕25 号）、《浙江省人民政府关于进一步推进户籍制度改革的实施意见》（浙政发〔2015〕42 号）等文件精神，促进有能力在城镇稳定就业和生活的常住人口有序实现市民化，稳步推进城镇基本公共服务常住人口全覆盖，嘉兴市政府结合嘉兴市实际，颁发了《嘉兴市人民政府关于进一步推进户籍制度改革的实施意见》（嘉政发〔2016〕31 号）。《嘉兴市人民政府关于进一步推进户籍制度改革的实施意见》提出的发展目标是进一步健全户口登记制度，调整户口迁移政策，完善居住证制度，稳步推进义务教育、就业服务、社会保障、基本医疗和公共卫生、公共文化、环境保护等基本公共服务覆盖全部常住人口。到 2020 年，基本建立与高水平全面建成小康社会相适应，有效支撑社会管理和公共服务，依法保障公民权利、以人为本、科学高效、规范有序的新型户籍制度，为全面提高全市新型城镇化水平提供有力保障。

嘉兴市于 2008 年 10 月 1 日起实施新户籍管理制度，从那时起，嘉兴市不再区分农业户口、非农业户口，公民户口统一登记为"居民户口"。意见提出继续执行现行取消农业户口与非农户口性质区分、公民按经常居住地登记户口等政策，建立健全与统一城乡户口登记制度相适应的教育、卫生计生、就业、社保、住房、土地及人口统计等制度。意见中的另一个重要部分为进一步调整户口迁移政策，完善与嘉兴市经济社会发展相适应的落户政策标准，清理调整城镇落户中设置不合理条件和限制，随后制定了《嘉兴市进一步调整完善相关户口迁移管理的规定》，户口迁移政策主要内容有全面放开县（市）落户限制、有序放开城区落户条件、实行市内户口自由迁移、稳妥解决户口迁移中的重点问题。2018 年 3 月 22 日，嘉兴市政府颁布了《嘉兴市户口迁移若干规定（试行）》（嘉政办发〔2018〕6 号），将户口迁移政策进一步细化。

②嘉兴市户籍改革实践启示。嘉兴市颁布的一系列户籍改革具体政策包含了嘉兴市长达 10 多年的户籍新政改革经验，同时也吸纳了其他省（直辖市、自治区）的优秀经验，如广东省的积分落户政策等。这些政策极大地提高了嘉兴市的城镇化水平和加快了农民工市民化的进程，特别是对嘉兴市和浙江省的农民工市民化起到了显著作用，充分体现了嘉兴市政府以人为本、执政为民的理念。

但改革的实施过程也暴露了一些问题，如户籍改革政策的主要惠及群体为嘉兴市或浙江省农民工以及其他省份的中高层次人才，对于浙江省外的农民工而言，在嘉兴落户的难度还是比较大的。此外，在常住人口公共服务均等化上还存在不足，公共服务具有较明显的二元化，如子女教育等方面。

嘉兴市户籍改革成绩斐然，但"革命尚未成功，同志仍须努力"，户籍改革之路还需不断深入，切实将户籍与其背后的社会公共服务相剥离。

(2) 义乌市户籍制度改革实践

①义乌市户籍制度改革内容。义乌市户籍制度改革在浙江省甚至是全国都具有典型意义，因为义乌是中国首个，也是唯一一个在县级市的国家级综合改革试点，根据工业和信息化部历年发布的"中国百强县"排名，义乌一直稳居全国前15强，2014—2018年更是连续5年进入前10强，是中国最富裕的地区之一。截至2017年，义乌市的常住人口已经达到了130万，其中外来人口约占37%，作为一个县级市，义乌有大量的外来人口，怎么管理好这些外来人口，推进义乌市户籍制度改革，成为义乌市政府的一项重要工作，也是一大工作难点。

为全面推进义乌市户籍制度改革，义乌市政府根据国务院《关于进一步推进户籍制度改革的意见》（国发〔2014〕25号）、《浙江省人民政府关于进一步推进户籍制度改革的实施意见》（浙政发〔2015〕42号）、《金华市人民政府关于积极稳妥推进户金籍制度改革的实施意见》（金政发〔2015〕13号）和《金华市户籍制度改革工作方案》（金政办发〔2016〕9号）等文件，结合金华市实际，制定了《义乌市户籍制度改革实施意见》（义政发〔2016〕25号），该意见的颁布标志着义乌市户籍制度改革拉开序幕，对于之前义乌实行的户籍制度，此次意见提出措施的力度可谓大刀阔斧。意见的总思路是以"农村利益可保留，城镇利益可享受"为基本要求，按照"条块结合、以块为主，因地制宜、注重实际"的总体原则，取消义乌市"农业"与"非农业"户口性质划分，实行城乡统一的户口登记措施。同时，按照"积极稳妥、量力而行、逐步并轨"的原则，逐步剥离依附在"二元制"户口基础上的城乡差别公共政策，合理引导农业人口有序向城镇转移，最终实现城镇基本公共服务常住人口全覆盖。

《义乌市户籍制度改革实施意见》的主要内容涉及5个方面：建立"城乡统一"的户口登记制度；适度调整放宽户口迁移政策；完善农村产权制度；落实相关惠农政策；完善居住证制度，推行居住证持有人积分管理制度。其中落实相关惠农政策中明确提出户籍制度改革后，农民进城镇落户，保留进城镇农民合法拥有的土地、林地承包经营权，鼓励和引导其依法自愿有偿流转。落户城镇的农民享有与当地城镇居民同等的权益，要切实保障农业转移人口及其他常住人口随迁子女平等享有受教育权利，完善就业失业登记管理制度等。

②义乌市户籍制度改革实践启示。相对于浙江省户籍制度改革起步较早的县市，义乌的起步是比较晚的。但是义乌凭借勇于开拓创新的城市精神，利用了后发优势，实现了"弯道超车"。作为一座"全民创业，万众创新"的城市，义乌市政府十分重视提升义乌市民的幸福感和体验感，其中也包括来义乌务工的农民工的幸福感。子女教育是农民工生活中比较敏感的话题，随着农民工规模的不断扩大，农民工子女成了"候鸟"，也出现了一系列的社会问题。2016年，义乌市教育局颁布了《非义乌籍学生入学情况汇报》，其中的一句话——"义乌是一座没有围墙的城市"，充分体现了义乌开放的城市态度。汇报中提

出了 4 项措施：发挥政府主导优势，积极有条件解决随迁子女入学问题；服务城市创新发展，积极解决在义发展的人才子女入学问题；提升城市国际化水平，积极解决外商子女在义乌读书问题；积极主动服务民生，为非义乌市户籍学生入学打磨公平之石。最后还提出教育资源供需矛盾依然突出，解决教育的这一"瓶颈"问题依然任重道远。

除随迁子女教育外，义乌还颁布了一系列措施以确保"新居民"的权益，如《义乌市公共租赁住房保障管理暂行办法》《义乌城乡新社区集聚建设实施办法（试行）》《义乌市城乡新社区集聚建设置换权益交易办法（试行）》《义乌市城乡新社区集聚建设居民职工基本养老保险若干意见》等，大大提升了"新居民"的幸福感和"新市民"的认同感，这也是其他地区在户籍制度改革上应该向义乌学习的地方。

但与大多数其他地区户籍制度改革面临的问题一样，由于社会资源的有限性，改革最大获益方为本地农民工，而外地农民工仍属于弱势群体，特别是受教育程度较低的外来农民工，落户仍非常困难。由于地区间的政策差异，农民工农村退出机制也不相同，加上农村政策的不断优化，大多数外来农民工也不太愿意选择落户到新城市。这和本次调研的结果分析相契合。

从表 8.1 可以看出，此次调查的被访农民工中，并未出现一边倒认为户籍制度是农民工市民化困境的主要原因的情况，反而是被捆绑在户籍制度之下的子女教育困境和经济收入困境较为突出。这一调查结果从另一方面表明农民工落户意愿并不强烈。

表 8.1　不同户籍制度认识的农民工市民化困境构成

户籍制度认识	户籍困境（%）	子女教育困境（%）	社会融入困境（%）	经济收入困境（%）	信心困境（%）	合计	
						比例（%）	频数
没有影响	18.8	26.6	8.6	39.8	6.2	100.0	128
有一定影响，但并不起决定作用	22.8	26.9	11.0	35.0	4.3	100.0	346
有影响，并且起决定作用	26.1	31.9	8.4	30.3	3.3	100.0	119
合计	22.6	27.8	9.9	35.1	4.6	100.0	593

资料来源：调查问卷整理。

8.3　社会保障制度

我国在相当长一段时期内，由于深刻的经济和社会原因，在二元经济和二元社会结构的影响下，形成了"城乡二元社会保障体系"：在城镇基本建立起比较完善的包括养老、医疗、失业、工伤在内的社会保险和社会救助体系，而广大农村则实行家庭与集体相结合的以家庭保障为主的保障制度，远远落后于城镇的社会保障建设[27]。

中国人民大学的一项调查表明，农民工满意率最低的是医疗保障制度[28]，城乡二元社会保障体系会大大阻碍农民工市民化，同时也会减弱农民工的市民化意愿，降低农民工市民化的能力，对农民工融入城市产生反向作用力。

8.3.1　社会保障制度改革的现状

城乡二元社会保障体系和户籍制度给广大进城务工的农民工造成了极大困扰，在农民工的社会保障方面，据国家统计局《2014 年全国农民工监测调查报告》[29] 显示，仅有26.2%的外出农民工参加了工伤保险，而养老保险、医疗保险、失业保险、生育保险的参保比例都低于 20%甚至低于 10%（表 8.2），且上升缓慢，这使他们无法在城镇获得与城镇居民相同的社会保障，社会保障状况堪忧[30]。而农民工往往从事劳动条件比较恶劣的工作，面临着更多的风险，加之收入较低[31]，在得不到社会保障的情况下，一旦没有稳定的经济收入，在生活成本比较高的城市中，生活就将陷入困境，生活水平难以保障，且他们还不得不面临住房难、看病难、就业难以及养老难等多种窘境，在得不到社会保障权益的情况下，他们的生存都是一个难题，更何谈职业发展[19]。面对困局，他们多着眼于眼前的生存，极少有人会考虑投资教育培训以提升自身能力，寻求长远的职业发展。这导致了大多数农民工职业不稳定、流动性高，而一直在低端的基础岗位中流动也严重影响了农民的职业发展。

表 8.2　外出农民工参加社会保险的比例

单位:%

年份 社会保险	2008	2009	2010	2011	2012	2013	2014
养老保险	9.8	7.6	9.5	13.9	14.3	15.7	16.7
工伤保险	24.1	21.8	24.1	23.6	24.0	28.5	26.2
医疗保险	13.1	12.2	14.3	16.7	16.9	17.6	17.6
失业保险	3.7	3.9	4.4	8.0	8.4	9.1	10.5
生育保险	2.0	2.4	2.9	5.6	6.1	6.6	7.8

资料来源：国家统计局《2014 年全国农民工监测调查报告》。

近年来，政府部门加紧了农民工社会保障制度建设，加快推进和完善农民工社会保障体系，逐步扩大农民工社会保障的有效覆盖面。2006 年 3 月 5 日，温家宝总理在《政府工作报告》中明确指出要"研究适合农民工特点的社会保障办法"。《中共中央关于制定国民经济和社会发展第十一个五年规划的建议》明确提出要"认真解决进城务工人员社会保障问题"；《国务院关于进一步加强就业再就业工作的通知》指出要"积极创造条件为进城务工农村劳动者提供必要的社会保障"；《国务院关于解决农民工问题的若干意见》强调要"积极稳妥地解决农民工社会保障问题。依法将农民工纳入工伤保险范围，抓紧解决农民工大病医疗保障问题，探索适合农民工特点的养老保险办法"[32]。

尤为重要的是，2014 年 7 月出台的《关于进一步推进户籍制度改革的意见》中明确提出要"扩大基本公共服务覆盖面。完善就业失业登记管理制度。提供基本医疗卫生服务。整合城乡居民基本医疗保险制度，加快实施统一的城乡医疗救助制度。加快建立覆盖城乡的社会养老服务体系，促进基本养老服务均等化。采取多种形式保障农业转移人口基本住房需求。"这一系列措施的出台，将逐步完善农民工的社会保障体系，保障农民工的基本权利，保障他们最基本的生存权，只有为农民工提供可靠的社会保障，才能提高他们抗风险的能力，避免因伤、因病而致贫甚至返贫；才能引导农民工合理有序流动，并通过教育培训提升他们的能力和技能；才能让到城市工作和生活对他们产生强大而长久的吸引力，促进农民工进行长远的职业规划和职业发展[19]。

8.3.2　浙江省社会保障制度改革实践启示（以嘉兴市为例）

2015 年 12 月 15 日，浙江省政府印发《浙江省人民政府关于进一步推进户籍制度改革的实施意见》，意见中明确提出要推进相关领域配套改革，要建立健全城乡统一的社会养老保险和医疗保险制度，全面实现基本养老保险、基本医疗保险关系跨统筹地区间的转移接续和医疗保险省内异地就医联网结算，加快建立城乡统一的失业保险制度。推进全民参保计划，依法督促用人单位履行社会保险义务，提高就业人员社会保险参保率。

《关于进一步推进户籍制度改革的意见》《浙江省人民政府关于进一步推进户籍制度改革的实施意见》的提出为浙江省社会保障制度改革指明了方向。

（1）嘉兴市社会保障制度改革内容

为深入贯彻落实《关于进一步推进户籍制度改革的意见》（国发〔2014〕25 号）、《浙江省人民政府关于进一步推进户籍制度改革的实施意见》（浙政发〔2015〕42 号）等文件精神，促进有能力在城镇稳定就业和生活的常住人口有序实现市民化，稳步推进城镇基本公共服务常住人口全覆盖，嘉兴市政府结合嘉兴市实际，颁发了《嘉兴市人民政府关于进一步推进户籍制度改革的实施意见》（嘉政发〔2016〕31 号）。意见中明确提出将农业转移人口及其他常住人口纳入社区医疗、卫生和计划生育服务体系，提供基本医疗卫生、妇幼健康、计划生育等服务，实现卫生计生基本服务均等化；建立健全统一的基本养老保险和基本医疗保险制度，全面实现基本养老保险、基本医疗保险关系跨统筹地区的转移、接续，以及医疗保险异地就医联网结算，全面建成城乡统一的失业保险制度，推进全民参保计划，依法督促用人单位履行社会保险义务，提高就业人员社会保险参保率；加快全覆盖城乡的社会养老服务体系，完善以最低生活保障为基础的城乡统筹新型社会救助体系。

近年来，嘉兴市围绕保障和改善民生，全面深化社会保障制度改革，各项工作稳步推进，全市社会保障体系建设取得新成效[33]：

①全民参保计划持续推进。截至 2017 年年底，嘉兴市职工基本养老保险参保人数为 223.86 万人、职工基本医疗保险 216.52 万人、失业保险 122.1 万人、工伤保险 175.29 万人、生育保险 151.1 万人，分别比上年年底增加 13.06 万人、8.01 万人、3.37 万人、5.92 万人、5.54 万人。居民养老保险 66.79 万人，居民医疗保险 176.56 万人，较上年年底分别减少 1.82 万人和 1.87 万人（主要原因是转移参加职工养老保险和职工医疗保险）。

②养老保障体系不断完善。推进养老保险"双提"机制，全年首次新增人数 22.57 万人，完成全年目标的 376%。提升职工基本养老保险待遇水平，月人均增加 143.83 元。优化养老保险城乡统筹体系，调整被征地居民养老基本生活保障衔接职工基本养老保险缴费和待遇标准，完善被征地居民养老保险政策，在调整、增加城乡居民基础养老金的基础上，探索研究建立稳定的"居保调待"体系。开展"老农保"遗留人员清零工作。全面优

化退休审核经办服务模式，加强退休审批日常管理。

③长期护理保险基本建立。"建立并实施长期护理制度"被列为2017年嘉兴市政府民生实事项目，在深入考察调研的基础上，制订出台了《嘉兴市长期护理保险暂行办法》和4个配套实施办法，形成了该市长期护理制度"1+4+X"的政策架构。实行了"四统一"的运行模式，即政策统一，五县（市、区）统一按照"1+4+X"长期护理保险制度体系施行；城乡统一，将职工医保和城乡居民医保参保人员全部纳入；待遇统一，不分年龄、户籍、医保险种，享受一个待遇标准；系统统一，使用一个信息系统。

④失业保险功能逐步完善。失业保险费单位缴费由1%降为0.5%。发放市本级2015年度企业稳岗补贴，涉及2 851家企业4 718.52万元，2016年度符合享受稳岗补贴的2 972家企业已上报财政核准。建立失业动态监测、失业预测预警、失业预防调控"三位一体"的失业预防机制，强化失业预警调控。开展养老保险专项检查和第三方审计工作，加强基金监督，确保基金安全。

（2）嘉兴市社会保障制度改革实践启示

社会保障制度改革的关键还在于一体化，黄锟[3]提出农民工社会保障制度创新的基本原则：低门槛，高覆盖原则；可转移原则；分层分类原则；前瞻性和衔接性原则；分布推进原则；着眼整体和配合推进原则。嘉兴市这几年的社会保障制度改革成绩斐然，是嘉兴人民在党和国家政策的引领下不懈努力奋斗的结果，同时也体现了嘉兴市政府以人为本，把握住创新的基本原则，特别是在推行全民参保等方面。

社会保障体系目前无法实现均等化的原因在于社会资源的稀缺性和地区间不均等性，但正如黄锟教授所说，农民工社会保障制度创新必须具有前瞻性和衔接性原则、着眼整体，配合推进原则。嘉兴市的社会保障制度改革，特别是对农民工的社会保障制度改革仍要不断深入，改革力度应不断加大，解决农民工的后顾之忧，这样才能不断提升农民工的幸福感。

从本次调研的结果分析（表8.3、表8.4）也可以看出有社保和公积金的农民工对于社会融入和子女教育的需求更加强烈，究其原因，在于有社保和公积金的农民工大都为新生代农民工，相对于第一代农民工，他们的受教育程度更高，所以他们在城市中的社会分工与第一代农民工有所不同。因为新生代农民工大多正值青壮年，其子女也正是学龄儿童，所以他们更迫切希望融入城市，以此为子女获得更多的教育资源，从另一方面也证明了只有一体化的社会保障制度才能加快农民工融入当地社区和加速农民工市民化进程。

表8.3　有无社保的农民工市民化困境构成

社保	户籍困境（%）	子女教育困境（%）	社会融入困境（%）	经济收入困境（%）	信心困境（%）	合计	
						比例（%）	频数
有	21.7	28.4	10.2	35.1	4.6	100.0	461
无	25.8	25.8	9.1	34.8	4.5	100.0	132
合计	22.6	27.8	9.9	35.1	4.6	100.0	593

资料来源：调查问卷整理。

表 8.4 有无住房公积金的农民工市民化困境构成

住房公积金	户籍困境（%）	子女教育困境（%）	社会融入困境（%）	经济收入困境（%）	信心困境（%）	合计	
						比例（%）	频数
有	21.6	28.2	10.2	34.9	5.1	100.0	255
无	23.4	27.5	9.8	35.2	4.1	100.0	338
合计	22.6	27.8	9.9	35.1	4.6	100.0	593

资料来源：调查问卷整理。

8.4 土地制度

中国人自古以来就安土重迁，土地对于中国人，特别是中国农民意味着很多，中国农民和泥土是分不开的。费孝通[34]认为农业和游牧业或工业不同，它是直接取资于土地的。从事游牧业的人可以逐水草而居，飘忽不定；从事工业的人可以择地而居，迁移无碍；而种地的人却搬不动地，长在土里的庄稼行动不得，侍候庄稼的老农也因之不能随意搬迁，像是半身插入了土里，土气就是因为不流动而产生的。这就是所谓的"乡土本色"，体现了千百年来土地扎根于农民心中，已经融入民族血液，这是中国独有的，这也是我国土地制度改革和农民工不愿意市民化的一个重要原因。

在城乡分割体制下，我国的土地制度也具有典型的二元特性，而这种典型的城乡二元土地制度对农民工市民化具有显著的影响，成为阻碍农民工市民化的重要制度性障碍。而且这种二元土地制度中，问题最大、明显处于制度劣势、对农民工市民化影响最直接的是农村土地制度。现行农村土地制度的主要缺陷有 4 个方面，分别是产权模糊、保障功能强、价值低估、流动性差[3]。

8.4.1 土地制度改革的现状

相对于户籍制度改革，土地制度改革在学术界的关注度较小，但现行的土地制度对于我国城镇化进程和农民工市民化的影响日趋显现，所以进行土地制度改革已经迫在眉睫。国务院于 2014 年 7 月 24 日印发的《关于进一步推进户籍制度改革的意见》中明确提出完善农村产权制度。土地承包经营权和宅基地使用权是法律赋予农户的用益物权，集体收益分配权是农民作为集体经济组织成员应当享有的合法财产权利。加快推进农村土地确权、登记、颁证，依法保障农民的土地承包经营权、宅基地使用权。推进农村集体经济组织产权制度改革，探索集体经济组织成员资格认定办法和集体经济有效实现形式，保护成员的集体财产权和收益分配权。建立农村产权流转交易市场，推动农村产权流转交易公开、公正、规范运行。坚持依法、自愿、有偿的原则，引导农业转移人口有序流转土地承包经营权。进城落户农民是否有偿退出"三权"，应根据党的十八届三中全会精神，在尊重农民意愿的前提下开展试点。现阶段，不得以退出土地承包经营权、宅基地使用权、集体收益分配权作为农民进城落户的条件。

国务院印发《关于进一步推进户籍制度改革的意见》，标志着新一轮的户籍制度改革拉开帷幕，同时也预示着与户籍制度相匹配的社会保障制度、土地制度等相关领域配套改革也将拉开帷幕。土地制度改革有利于完善农民工农村退出机制，因为农民工市民化的核心条件是具备市民化能力，市民化能力反映的是农民工的收入水平，农民工收入主要包括工资性收入和财产性收入。目前能够为农民工带来财产性收入的只有承包地、宅基地和房屋，但承包地、宅基地和房屋的所有权、收益权和处置权存在很多缺陷，最核心的缺陷是产权模糊，权属关系不清，农民工的财产性收入难以得到充分实现[35]。因此，国务院在《关于进一步推进户籍制度改革的意见》中专门提出要明确农村产权制度。

2019 年 2 月 19 日，新华社受权全文发布了 2019 年中央 1 号文件《中共中央　国务院关于坚持农业农村优先发展做好"三农"工作的若干意见》。这是 21 世纪以来第 16 个聚焦"三农"的 1 号文件。1 号文件中就提出了要深化农村土地制度改革：保持农村土地承包关系稳定并长久不变，研究出台配套政策，指导各地明确第二轮土地承包到期后延包的具体办法，确保政策衔接平稳过渡。完善落实集体所有权、稳定农户承包权、放活土地经营权的法律法规和政策体系。在基本完成承包地确权登记颁证工作基础上，开展"回头看"，做好收尾工作，妥善化解遗留问题，将土地承包经营权证书发放至农户手中。健全土地流转规范管理制度，发展多种形式农业适度规模经营，允许承包土地的经营权担保融资。总结好农村土地制度三项改革试点经验，巩固改革成果。坚持农村土地集体所有、不搞私有化，坚持农地农用、防止非农化，坚持保障农民土地权益、不得以退出承包地和宅基地作为农民进城落户条件，进一步深化农村土地制度改革。在修改相关法律的基础上，完善配套制度，全面推开农村土地征收制度改革和农村集体经营性建设用地入市改革，加快建立城乡统一的建设用地市场。加快推进宅基地使用权确权登记颁证工作，力争 2020 年基本完成。稳慎推进农村宅基地制度改革，拓展改革试点，丰富试点内容，完善制度设计。抓紧制定加强农村宅基地管理指导意见。研究起草农村宅基地使用条例。开展闲置宅基地复垦试点。允许在县域内开展全域乡村闲置校舍、厂房、废弃地等整治，盘活建设用地，重点用于支持乡村新产业新业态和返乡下乡创业。严格农业设施用地管理，满足合理需求。巩固"大棚房"问题整治成果。按照"取之于农，主要用之于农"的要求，调整完善土地出让收入使用范围，提高农业农村投入比例，重点用于农村人居环境整治、村庄基础设施建设和高标准农田建设。扎实开展新增耕地指标和城乡建设用地增减挂钩节余指标跨省域调剂使用，调剂收益全部用于巩固脱贫攻坚成果和支持乡村振兴。加快修订土地管理法、物权法等法律法规。随着中央 1 号文件的发布，农村土地改革将进一步深化，这必将加快农民工市民化的进程。

8.4.2　浙江省土地制度改革实践启示（以义乌市为例）

2015 年 12 月 15 日，浙江省政府印发《浙江省人民政府关于进一步推进户籍制度改革的实施意见》，意见中明确提出完善农村产权制度：加快推进农村不动产确权、登记、颁证，依法保障农民的土地承包经营权、宅基地使用权，深化完善村经济合作社股份合作制改革，基本建立起"三权到人（户）、权跟人（户）走"的农村集体产权制度体系，保护集体经济组织成员的集体财产权和收益分配权；建立健全农村产权流转交易市场体系，推动农村产权流转交易公开、公正、规范运行。在尊重农民意愿前提下，探索开展进城落户农民依法自愿有偿转让"三权"试点。不得以退出土地承包经营权、宅基地使用权、集体收益分配权作为农民进城落户的条件。

该意见的发布标志着浙江省土地制度改革进入新的阶段，全省各地纷纷根据本地区实际情况出台相适应的土地制度改革新政策。

（1）义乌市土地制度改革措施

2015 年 3 月，义乌被列为全国农村土地制度改革试点地区，承担宅基地改革任务；2016 年 9 月，国土资源部部署义乌统筹开展农村集体经营性建设用地入市和土地征收制度 2 项改革。据统计，义乌完成农村住房历史遗留问题处理的村 128 个，处理户数 33 694 户，收取有偿使用费 93 865 万元，占全国总量的 2/3 以上，居全国首位。通过改革，农村居民共获利 51.07 亿元，其中集地券收益 7.73 亿元，有偿选位费 32 亿元，有偿使用费 9.39 亿元，入市获利 0.70 亿元，留地安置货币补偿 1.25 亿元。

2018 年是农村土地制度改革收官之年，义乌市把农村宅基地制度改革、农村经营性建设用地入市和土地征收制度改革 3 项试点工作全面深度融合推进，提供了"义乌模式""义乌样本"。

（2）义乌市土地改革实践启示

2018 年 3 月 22—26 日，北京市农村经济研究中心考察组赴义乌调研、交流，统筹推进农村土地改革试点工作。考察组先后参观了江东街道青岩刘村（新农村建设 1.0 模式，"中国网店第一村"）、佛堂盘龙花园（新社区聚集建设）、佛堂镇坑口村（宅基地"三权分置"和农村更新改造）、义亭镇前塘村（宅基地退出）。通过调研，考察组认为，义乌市通过多举措改革、多措施推进和政府宏观指导、村民自愿接受、市场经济调节，解决了"人往哪里去、钱从哪里来、空间哪里找"的难题，保障了农民的基本权利，增加了农民的财产性收益，化解了农民和基层组织间的矛盾，增强了干群之间的关系，广大农民的获得感得到了明显增强。义乌经验对于北京市乃至全国深化农村改革和建设美丽乡村都具有一定的借鉴意义。考察组认为义乌经验中尤为重要的是分类实施、统筹规划、村民自愿、政府扶持、市场运作、经济发展、治理有效这 7 方面。

从义乌土地改革实践中能够看出义乌人开拓创新、积极进取的精神，以村民利益为根本出发点，时刻围绕中央及浙江省政府政策精神，为中国土地改革政策提供了义乌智慧。但义乌的土地改革的最大受益者仍为本地农民，对本地农民工的市民化有积极的促进作用，对农民工的最大主体——外来农民工作用甚微。所以目前最迫切的是要将诸如义乌等地区土地改革的优秀经验推广到全国，形成全国的具有系统性的土地政策。

8.4.3 综合案例：店口镇的城镇化与农民工市民化[①]

店口作为浙江省中北部的一个乡镇，地处诸暨、绍兴、萧山三地交界，在历史上是个

---

① 本案例材料引自课题调研时浙江省诸暨市店口镇政府提供的《店口："以人为本"的城镇化发展之路》一文，作者为方维炯。

发展相对落后的山区小镇。20 世纪 70 年代初，店口创办了第一家乡镇企业，迈出了工业化第一步；进入 20 世纪 80 年代后，店口民营经济搭上改革开放的列车，得到快速发展，到 20 世纪 90 年代初，店口已成为享誉全国的"五金之乡"；到 2006 年，店口综合实力更是跃居绍兴市首位。店口先后被列入全国发展改革试点镇、联合国开发计划署试点镇和浙江省小城市培育试点镇名单。经过 30 多年的发展，店口目前已有 4 000 多家中小企业，其中上市公司 7 家、中国 500 强企业 2 家、年销售 10 亿元以上企业 8 家，被誉为浙江"资本市场"第一镇。2014 年，全镇实现国内生产总值 125 亿元，工业总产值 812 亿元，财政总收入 19.7 亿元。作为本地人口只有 6.5 万的小镇，店口镇从无到有、从小到大的发展历程，是一个典型的分享人口红利的过程。

（1）店口镇"以人为本"的城镇化发展之路

截至 2014 年，店口镇有常住人口 14.3 万，其中本地人口 6.5 万，"新店口人"7.8 万，新店口人已经超过本地人口，和全国许多正在快速发展的乡镇一样，店口成为中国农民工大迁徙过程中的一个生动缩影。外来人口的大量涌入，一方面为产业发展提供了劳动力的支撑，另一方面也给当地社会稳定带来了压力。如何让新店口人享受城镇化发展成果，实现安居乐业；如何为新店口人打开更大的成长空间，实现自身价值；如何让新店口人融入当地社会，成为城市主人，实现就地城镇化，服务于当地经济社会发展等问题都成为摆在政府面前的重要课题。为此，店口进行了积极有效的探索与实践。

①实施新老店口人"同城同待遇"，让新店口人分享城镇化发展成果。外来人口到了一个新的地方，往往会因户籍限制而无法享受到当地的公共服务。为了更好地让新店口人分享到当地城镇化发展成果，店口镇率先启动"同城待遇"计划，为新店口人提供与当地人相同的就业、创业、教育、医疗、住房、养老、维权、基本生活保障 8 个方面民生保障。教育保障方面，为了让新店口人子女能够就近入学，将新店口人子女就学问题纳入政府教育保障体系，截至 2014 年，全镇先后建成 4 所小学，2 所初中，1 所高中，2009 年，推出 12 年制免费教育，2013 年，又推出 15 年制免费教育。2014 年，全镇义务教育阶段中小学在校生共有 7 894 名，其中新店口人子女 4 263 名，占学生总数的 54%。医疗保障方面，从 2007 年开始，专门为新店口人开设"爱心门诊"，做到每次门诊医药费不超过 50 元，超出部分由政府"埋单"。从 2011 年开始，为新店口人提供 20% 的住院补助，2013 年，又进一步将住院补助提高到 50%。另外，还每年投入 250 万元，推出新店口人大病医疗补助。住房保障方面，实施新店口人安居工程，积极推进新店口人保障性住房建设，为符合条件的新店口人提供进城购房补助。2012 年，推出 304 套人才公寓（限价房），其中 230 套定向配售给贡献较大的新店口人，为每户补助 20 万元以上购房款。同时，对符合条件的新店口人提供 10 万～25 万元/户的进城购房补助。通过这些措施，让广大新店口人享受到与当地居民一样的社会保障。

②搭建"上升阶梯"，为新店口人打开更大"成长"空间。当新店口人在店口获得就业机会以及良好公共服务之后，部分新店口人开始追求更大的发展空间。店口镇政府通过为新店口人提供技能培训、打造创业平台、提升社会地位等途径，进一步为他们打开更大的"成长"空间，实现自身价值。在提升就业技能上，店口镇结合店口产业实际，积极搭

建校企合作平台，与市内外 30 多所职业技术院校开展合作，为新店口人提供"订单式"培训，相继为新店口人开办"盾安班""万安班""海亮班"等企业冠名班。一方面，提高了新店口人的技能水平，增强他们的就业竞争力；另一方面，为地方产业发展提供了大量高素质的劳动力。在打造创业平台上，为支持鼓励一些懂技术、有理想的新店口人实现创业梦想，政府专门为广大新店口人、新农民、新青年建设"三新"创业园，为新店口人提供创业创富平台。政府投入 2.5 亿元建设"三新"创业园，其中一期 4.8 万平方米的厂房已建成并投入使用，在已入驻的 22 家小微企业中，新店口人创办的企业达 10 家以上。2014 年，"三新"创业园二期 1.6 万平方米的厂房也已竣工，正在招商中，将为更多的新店口人提供创业空间。据统计，全镇新店口人创办的年销售千万元以上的企业多达 50 多家，在店口，越来越多的新店口人实现了创业梦想，同时他们也成了当地经济发展中不可或缺的力量。在提高社会地位上，店口通过每年开展"荣誉市民""优秀新店口人""十佳新店口人创业能手"等评比活动，在新店口人群体中选树典型和标杆，增强新店口人的尊荣感和自豪感。同时，积极引导新店口人参与政府决策，2012 年，店口专门分配一定数量的党代表、人大代表名额给新店口人，其中，10 人成功当选为店口镇党代表，9 人成功当选为店口镇人大代表，另有 1 名湖北籍女工当选为浙江省人大代表，新店口人在当地社会中的政治地位进一步提高。

③发展城市文化，实现新老店口人之间的相互融合。店口政府通过发展城市文化，拉近新老店口人之间的心理距离，积极培育以"平等、包容、诚信、敬业"为内涵的城市精神，消除新老店口人之间的心理隔阂，不断增强新店口人的幸福感和归属感。每年投入 300 多万元，创办社区媒体——双月刊《城·店口》，每期用大量篇幅报道新店口人群体。杂志先后报道了"寻找店口最美女工""一个洗脚工的内心独白""一个普通工人的一天"等一系列新店口人的成长故事，逐步改变新店口人在当地居民心中的形象，增强新店口人与当地社会的深度交流与沟通。打造小城"明星"。将来自各行各业的 365 个优秀人物的巨幅肖像展示在店口的主要街道上，其中一半以上是新店口人，他们当中既有产业工人、建筑工人、汽修工人、美容师、洗脚工、餐厅服务员等基层员工，也有技术人员、企业高管等高层次人才。每个入选的新店口人都在自己的照片旁写下了对城市的祝福，进一步增强他们对小城市的归属感和责任感，将他们的个人命运与店口发展紧紧联系在了一起。在政府的倡导和支持下，成立了拥有 500 多名成员的店口镇义工协会（绍兴市最大的义工组织），其中新店口人达 200 名以上，每月至少组织 2 次公益活动，得到了当地居民的支持和认可，目前有越来越多的新店口人自发加入其中，参与到当地城市建设与城市管理之中。创办社区媒体、打造小城"明星"、组建公益组织等途径增进了新老店口人之间的理解和信任，加速了彼此间的融合，增强了新店口人的归属感，使新店口人真正成为城市主人，积极服务于当地经济社会发展的各个领域。

通过在农民工融入方面的探索与实践，2006—2014 年，店口没有出现过"民工荒"，新店口人增加近 3 万人，工业产值和财政收入翻了近 2 番。当然，店口在为新老店口人提供公共服务均等化的同时，人口的不断集聚也给店口提出了如何完善城市功能、如何破解政府资金短缺等现实问题。为此，店口积极打造"民资造城"店口样本，2010—2014 年，店口采用 BT[①]、BOT[②] 和全额民资等方式先后建成垃圾焚烧厂、污水处理厂、天然气管网、幸福院、弘毅小学等一大批公共设施，累计吸引 30 多亿元的民间资本投入小城市建设，使城市功能得到不断提升。如嘉凯城集团投资近 5 亿，建成了"嘉凯城·城市客厅"商业项目，不仅成为当地居民体验现代时尚生活的商业中心，也是新老店口人进行感情交流和精神交流的活动场所，是店口镇名副其实的"城市客厅"。

（2）店口镇农民工市民化的实践启示

现代城市发展的核心关键在于人才的竞争，无论是大城市还是小城镇，都必须达到一定的门槛人口才能谋求发展。而人才又分从事高精尖产业的高端人才和直接从事城市建设的基础性人才，相比较而言，后者在城市发展所需数量上的需求要比前者大得多。一个城市若是吸引不来人、留不住人，势必会导致发展陷入停滞，乃至出现经济倒退，因为拉动经济的"三驾马车"——消费、投资、出口，这 3 项都与人口有直接关系，只有达到一定人口，才能刺激消费、吸引投资，从而形成竞争优势并扩大出口量。但本地城市人口的增长是十分微小而缓慢的，所以，如何出台相应的政策制度，从而吸引更多外地人口或引起本地"农转非"结构性变动，成为摆在城市政策制定者案桌上一大研究课题。

店口镇从一个发展相对落后的山区小镇，到一举成为浙北工业强镇，综合实力排在绍兴市第一名，关键在于坚持走"以人为本"的城镇化发展之路。早在 2014 年，店口镇的新店口人就已经超越了本地人口，正是因为坚持"以人为本"各项制度改革的落地，打破了二元户籍制度的限制，从而推进了土地、财政、教育、就业、医疗、养老、住房保障等领域的配套改革。

从店口镇的发展可以看出，推进中国特色新型城镇化进程，使农民变市民，必须坚持以人为本。以人为本，就是以人为基础，以人为根本，以人为核心，就是要把满足城乡居民的物质文化需要和有利于城乡居民的自由全面发展作为推动城乡经济社会发展的根本出发点和最终归宿。在城乡经济社会发展中，推进城镇化进程，有序推进农业转移人口市民化，加快推进以工业化为前提、以农业现代化为基础、以农村城镇化为依托的综合性的经济社会变迁，实现农村社会的城镇化、现代化和人的自由全面发展。

📑 参考文献

[1] 李宇博 . 城镇化发展过程中农民工市民化问题的研究 [J] . 法制与社会，2017，000（24）：215 - 216.

[2] 肖倩 . 城乡制度一体化：破解农民工市民化进程中的制度性障碍 [J] . 中共浙江省委党校学报，2016（168）：91 - 98.

[3] 黄锟 . 中国农民工市民化制度分析 [M] . 北京：中国人民大学出版社，2011.

[4] 张桂敏 . 农村出口、城市入口、社会融合——一个分析农民工市民化瓶颈与出口的结构框架 [J] .

---

① Build Transfer，即政府通过合同约定，将拟建设的某个基础项目授予企业法人投资，在规定的时间内，由企业法人负责该项目的投融资和建设，建设期满，政府按照等价有偿的原则向企业法人协议收购的商业活动。

② Build-Operate-Transfer，即建设、经营、转让，是一种适用于基础设施建设的投资、融资方式，是对一个项目投融资建设、经营回报、无偿转让的经济活动全过程典型特征的简要概括。

中国劳动关系学院学报，2017（3）：91-97.

[5] 刘传江，程建林，董延芳．中国第二代农民工研究［M］．济南：山东人民出版社，2009.

[6] 刘传江．中国农民工市民化研究［J］．理论月刊，2006（10）：5-12.

[7] 苏建，丁一桐．推动农民工市民化的政策建议［J］．中国财政，2018（754）：48-49.

[8] 国家统计局．中华人民共和国 2017 年国民经济和社会发展统计公报［R/OL］.（2018-02-28）. http：//www. stats. gov. cn/tjsj/zxfb/201802/t20180228_1585631.html.

[9] 国家统计局．2017 年农民工监测调查报告［R/OL］.（2018-04-27）.http：//www. stats. gov. cn/tjsj/zxfb/201804/t20180427_1596389.html.

[10] 叶苑松．制度、体制与机制［J］．中学政治教学参考，2012（16）：58-59.

[11] 吴翠丽．社会制度伦理分析［M］．南京：东南大学出版社，2006.

[12] 郭晓鸣．社会政策范式下的农民工市民化——评《新形势下农民工社会政策转型研究》［J］．农村经济，2017（8）：134.

[13] 傅晨．农民工市民化的制度创新——基于广东省的实证研究［M］．北京：中国经济出版社，2013.

[14] 刘小年．农民工市民化的历时性与政策创新［J］．经济学家，2017（2）：91-96.

[15] 世界银行．1986 年世界发展报告［M］．北京：中国财政经济出版社，1986.

[16] 周化明，曾福生．农民工职业发展意愿与现状调查——基于 25 个省市区的实证分析［J］．调研世界，2012（1）：33-35.

[17] 陆学艺．加快改革现行的户籍管理制度［J］．农村工作通讯，2002（9）：14-15.

[18] 中国农村劳动力资源开发研究会．走出二元结构：农民、农民工与新农村建设［M］．北京：中国发展出版社，2006.

[19] 李文川，鲁银梭，张啸峰．农民工职业发展研究——基于浙江制造业的调查［M］．北京：经济科学出版社，2016.

[20] 冯虹，杨桂宏．户籍制度与农民工就业歧视辨析［J］．人口与经济，2013（2）：86-91.

[21] 张春泥．农民工为何频繁变换工作——户籍制度下农民工的工作流动研究［J］．社会，2011，31（6）：153-177.

[22] 辜胜阻，李睿，曹誉波．中国农民工市民化的二维路径选择——以户籍改革为视角［J］．中国人口科学，2014，（5）：2-10+126.

[23] 甘丹丽．新型城镇化背景下的农民市民化：制度冲突与路径选择［J］．内蒙古社会科学（汉文版），2014，35（2）：115-118.

[24] 李强，胡宝荣．户籍制度改革与农民工市民化的路径［J］．社会学评论，2013（1）：36-43.

[25] 张光辉．新型城镇化、户籍制度改革与农民工市民化研究［J］．产经评论，2019（5）：108-123.

[26] 浙江省人民政府．浙江省人民政府关于进一步推进户籍制度改革的实施意见［J］．浙江省人民政府公报，2016（1）：8-14.

[27] 杨宜勇，刘婉．我国城乡二元社会保障体系面临的主要问题及原因［J］．经济纵横，2007（5）：25-28.

[28] 朱信凯．农民市民化的国际经验及对我国农民工问题的启示［J］．中国软科学，2005（1）：28-34.

[29] 国家统计局．2014 年农民工监测调查报告［R/OL］.（2015-04-29）.http：//www. stats. gov. cn/tjsj/zxfb/201504/t20150429_797821.html.

[30] 李高芬．构建面向进城农民工的社会保障制度［J］．农业经济，2014（5）：83-84.

[31] 杨宜勇，顾加佳，顾严．统筹城乡养老保险体系问题研究［J］．经济与管理研究，2007（4）：

38-42.

[32] 邓睿，肖云. 政策演进中的农民工"退保"逆潮——基于新制度经济学的分析 [J]. 福建行政学院学报，2014 (5)：53-58.

[33] 浙江省人力资源和社会保障厅. 嘉兴社保改革向纵深推进 [EB/OL]. (2018-03-22). http：//www.zjhrss.gov.cn/art/2018/3/22/art_1389524_16460996.html.

[34] 费孝通. 乡土中国 生育制度 乡土重建 [M]. 北京：商务印书馆，2015.

[35] 丁静. 土地制度改革：农民工市民化的"助推器"[J]. 中国劳动关系学院学报，2014 (4)：50-53.

附录 1:
调查问卷

农民工市民化研究课题调查问卷
——企业打工者

第一部分　关于您的个人基本信息

1. 您的性别_____：A. 男　　B. 女

2. 您的原籍：_____省。

3. 您的婚姻状况_____：A. 未婚　　B. 已婚　　C. 离异

4. 您的家庭总人口_____人，目前跟在您身边打工、生活的家人有_____人。

5. 您的年龄_____岁。

A. 16～25 岁　B. 26～30 岁　C. 31～36 岁　D. 37～45 岁　E. 46 岁以上

6. 您的受教育程度_____：

A. 小学及以下　B. 初中　C. 高中　D. 中专或技校　E. 大专　F. 本科及以上

7. 您外出打工多长时间了：_____年；您换过几个城市：_____个。

您在目前这座城市打工多长时间：_____年（或_____月）。

第二部分　有关您的职业发展情况

8. 您目前的职务_____：

A. 普工　B. 班组长　C. 技术员或管理人员　D. 车间主任或部门经理

E. 企业高管

9. 您目前的技术等级_____：

A. 学徒工　B. 初级工　C. 中级工　D. 高级工　E. 技师　F. 高级技师

10. 您目前的月平均工资_____：

A. 1 500 元以下　B. 1 500～2 500 元　C. 2 500～3 500 元　D. 3 500～5 000 元

E. 5 000 元以上

11. 打工以来，您在职务上总共被提拔过多少次？_____：

A. 从无　B. 1 次　C. 2 次　D. 3 次　E. 4 次　F. 5 次及以上

12. 打工以来，您从普通岗位换到技术要求复杂或重要岗位的次数？_____：

A. 从无　B. 1 次　C. 2 次　D. 3 次　E. 4 次　F. 5 次及以上

13. 最近几年里，您平均每年接受培训的次数_____：

A. 几乎没有　B. 1～3 次　C. 4～6 次　D. 7～9 次　E. 10 次及以上

14. 单位为您缴纳了社会保险？_____：A. 是 B. 否

15. 单位为您缴纳了以下哪些社会保险：_____，每月合计多少钱：_____元。

A. 养老保险   B. 医疗保险   C. 失业保险   D. 工伤保险   E. 生育保险

F. 以上全部

16. 单位为您缴纳了住房公积金吗？_____，每月多少钱：_____元。

A. 是 B. 否

第三部分 有关您及家人在城市生活情况

17. 您目前居住在_____：

A. 单位宿舍   B. 出租房   C. 政府廉租房   D. 自己买房子

18. 您希望周围的邻居是_____：

A. 外来打工者   B. 不清楚   C. 当地居民

19. 您现在大部分的收入用来干什么？_____：

A. 用于个人和家庭生活的基本消费 B. 用于存钱买房、子女教育花费和以后养老

C. 寄回家给父母   D. 其他_____

20. 您在工作之余打发时间的方式主要有_____（可多选）：

A. 看电影、电视 B. 睡觉和休息 C. 与朋友、老乡见面、吃饭、聊天

D. 学习或参加技能培训 E. 陪家里人 F. 上网 G. 打牌、下棋、打麻将

H. 逛街 I. 其他_____

21. 您在工作之余，联络和交往的朋友最多的是_____：

A. 一起出来打工的老乡   B. 在城市结识的打工朋友   C. 城市本地人

22. 您的子女就读的学校是_____：

A. 失学   B. 家乡的学校   C. 本地私立学校   D. 本地公办学校

E. 其他_____

23. 如果您的子女在您的身边上学，面临的最主要的困难是_____：

A. 学费太贵   B. 公办学校进不去   C. 将来必须回老家参加高考

D. 附近没有合适的学校   E. 其他_____

24. 您认为成为城市人的主要标志有哪些_____（可多选）：

A. 取得了城市户口 B. 在城市买了住房 C. 有一份比较稳定的工作和较高的收入

D. 享有和城市人一样的待遇   E. 有和城市人一样的生活方式和价值观念

F. 其他_____

25. 您认为自己现在的身份是_____：

A. 仍是农村人   B. 半个城里人半个农村人   C. 已经是城里人

26. 您觉得自己的生活和消费方式与当地居民有差别吗？_____：

A. 有差别，而且差别很大   B. 有差别，但差别比较小   C. 没有什么差别

27. 您与本地居民的交流沟通情况如何？_____：

A. 没交往   B. 相处不好，总感觉有歧视

C. 还行，只是一般交往   D. 很好，大家相处愉快

第四部分　有关您离开农村、定居城市的想法

28. 您进城后，遇到的困难主要有哪些_____（可多选）：

A. 没有住房　　　　　　　　B. 子女上学及升学困难　　　　C. 工作比较危险

D. 经常找不到工作或工作不稳定　　E. 劳动权益得不到保障　　F. 拖欠工资

G. 受城里人歧视　　　　　　H. 收费太多　　　　I. 远离亲人，思念家乡

29. 如果条件或者政策许可，您或者您的家人是否希望能够离开农村，变成真正的城市人？_____：

A. 希望　　B. 不希望

（如果选择 A，请接着回答第 30 题；如果选择 B，请跳过第 30 题，回答第 31 题）

30. 为什么希望离开农村，成为城市人，主要原因有哪些_____（可多选）：

A. 农民收入低　　　　B. 农民社会地位低　　　　C. 城里人收入高，生活水平更好

D. 城里人有退休工资和社会保险等社会保障

E. 进城以后孩子有条件接受更好的教育　　F. 城里人有体面和稳定的工作

G. 城里人的精神文化生活丰富多彩　　H. 其他原因_____

31. 如果您不希望离开农村，成为城市人，主要原因有哪些_____（可多选）：

A. 城市压力大，生活太累，不如农村生活舒适

B. 没有城市户口，享受不了市民待遇

C. 在城市受到歧视，难以融入城市，社会地位低

D. 城市房价太高，买不起住房

E. 孩子在城市上学费用太高　　F. 城市就业风险太大，害怕失业后生活没有保障

32. 您对自己未来工作的打算_____：

A. 长期留在城市安家立业　　　　B. 回去自己创业，当老板

C. 回老家继续打工　　　　　　　D. 再打几年工，然后回去继续务农

E. 没有想过或不知道将来怎么办

33. 如果您在城里找不到满意的工作，您会怎么做？_____：

A. 找一份相对差一点的工作　　B. 宁可边等边找也不愿返回农村　　C. 返回农村

34. 假如您打算今后迁移到城市生活定居，您希望如何处置您在农村的财产（房屋、承包地、宅基地等）？_____：

A. 保留　　　B. 有偿流转或出租　　　C. 卖掉农村的房屋土地，到城市买房

D. 无偿放弃

35. 您对城市的总体印象如何？_____：

A. 非常差　　　B. 比较差　　　C. 一般　　　D. 比较好　　　E. 非常好

36. 您今后的打算如何？_____：

A. 定居城市　　B. 说不定　　C. 定居农村

第五部分　如果您打算进城定居，影响您进城定居的主要因素有哪些

37. 您认为户籍制度对您迁移定居城市有影响吗？_____：

A. 没有影响　　B. 有一定影响，但并不起决定作用

C. 有影响，并且起决定作用

38. 您愿意迁移到什么类型的城市？_____：

A. 小城镇　　　B. 县城　　　C. 中等城市　　　D. 大城市

（如果选择 A 或 B，请接着回答第 39 题；如果选择 C 或 D，请跳过第 39 题，回答第 40 题）

39. 您选择迁移到小城镇或县城的原因主要是_____（可多选）：

A. 生活成本低　　　　B. 迁移心理障碍小　　　　C. 离农村近，方便两地往返

D. 迁移要求少　　　　E. 容易就业　　　　F. 其他_____

40. 您选择迁移到大中城市的原因主要是_____（可多选）：

A. 更多的就业机会　　B. 更好的教育水平，有利于子女培养　　C. 更高的社会地位

D. 更高的生活质量　　E. 更多的发展机会　　　　F. 其他_____

41. 您认为在现在打工的城市安家的困难主要有哪些_____（可多选）：

A. 户口没法解决　　　B. 小孩上学问题没法解决　　　C. 没办法融入当地的生活

D. 经济收入太低，根本不能保证全家人的生活开支　　　E. 对在本地生活没有信心

第六部分　如果您打算进城定居，您希望企业或政府帮您做些什么

42. 在进城定居工作生活的过程中，您最希望得到的企业或政府帮助主要有哪些_____（可多选）：

A. 解决城市户口　　　　　　　B. 解决好子女的入学难问题

C. 提供经济适用房或廉租房　　D. 解决好看病难、看病贵问题

E. 提供必要的教育和培训，提高职业技能

F. 监督企业保障农民工的合法权益，包括提高工资，提供"五险一金"

I. 其他_____

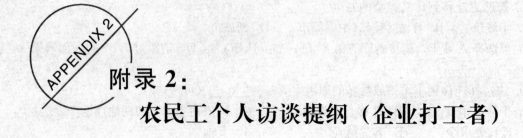

农民工个人访谈提纲（企业打工者）

1. 您个人及家庭基本情况？

1.1 个人基本情况：原籍、年龄（性别）、学历？

2. 您的职业（工作）状况如何？

2.1 谈打工经历：离家外出打工多少年了？换过多少座城市？换过多少家企业（工作单位）？打工以来职位或岗位变化如何？主要原因？

2.2 您在目前这座城市打工多少年？

2.3 工作单位、职位或岗位、每月工资及年收入？

3. 您及家人在城市的生活状况？

3.1 家庭基本情况：家庭人口数？人均耕地数（亩）？

3.2 配偶及小孩是否在身边生活（几人）？生活多长时间？

3.3 您是否将小孩带在身边上学？

3.4 您现在的住房状况：自己买房、租房？企业提供住房？自己租房但由企业提供补贴？

3.5 您居住的地方周围主要是本地人还是外来打工人员？您选择邻居的倾向如何？

3.6 您的社会交往圈子如何？对自己在城市生活（定居）有无影响？

——当地有无亲戚、老乡、朋友、公司同事？数量如何？比重如何？

——平常社交或聚会多不多？

3.7 与当地居民交往如何？他们有无看不起外地打工者？企业用工（管理层中）有无歧视问题？

3.8 每月家庭消费情况如何？能够适应城市物价水平吗？

3.9 您认为成为市民的标志是什么？

3.10 身份认识：您认为自己目前是农村人还是城市人？为什么？

4. 今后愿意留在城市生活（定居）（是否愿意迁户口）还是回老家？什么时候回老家？回老家的原因是什么？

5. 哪些因素影响到您及家人在城市生活（定居）？

5.1 自身从事的这份工作的前景？

5.2 企业发展前景？平台？

5.3 从国家发展大环境来看，打工前景？

5.4 自身工作收入？

5.5　自身职业发展空间及工作稳定性（如学历提升、职业技能培训、企业是否看重)？

5.6　您感觉当地环境如何（政府政策、当地居民态度、社会治安等）？对您进城生活的决定有影响吗？

5.7　您是否眷恋老家（乡土情结、农村承包地、农村宅基地)？

5.8　家中老人愿不愿意（适不适应）在外地生活？

5.9　上述因素哪个最为关键？

6.您认为工作所在地的政府做的哪些事有助于您及家人（全家）在城市工作和生活？或希望政府做哪些事？——入户、住房、小孩入学、治安环境（安居乐业)？

7.您认为企业做的哪些事有助于您及家人（全家）在城市工作和生活？或希望企业做哪些事？——企业提供工作保障、职业发展机会？

附录 3：
农民工个人访谈提纲（自由职业者）

1. 您个人及家庭基本情况？

个人基本情况：原籍、年龄（性别）、学历？

2. 您的职业（工作）状况如何？

2.1 谈打工经历：离家外出打工多少年了？换过多少座城市？主要原因？打工以来工作经历（工种、地点）如何？

2.2 您在目前这座城市打工多少年？

2.3 您是自己当老板（包工头、开店等），还是自己找活干？每月工资及年收入？

2.4 您有没有带徒弟？带几个？他们现在的发展情况如何？

3. 您及家人在城市的生活状况？

3.1 家庭基本情况：家庭人口数？人均耕地数（亩）？

3.2 配偶及小孩是否在身边生活（几人）？生活多长时间？

3.3 您是否将小孩带在身边上学？

3.4 您现在的住房状况：自己买房、租房？

3.5 您居住的地方周围主要是本地人还是外来打工人员？您选择邻居的倾向如何？

3.6 您的社会交往圈子如何？对自己在城市生活（定居）有无影响？

——当地有无亲戚、老乡、朋友？数量如何？

——平常社交或聚会多不多？

3.7 与当地居民交往如何？他们有无看不起外地打工者？

3.8 每月家庭消费情况如何？能够适应城市物价水平吗？

3.9 身份认识：您认为自己目前是农村人还是城市人？为什么？

3.10 您认为成为市民的标志是什么？

4. 今后愿意留在城市生活（定居）（是否愿意迁户口）还是回老家？什么时候回老家，回老家的原因是什么？

5. 哪些因素影响到您及家人在城市生活（定居）？

5.1 自身从事的这份工作的前景？

5.2 从国家发展大环境来看，打工或创业前景？

5.3 自身工作收入？

5.4 自身职业发展空间及工作稳定性（如学历提升、职业技能培训、企业是否看重）？

5.5 您感觉当地环境如何（政府政策、当地居民态度、社会治安等）？对您进城生活的决定有影响吗？

5.6 您是否眷恋老家（乡土情结、农村承包地、农村宅基地）？

5.7 家中老人愿不愿意（适不适应）在外地生活？

5.8 上述因素哪个最为关键？

6. 您认为工作所在地的政府做的哪些事有助于您及家人（全家）在城市工作和生活？或希望政府做哪些事？

——发展当地经济，提供更多、更稳定的打工机会？

——入户、住房、小孩入学、治安环境（安居乐业）？

——其他？

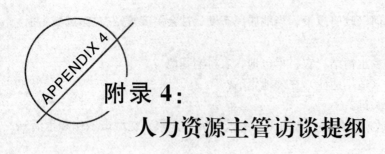

附录 4：
人力资源主管访谈提纲

1. 企业简介：行业或产品、销售收入、职工人数及构成农民工比重）。

2. 您认为农民工市民化的标志有哪些（简要回答）？当地政府在农民工市民化方面有何举措（当地政府进行农民工管理的配套政策有哪些，对农民工市民化有哪些实质性促进作用）（简要回答）？

2.1 职业发展方面，如打工时间长短、收入高低、工作稳定等。

2.2 子女就学方面，如能否顺利入学、顺利参加升学考试、享受本地优质教育资源？

2.3 住房方面，能否享受与本地居民同样的政策（如经济适用房、安居房、廉租房）？

2.4 社会保险方面，是否实现城乡医保并轨？

2.5 户口入籍方面，能否顺利上本地城市户口？落户政策（暂住证、市民卡）？

2.6 农民工职业培训？

2.7 改善环境（工厂或工业区周边住宿、交通、购物、休闲娱乐等生活条件、子女就学、社会治安、消除歧视）？

2.8 产业转型、"机器换人"对农民工市民化的影响如何？政府该采取什么对策？

2.9 当地政府就对农民工市民化提出所持态度如何？

2.10 当地政府农民工市民化的举措有哪些特点？

2.11 您觉得本地政府下一步努力的方向是什么（简要回答）？

3. 您觉得企业应该在哪些方面为员工的市民化提供帮助？贵公司已经或正在考虑在农民工市民化方面采取哪些举措？

3.1 如开展技能培训、提供职业发展机会，从而有助于提高农民工的就业能力、收入水平。

3.2 如较好地解决农民工的社会保障——"五险一金"的缴纳问题。

3.3 如协助解决农民工的住房（企业自建）、子女入学问题。

4. 您认为本地（嘉兴、诸暨、义乌、临安）农民工市民化程度如何（简要回答）？

——农民工市民化的比例如何？

——农民工融入当地城市的程度如何？

——当地市民对农民工的接纳程度如何？

5. 农民工市民化方面，农民工自身应具备哪些条件？应付出哪些努力？什么样的农民工更有可能市民化（简要回答）？

6. 您觉得农民工市民化对企业有什么积极影响？

图书在版编目（CIP）数据

职业发展视角下农民工市民化研究：基于浙江制造业的调查 / 李文川，张啸峰著 . —北京：中国农业出版社，2020.11
ISBN 978-7-109-27487-7

Ⅰ.①职… Ⅱ.①李… ②张… Ⅲ.①制造工业—民工—城市化—研究—浙江 Ⅳ.①F426.4②D422.64

中国版本图书馆 CIP 数据核字（2020）第 195960 号

中国农业出版社出版

地址：北京市朝阳区麦子店街 18 号楼
邮编：100125
责任编辑：刁乾超　文字编辑：孙蕴琪
版式设计：李　文　责任校对：沙凯霖
印刷：中农印务有限公司
版次：2020 年 11 月第 1 版
印次：2020 年 11 月北京第 1 次印刷
发行：新华书店北京发行所
开本：787mm×1092mm　1/16
印张：10.75
字数：240 千字
定价：38.00 元